公路工程概预算编制指南

Gonglu Gongcheng Gaiyusuan Bianzhi Zhinan

（第二版）

张丽华 编著

人民交通出版社

内 容 提 要

全书分上下两篇，依据2007版公路工程概预算定额与编制办法编写。上篇主要介绍公路工程概、预算的相关知识，公路基本建设程序，公路工程构造物及工程计量规则。下篇主要介绍公路工程概、预算的编制程序和方法，并通过示例，解析用海巍公路工程造价软件编制施工图预算的全过程。

本书可作为公路工程管理及其相关专业大、中专院校教学用书与工程造价编制、管理人员的培训教材及工程设计、监理人员的参考书。

图书在版编目（CIP）数据

公路工程概预算编制指南/张丽华编著.—2版.—北京：人民交通出版社，2008.4
ISBN 978-7-114-07040-2

I.公… II.张… III.①道路工程-概算编制-②道路工程-预算编制 IV.U415.13

中国版本图书馆CIP数据核字(2008)第036501号

书　　名：公路工程概预算编制指南（第二版）
著 作 者：张丽华
责任编辑：李世华
出版发行：人民交通出版社
地　　址：(100011)北京市朝阳区安定门外外馆斜街3号
网　　址：http://www.ccpress.com.cn
销售电话：(010)59757973
总 经 销：人民交通出版社发行部
经　　销：各地新华书店
印　　刷：北京鑫正大印刷有限公司
开　　本：787×1092　1/16
印　　张：15
字　　数：379千
版　　次：2002年4月　第1版
　　　　　2008年4月　第2版
印　　次：2017年8月　第6次印刷
书　　号：ISBN 978-7-114-07040-2
印　　数：15001－15600册
定　　价：29.00元

前　言

根据交通部“公路基本建设程序”的要求，基本建设项目从申请立项到设计、施工、竣工验收等不同阶段，必须对投资额作出不同程度的测算，并以此作为控制的依据。在估算→概算→施工图预算→标底、报价→施工预算→决算这一完整的投资测算体系中，概、预算具有特别重要的意义和作用，它既是国家对公路基本建设实行科学管理和监督的重要依据，又是设计、施工单位控制成本，签订施工合同的重要依据，同时也是编制其他测算方式的重要基础。因此，概、预算在整个投资测算体系中占有主导地位。概、预算的编制质量接直接影响工程结构物，造价的测算精度。

本书以交通部2007年最新标准为依据。从概、预算的编制原理出发，全面、系统地介绍了公路工程概、预算的编制程序和方法，并通过示例，解析用海巍公路工程造价软件编制施工图预算的全过程。愿此书能为工程技术人员尽快掌握概预算的编制方法提供一条捷径，也可用作相关专业教学及培训教材。

全书由交通部管理干部学院张丽华编写。由于编者水平有限，不妥之处，敬请读者批评指教，以便再版时修改。

作者

2008.4.北京

目 录

上篇 公路工程概、预算相关知识

下篇　公路基本建设概、预算的编制

上篇　公路工程概、预算相关知识

第一章　公路基本建设

第一节　公路建设的内容及特点

公路运输是国民经济的命脉,是经济建设必不可少的重要基础设施。改革开放以来,我国公路建设,特别是高等级公路和桥梁建设获得长足发展,取得很大成就。公路建设的迅速发展,不仅改善了我国公路交通的运输状况,而且产生了巨大的经济和社会效益,带来了人们观念上的巨大变革。

一、公路建设的内容

公路是裸露于自然界,供各种车辆或行人通行的工程设施。公路建设的内容按其任务与分工不同,主要有以下三个方面。

1. 公路工程的小修、保养

公路与桥涵都是无遮盖而裸露于大自然的构造物,除了承受频繁的车辆荷载作用外,还要承受各种自然因素的综合作用。因此,为了保证公路工程构造物的正常使用,必须对现有的公路构造物进行定期或不定期的维修保养。公路小修保养的特点是:

(1)建设内容属于固定资产简单再生产的范畴;

(2)建设资金来源主要是由养路费开支;

(3)管理方式主要是由养护部门自行安排和管理。

2. 公路工程大、中修与技术改造

公路工程构造物在使用过程中尽管不断地进行小修、保养,但达到一定年限后,由于受到材料、结构、设备等功能方面的制约,如沥青材料的老化,局部改线,提高路面等级等。因此,必须对现有公路构造物进行较大的更新或技术改造工作,以提高公路的使用质量。公路工程大、中修与技术改造的特点是:

(1)建设内容属于固定资产简单再生产或部分扩大再生产。

(2)建设资金仍然是由养路费开支,不过这笔资金要比公路小修保养的费用大得多。因此,管理部门对养路费的使用应有一定的筹划,即除保证日常的小修保养费用外,养路费逐年应有一定的积蓄,当累积到一定年限后,以投入较多的资金对公路工程构造物进行大、中修或技术改造。

(3)管理方式是由养护部门先提出申请计划,经上级主管部门批准后,再自行管理和安排。

3. 公路工程基本建设

公路基本建设是指新建、扩建、改建和重建的工程,其中新建和改建是最主要的形式。但这里的改建不同于上述的技术改造。技术改造是指对原有公路进行局部的改造,改造后的公路虽然提高了使用质量,但没有改变其原有公路的技术等级。而改建则不同,即改建后的公路不但提高了使用质量,而且还因改变了公路的技术等级而发生了质的变化,如将原有的三级公路改建为二级公路或一级公路等。因此,公路基本建设其显著的特点是:

(1)建设内容属于固定资产扩大再生产;

(2)建设资金巨大,资金来源主要是国家预算拨款、银行贷款、自筹资金以及国外贷款等;

(3)公路基本建设由于耗资巨大,其管理方式必须严格按照国家规定和要求进行管理,即严格执行基本建设程序。当地方(省、市)政府主管部门下达任务后,基建项目必须纳入全国统一的基本建设计划,一切基本建设资金活动必须通过建设银行进行拨款、监督和办理结算(养路费开支的项目建设资金也应由建设银行拨款和办理结算)。

综上所述,公路建设是通过固定资产维修、固定资产更新改造和基本建设这三条途径来实现固定资产的简单再生产和扩大再生产的。由于公路基本建设是从事新建、改建、扩建和重建工程,不仅涉及面广、而且耗资巨大。因此,公路基本建设的管理必须慎重,投资的测算必须严谨。鉴于上述情况,本书所讲述的公路建设主要是指公路的基本建设。

二、公路建设的特点

公路工程是呈线形分布的一种人工构造物,是通过设计和施工,消耗大量的人工、材料和机械而完成的建筑产品。这种产品由于体形庞大,结构复杂多样且整体性强。因此,公路工程的施工不同于一般工业生产和其他土建工程的施工。

1. 施工流动性大

公路工程的产品都是固定性的构造物,即固定于一定的地点不能移动。由于公路线长点多,不仅施工面狭长,而且工程数量的分布也不均匀。因此,公路工程的施工流动性很大,要求各类工作人员和各种机械围绕这一固定产品在不同的时间和空间进行施工。工程所需的人工、材料、机械设备必须合理调配,施工队伍要不断地向新的施工现场转移。

2. 施工管理工作量大

公路工程因技术等级及所处的环境不同,使得公路的组成结构千差万别,复杂多样,不仅类型多,工序复杂,而且每项工程具有不同的要求,不同的施工条件,需要个别设计、个别施工。因此,公路工程的施工自始至终都要求设计、施工、材料运输等各部门必须通力协作,密切配合,使施工的连续性不被破坏或中断,并有条不紊地把各工序组织起来,使人力、物力资源在时间、空间上得到最好的利用。因此,施工管理的统筹安排和科学管理是十分重要的。

3. 施工周期长

公路工程是线形构造物。路基、路面、桥梁、涵洞、隧道等工程的体形庞大,又不可分割,加之工作面狭长,使得产品的生产周期较长,需较长时间的占用人力、物力资源,直到整个施工周期结束,才能生产出建筑产品。

4. 受自然因素影响大

公路工程是裸露于自然界中的构造物,除承受行车作用外,还要受各种自然因素的影响。

如日光、雨水、冰胀等。这些气候条件，除对工程施工造成一定的难度外，使得产品在使用期间还要不断地进行维修和养护，这样才能保证公路构造物的正常使用。

第二节 公路基本建设程序

一、公路基本建设的内容及项目组成

（一）基本建设内容

公路基本建设是指新建、改建、扩建、重建的公路工程，是为扩大再生产而增加的固定资产的建设工作。具体来讲，就是把一定的建筑材料、设备等，通过购置、建造和安装等活动，转化为固定资产的过程。公路基本建设是通过勘察、设计和施工以及有关的经济活动来实现的。其建设内容主要有三个方面：

1. 建筑安装工程

建筑安装工程主要是路基、路面、桥梁、隧道、防护工程等工程构造物的建设，以及沿线设施所需的各种机械、设备、仪器的安装和测试等工作。

2. 设备、工具、器具的购置

为满足公路的营运、管理及养护所必须购置的设备、工具和器具，如通讯、照明、养护设备等。

3. 其他基本建设工作

主要有勘察、设计及与之有关的调查和技术研究工作，如征用土地、青苗补偿和安置补助等。

（二）基本建设项目组成

如前所述，公路工程构造物是一个不可分割的整体，但就其实物形态来说，都是由许多部分组成的。因此，在设计、施工中，为了便于编制基本建设的施工组织设计和概、预算文件，必须对每项基本建设工程进行项目的分解，即按其内在的逻辑关系将其依次划分为：基本建设项目→单项工程→单位工程→分部工程→分项工程。现分述如下：

1. 基本建设项目（简称建设项目）

每项基本建设工程就是一个建设项目。建设项目一般是指有计划任务书和总体设计，经济上实行独立核算，行政上具有独立组织形式的建设单位。在我国基本建设中，通常以一个企业、事业单位，或一个独立工程作为一个建设项目，如运输建设方面的一条公路、一条铁路、一个港口；工业建筑方面的一个矿井，等等。

2. 单项工程（又称工程项目）

它是建设项目的组成部分。一个建设项目可以是一个单项工程，也可以包括许多单项工程。所谓单项工程是指具有独立设计文件，竣工后可以独立发挥生产能力或效益的工程。如某公路建设项目中的独立大、中桥梁工程，某隧道工程等。

3. 单位工程

单位工程是单项工程的组成部分。一般指不能独立发挥生产能力或效益，但具有独立施工条件的工程。如隧道单项工程可分为土建工程、照明和通风工程等单位工程；一条公路的路线工程、桥涵工程等单位工程。

4. 分部工程

分部工程是单位工程的组成部分,一般是按照单位工程的各个部位划分的。例如:基础工程,桥梁上、下部工程、路面工程、路基工程等。

5. 分项工程

分项工程是分部工程的组成部分,一般是按照工程的不同结构,不同材料和不同施工方法等因素划分的。如基础工程可划分为围堰、挖基、基础砌筑、回填等分项工程。分项工程的独立存在是没有意义的,它只是建筑或安装工程的一种基本的构成因素,是为确定建筑及设备安装工程造价而划分的一种产品。

基本建设项目组成及示例如图 1-1 所示。

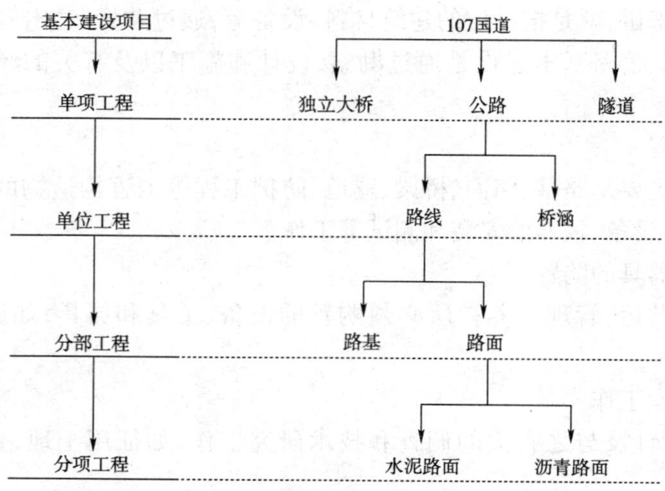

图 1-1　基本建设项目组成及示例图

二、公路基本建设程序

基本建设程序是指基本建设项目在整个建设过程中各项工作的先后顺序。这个程序是由基本建设进程的客观规律决定的。根据交通部 2000 年第 8 号令,公路基本建设按如下程序进行:

(1)根据规划,进行预可行性研究,编制项目建议书。

(2)根据批准的项目建议书,进行工程可行性研究,编制可行性研究报告。

(3)根据批准的可行性研究报告,编制初步设计文件。

(4)根据批准的初步设计文件,编制施工图设计文件。

(5)根据批准的施工图设计文件,编制项目招标文件。

(6)根据批准的项目招标文件及资格预审结果和公路建设计划,组织项目招投标。

(7)根据国家有关规定,进行征地拆迁等施工前准备工作,编制项目开工报告。

(8)根据批准的项目开工报告,组织项目实施。

(9)项目完工后,编制施工图表和工程决算,办理项目验收。

(10)竣工验收合格后,组织项目后评价。

公路基本建设程序如图 1-2 所示。所有新建及改建的大、中型项目都必须严格按照上述程序进行。对于小型项目,可根据具体情况适当合并或删去某些程序。

现将公路基本建设程序中各阶段的具体内容分述如下。

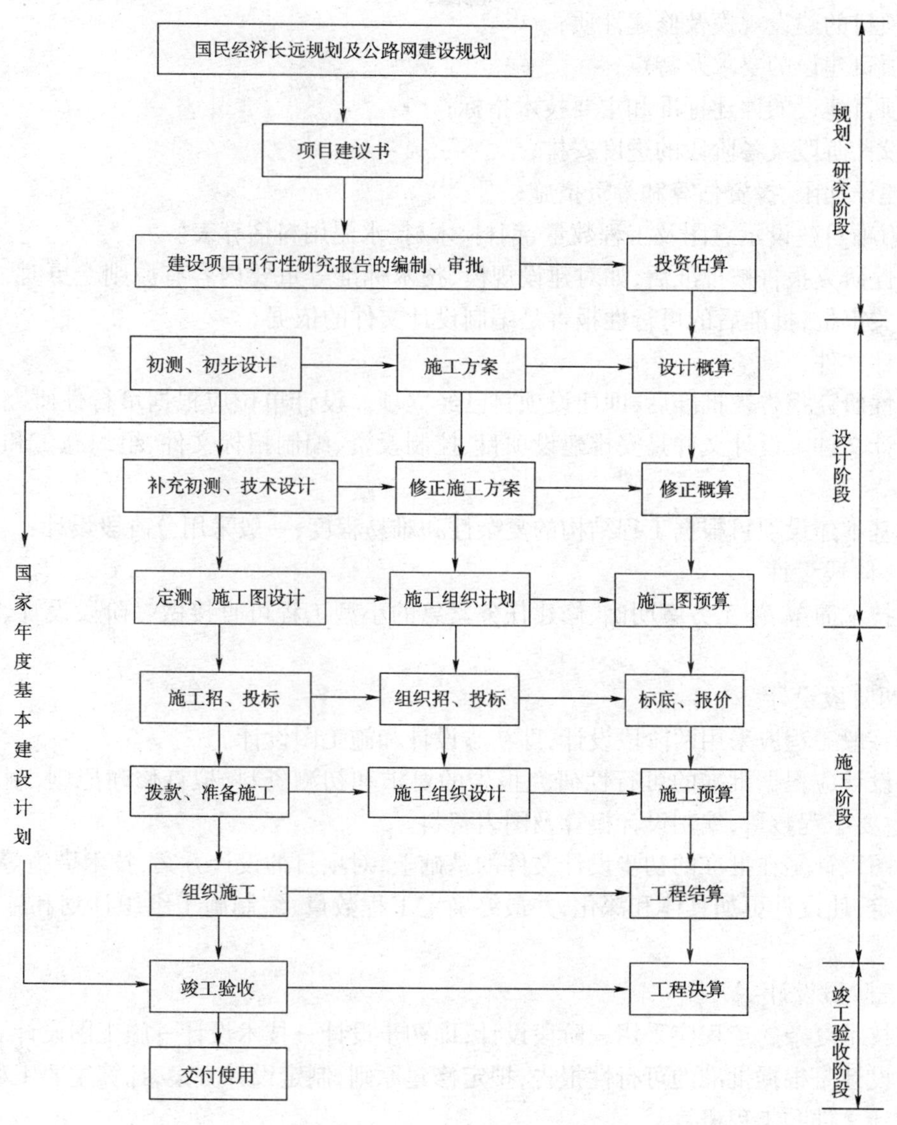

图 1-2　公路工程基本建设程序

1. 预可行性研究

预可行性研究是根据国民经济发展规划、路网规划和公路建设五年计划，通过踏勘和调查研究，提出项目的建设规模、技术标准，并进行简要的经济效益分析，编制项目建议书。项目建议书的内容主要有项目的建设规模、技术标准、资源配置、建设条件、投资估算及资金筹措等有关内容。项目建议书是国家选择建设项目和有计划地进行可行性研究的依据。

2. 可行性研究

可行性研究是以批准的预可行性研究的项目建议书为依据，在评价预测和必要的勘察工作基础上，对项目建设的必要性、技术可行性、经济合理性等各方面进行综合性的论证，并编制可行性研究报告。

可行性研究报告是编制设计文件的重要依据。其内容主要有：

(1)项目建设的依据及其意义;

(2)项目的建设规模及修建性质;

(3)项目建设的要求及特点;

(4)项目建设的评述标准和主要技术指标;

(5)设计阶段及各阶段的进度安排;

(6)建设期限、投资估算和筹资措施;

(7)附项目建设示意图及工程数量、钢材、木材、水泥用料估算表。

可行性研究报告被批准后,如对建设规模、技术标准等重要内容有原则变更时,必须再报原审批机关审批,批准后的可行性报告是编制设计文件的依据。

3. 设计文件

可行性研究报告被批准后,即建设项目已经立项。设计单位应根据可行性研究报告的要求编制设计文件。设计文件是安排建设项目、控制投资、编制招标文件、组织施工和竣工验收的依据。

公路基本建设项目根据工程结构的复杂性和难易程度,一般采用分阶段设计:

(1)一阶段设计

对于技术简单、施工方案明确、修建任务紧急的小型工程可直接做一阶段设计、即施工图设计。

(2)两阶段设计

对于一般工程应采用两阶段设计,即初步设计和施工图设计。

初步设计应根据批准的可行性研究报告的要求和初测资料,拟订修建原则,制定设计方案,计算主要工程数量,编制设计概算及图表资料。

施工图设计是在批准的初步设计文件的基础上,对项目的设计方案、技术措施等做进一步的补充测定,使设计更加具体和深化,并最终确定工程数量、编制施工组织计划和施工图预算文件。

(3)三阶段设计

对于技术复杂的工程应采用三阶段设计,即初步设计→技术设计→施工图设计。

初步设计是根据批准的可行性报告,拟定修建原则,制定设计方案,计算主要工程数量,编制初步设计文件和工程概算。

技术设计是根据批准的初步设计,对重大、复杂的技术问题做进一步的勘探和论证,解决初步设计中尚未解决的问题,落实技术方案,计算工程数量,提出修正的施工方案,编制修正概算。

施工图设计是根据批准的技术设计文件,对建设项目做更深入细致的设计。因此,施工图设计是最全面、最详尽的设计,也是工程项目的最终设计。

根据交通部的规定,设计文件必须由具有相应资质等级的公路勘察设计单位编制。当一个项目由两个或两个以上单位设计时,主管单位或委托单位应指定一个设计单位协调统一文件的编制,编写总说明和汇编总概(预)算。设计单位应对设计质量负责,并按规定不得任意更改。如必须更改时,应按交通部现行的《公路工程基本建设管理办法》的规定办理。

4. 列入国家年度基本建设计划

当建设项目的初步设计和概算上报批准后,该项目才能列入国家基本建设年度计划,以便于国家实行高度集中的统一管理,由国家计划委员会负责综合平衡的工作。年度计划是年度工作的指令性文件,设计单位应根据国家计委颁发的年度基本建设控制数字,按批准的基本建设项目可行性研究报告和设计文件,编制本单位的年度基本建设计划。报经批准后,再编制物质、劳动、财务计划、这些计划分别经过有权机关审查平衡后,作为安排生产、物资分配、劳动力调配和财政拨款的依据。

年度计划报经批准后,工程管理单位应根据工程具体情况对建设项目在该年度内应完成的规模、工程量、工作量等作出具体计划安排,并通过招、投标或其他方式落实施工单位。

5. 施工准备工作

为了保证施工的顺利进行,在施工准备阶段,建设单位、设计单位和施工单位应分别做好如下准备工作。

建设单位:组织基建管理机构,办理登记及拆迁;做好施工沿线有关单位或部门的协调工作,抓紧配套工程项目的落实,组织分工范围内的技术资料、材料、设备的供应。

设计单位:按照技术资料和协议,按时提供各种图纸资料,做好施工图纸的会审及移交工作。

施工单位:应组织人员机具陆续进场;修筑便道;建立临时生产基地和生活基地及通讯线路;做好各种物资的采购、加工、运输、储备和施工图纸的接收工作;编制实施性施工组织设计和施工预算,提出开工报告,并按投资隶属关系报请交通部或省、市、自治区基建部门核备。建设银行应会同建设、设计、施工单位做好图纸的会审、并严格按计划要求进行财政拨款或贷款。

6. 组织施工

施工单位应严格按照设计要求和施工规范合理组织施工。积极推广应用新工艺、新技术、努力缩短工期,降低造价;对于地下工程和隐蔽工程应在验收合格后,再进行下一道工序,并做好原始记录,建好施工档案。

为了加强施工管理,按建设部的规定应实行建设监理制度,即建设管理单位应委托具有相应资质的监理单位,对基建项目的质量、进度、费用等进行全方位的监控,以确保工程质量。

7. 竣工验收,交付使用

竣工验收是基本建设全过程的最后一个程序,也是一项十分严肃和细致的工作。施工单位应首先搞好竣工验收工作,发现有不合设计要求和验收标准之处,要及时修竣;同时整理好各种原始记录,并分类整理成册。然后编制竣工说明书、竣工图表和竣工决算。

竣工验收应按照国家建委《关于基本建设项目竣工验收暂行规定》和交通部颁布的《公路工程验收办法》的要求,认真负责地对全部基本建设工程的质量、数量、期限、建设规模、技术标准、使用条件等进行全面的审查。对建设单位和施工单位编报的固定资产移交清单、隐蔽工程验收单和竣工决算等都应进行仔细检查。特别是竣工决算,它是反映整个基本建设工作所消耗的全部国家建设资金的综合性文件,也是通过货币指标对全部基本建设工作的全面总结。

基建项目竣工验收合格后,应立即移交给生产部门正式使用,并迅速办理固定资产交付使用的转账手续,加强固定资产的管理。竣工决算应上报财政部门批准核销。

第三节　公路基本建设投资测算体系

一、公路基本建设投资测算体系

公路基本建设是需要耗用大量资金才能完成的建筑产品。为了确保质量,降低工程造价,对于工程费用,即投资额的测算与控制自始至终贯穿于基本建设的整个程序之中,即在基本建设的各个阶段,随着工作内容的不断深入,以及对投资额测算精度和要求的不同,都有相应的投资额测算与之对应,因而形成了投资估算→概算→施工图预算→施工预算→标底→报价→工程结算→竣工决算等8种测算方式,从而构成了一个完整地反映投资在数量上变化的投资额测算体系。下面分别介绍这8种测算方式的意义及作用。

1. 投资估算

投资估算是拟建项目申请立项时(可行性研究阶段),对工程投资额进行的首次测算。对于任何一个大型的拟建项目,国家都要对可行性研究报告进行全面的评审,然后才能决定是否正式立项。在可行性报告中,除应考虑国家经济发展上的需要和技术上可行外,还应考虑经济上的合理性,以及国家的经济实力。而投资估算则是国家投资决策的重要依据,是可行性研究报告的重要内容。因此,投资估算是论证拟建项目在经济上是否可行的重要依据,也是国家审批拟建项目是否立项的依据。

根据投资估算的作用及内容深度的不同,公路工程投资估算分为项目建议书投资估算和工程可行性研究投资估算两大类。由申请立项单位根据交通部颁布的《公路工程投资估算编制办法》和《公路工程估算指标》编制而成。可行性研究报告被批准后,投资估算则是控制设计概算的依据,也是国家对建设项目所下达的投资限额,并可作为资金筹措计划的依据。

2. 概算

拟建项目批准立项后,即进入工程设计阶段,根据工程结构设计内容深浅程度的不同,概算又分为设计概算和修正概算两种。设计概算是指在初步设计阶段,由设计单位根据设计图纸、《公路工程概算定额》(以下简称《概算定额》)、各类其他费用定额、建设地区的自然条件等资料,预先计算和确定工程投资额的经济文件。修正概算是在技术设计阶段,对初步设计成果作进一步修改、调整后,重新计算其工程投资额的经济文件。由于设计概算和修正概算除所处的设计阶段不同外,其采用的定额及《公路工程基本建设项目概算预算编制办法》(以下简称《编制办法》)均相同,故统称为概算。概算一经批准,则是国家确定和控制公路基本建设投资总额的依据,是工程投资总额的封顶线,即在其随后其他各阶段的投资测算额都不能随意突破概算的测算值。

3. 施工图预算

公路基本建设工程无论采用几阶段设计,施工图设计则是设计阶段的最后一个阶段,是最终设计,也是最详尽的设计。根据施工图设计提供的工程数量和施工方案,按照交通部颁布的《公路工程预算定额》(以下简称《预算定额》)和《编制办法》所编制的反映工程造价的具体文件,即为施工图预算。随着基本建设程序的不断深入,工程项目的工作内容日愈明晰,因此,施工图预算与前述的概算、估算相比,其计算精度更高,更接近工程的实际造价,因此,施工图预算是确定工程造价的依据;是签订建筑安装合同,编制工程标底的依据;也是施工单位加强经营管理,搞好经济核算的依据。

4. 标底

实行招标的工程项目,在招标前建设单位都要对发包工程的总投资额再进行一次测算,其测算值即为标底。标底是一项重要的投资额测算,它是评标的一个基本尺度,即投标方的报价只有在不超过标底10%至不低于标底的20%范围内,才有可能中标,否则,将会导致投标失败。因此,标底在招标工作中起着关键的作用,其性质与概、预算很相近,编制方式也相同,即一方面要严格遵守国家的有关规定和要求,另一方面对编制的精度要求很严,应力求准确。标底一般以设计概算和施工图预算为基础,并以其中的建筑安装工程费为主,且不超过批准的概算或施工图预算。

5. 报价

报价是由投标单位根据招标文件及有关资料测算完成招标工程所需各项费用的经济文件。报价是投标文件中最重要的组成部分，是投标工作的关键和核心，也是决定能否中标的主要依据。因为报价过高，则中标率就会降低；相反，若报价太低，虽中标率大，但利润小，甚至会亏本。因此，能否准确计算和合理确定工程造价，是施工企业在投标竞争中能否获胜的前提条件。中标单位的报价，将直接成为工程承包合同价的主要依据，并对整个施工过程起着严格的制约作用，且承包单位和业主均不能随意更改报价。

报价是投标单位根据对工程和招标文件的理解程度编制的。报价不仅可按国家的有关规定进行编制，而且还可以根据投标单位的实际情况和建筑市场的竞争状况在预算造价范围内上下浮动。因此，报价比概、预算更复杂、更灵活。

6. 施工预算

施工预算是指施工阶段，在施工图预算的控制下，施工企业单位根据施工图纸、《公路工程施工定额》、施工组织设计等相关技术资料，从施工单位自身管理的角度，再次核定工程成本的经济文件。

施工企业通过编制施工预算，从而进一步分析施工所需的人工、材料、机械台班消耗的数量和费用，以便采取有效措施，使施工计划成本低于工程预算成本，确保施工单位获得良好的经济效益。因此，施工预算是企业内部经营核算的重要依据，也是企业管理工作的一项重要制度和措施。

7. 工程结算

工程结算是指项目在施工过程中由于器材采购、劳务供应，包括勘察设计、可行性研究及施工单位已完工程等经济活动而引起的货币支付行为。因此，项目的结算过程实质上就是组织基本建设活动、购买机具、材料，及时补偿劳务的投资过程，也是及时掌握项目经济活动的动态及其变化的过程。

项目结算的主要内容有货物结算、劳务供应结算、工程费用结算及其他货币资金的结算等。其中工程费用结算是项目结算中最重要和最关键的部分，约占项目结算额的75% ~80%左右。工程费用的结算方式主要有按月结算、竣工后一起结算、分段结算等。结算的依据主要是由驻地监理工程师验收签认的实际已完的工程量和有关合同单价。

8. 竣工决算

竣工决算是指项目在竣工验收阶段，由建设单位编制的从项目申请立项到建成投入使用的全部实际成本的技术经济文件。是公路竣工验收、交付使用的重要依据。它全面反映了竣工项目从筹建到交付使用全过程各项资金的使用情况和设计概算的执行结果，是公路建设成果和财务情况的总结性文件。

建设单位编制的竣工决算报告必须提交竣工验收委员会审查。未经竣工验收委员会审查的竣工决算报告不得作为正式的竣工决算报告上报。经竣工验收委员会审查并根据审查意见修改后的竣工决算报告才能作为财产移交、财务处理并结束有关待处理事宜的依据。竣工验收报告上报前必须经建设银行审核签证。

由此可见，估算→概算→施工图预算→标底→报价→施工预算→结算→决算都是以价值的形态贯穿于整个投资过程之中，并构成了一个有机的整体，缺一不可。从某种意义上讲，它们是基本建设投资活动的血液，也是联结项目建设活动各经济实体的纽带。如申报项目要编投资估算,设计要编概算和施工图预算,招标要编标底,投标要编报价,施工前要编施工预算,施工过程之中要进行结算,竣工后要编制决算。而且这8种测算,其相互关系一般要求是决算不能超过预算,预算不能超过概算,概算则不能超过估算,决算不能突破合同价的允许范围,并且标底不允许超概算等等。这些不同单位,从不同角度对同一工程项目进行的种种测算,环环相扣,紧密联系,从而达到共同对投资额进行有效控制的目的。

二、公路基本建设资金的来源

基建投资是指建设项目从前期的可行性研究等少量投资开始,到施工期间投入大量资金,直至项目竣工验收,交付使用为止的全部建设费用。由于公路基本建设是新建、改建、扩建、重建工程,因此,需要耗用大量的建设资金。目前,公路基本建设资金的来源主要有以下几方面:

1. 国家投资

国家投资是由国家预算直接安排的投资。国家通过财政预算投资拨款的方式,根据建设进度分期拨给建设单位,然后用到工程建设中去。

在计划经济时期,公路建设资金一直实行国家财政拨款,建设单位无偿使用的办法,然而,随着经济体制改革的不断深入,这种建设资金的“供给制”越来越不能满足公路基本建设的需要。从1981年起,国务院规定,凡是实行独立核算,有偿还能力的企业,都应实行基建拨款改贷款的制度。即建设银行根据国家确定的基本建设计划,按照贷款条件发放贷款,借款单位定期还款付息。

2. 自筹资金

自筹资金是在国家预算安排之外,由各地区、各部门、集体企业、城乡个人按国家规定筹集的建设资金,这是我国建设资金来源的一项补充。

自筹资金同样必须纳入国家计划,并控制在国家确定的自筹资金投资规模以内。地方和企业的自筹资金,应由建设银行统一管理。

3. 银行贷款

银行贷款是以银行为主体,根据信贷自愿的原则所施行的一种有偿有息的投资方式。利用银行信贷资金贷款的项目,一般都要经过评估论证,银行按照择优发放的原则进行监督管理。银行贷款已成为建设项目资金来源的重要组成部分。

4. 国外资金

在国家统一政策指导下,积极慎重地引进国外的先进技术和投资,是弥补我国公路建设资金不足的主要方式。

目前我国可利用的外资来源主要有:

(1)外国政府贷款。国外政府通过财政预算拨款的方式,直接向我政府提供贷款。这种贷款具有赞助性,即贷款利率低,且年限长,但数额有限;

(2)国际金融组织贷款。如世界银行、亚洲开发银行、国际金融公司等国际货币金融基金组织提供的贷款;

(3)出口信贷。是西方国家为鼓励资本和商品输出而设置的专门信贷。其特点是利率低,期限一般为10~15年,但借方所借贷款只能用于购买出口信贷国设备;

(4)国外其他投资。如补偿贸易、对外加工装配、国际租赁和BOT投资方式等。

5. 有价证券

有价证券主要指债券和股票。债券是借款单位为筹集资金而发行的一种信用凭证。我国债券主要有国债、地方政府债券、企业债券和金融债券等。股票是股份公司发给股东作为已投资入股的证书和索取股息的凭证。主要有普通股和优先股两种。有价证券虽不会增加社会资金的总量,但却能有效地改变社会资金总量的结构,即在不改变资金所有权的条件下,使部分消费基金转化为积累积金,将短期资金转化为长期投资。因此,有价证券也是公路建设资金来源的补充。

三、公路基本建设投资的管理与控制

一个建设项目从申请立项到竣工验收,在经过上述8种不同的测算后,最终完成了该项目投资活动的全过程。由此可见,基本建设项目投资是一项非常复杂、非常严肃的工作,概括地讲它是从以下三个不同的层面进行管理与控制的。

1. 国家宏观管理

国家通过制定基本建设计划和有关政策、法律,从宏观上对基本建设投资进行管理和控制,如制定基本建设程序,要求每个建设项目必须严格遵守基建程序。计划部门代表国家依据建设项目可行性报告的评审意见来进行项目的审批,并按项目的设计概算来控制项目的投资总额。

2. 建设单位具体管理

除国家宏观控制外,项目申报单位即建设单位应对项目的造价进行具体的控制与管理。如根据批准的可行性研究报告、施工图预算编制标底,组织施工招标,选择施工单位和监理单位,并在整个施工过程中委托监理工程师对工程费用进行严格监理和控制等。

3. 施工单位实施性管理

建设项目是由施工单位具体实施的,为了加强经营管理,降低工程成本,施工前施工单位都要编制实施性施工预算,并将其与施工图预算进行对比,即"两算"互审。这样不仅可以防止多算、漏算,而且有利于企业内部经济核算,明确各自的经济责任,努力提高生产效率。达到工期短、质量好、成本低的目的。因此,施工单位对工程费用的实施性管理是通过施工预算进行监测与控制的。

四、造价工程师执业资格制度

为了构建节约型公路行业,适应公路交通建设发展的需要,合理确定和有效控制工程造价,提高公路建设项目工程造价的编制质量,人事部、建设部于1996年颁发了《造价工程师执业资格制度暂行规定》,要求凡从事工程建设活动的建设、设计、施工、工程造价咨询、工程造价管理等单位和部门,必须在计价、评估、审查(核)、控制及管理等岗位配备有造价工程师执业资格证书,并经注册从事建设工程造价业务活动的专业技术人员。1998年我国首次组织了造价工程师全国统一考试。从此,造价工程师执业资格制度成为我国工程造价管理的一项基本制度。

造价工程师首先应是本专业的工程技术人员,具有工程设计、工程施工的能力;其次,造价工程师还应是工程经济管理人员,除能进行施工组织设计,合理选用施工方案、施工机具,合理调配各种资源外,还应懂工程经济,能根据工程图纸和现场情况准确计量工程数量,并按照交通部的统一规定合理地测算和控制工程造价。因此,造价工程师是既懂工程技术,又懂经济管理的复合型人才。根据1996年人事部、建设部颁布的《造价工程师执业资格制度暂行规定》,

造价工程师的申报条件、考试内容及任职资格等要求如下：

1. 申报条件

凡中华人民共和国公民遵纪守法，并具备以下条件之一者，均可申请参加造价工程师执业资格考试：

(1) 工程造价专业大专毕业后，从事工程造价业务工作满5年；工程或工程经济类大专毕业后，从事工程造价业务工作满6年。

(2) 工程造价专业本科毕业后，从事工程造价业务工作满4年；工程或工程经济类本科毕业后，从事工程造价业务工作满5年。

(3) 获上述专业第二学士学位或研究生毕业和获硕士学位后，从事工程造价业务工作满3年。

(4) 获上述专业博士学位后，从事工程造价业务工作满2年。

2. 考试内容

造价工程师应是既懂工程技术又懂经济、管理和法律并具有实践经验和良好职业道德的复合型人才。因此，考试内容主要包括：

(1) 工程造价的相关知识。如投资融资理论、经济法和合同管理项目管理等相关知识。

(2) 工程造价的确定与控制。除掌握基本概念外，主要掌握和了解造价确定与控制的理论与方法。

(3) 工程技术与工程计量。这一部分分两个专业考试即建筑工程与安装工程主要掌握两专业基本技术知识与计量方法。

(4) 案例分析。考查考生解决实际问题的能力，含计量或审查专业单位工程量，编制或审查专业工程投资估算、概算、预算、标底、报价、结(决)算，投标报价，编制补充定额的技能等。

3. 我国造价工程师执业资格注册制度

造价工程师执业资格实行注册登记制度，以加强对造价工程师的注册管理，规范造价工程师的执业行为，提高造价管理工作的质量，维护国家和社会公共利益。注册登记制度规定：

(1) 从事工程造价业务活动的专业技术人员，只有在取得《造价工程师执业资格证》和《造价工程师注册证》以后，才具有造价工程师执业资格，才能以造价工程师名义从事建设工程造价业务，签署具有法律效力的工程造价文件。

(2) 国务院建设行政主管部门负责全国造价工程师的注册管理工作，并对造价工程师的注册和执业实施监督。省、自治区、直辖市人民政府和国务院有关行政主管部门负责管辖范围内的造价工程师注册管理工作，并对其注册和执业实施指导和监督。

(3) 经全国造价工程师执业资格统一考试合格人员，在取得《造价工程师执业资格证》3个月内到所在地区或部门注册初审机构申请注册。经考试合格人员逾期未申请注册，或申请未获批准，其资格可保留2年，2年期满再申请注册需参加规定的业务培训，并达到继续教育水准。经批准注册的造价工程师，由其单位所在地区或部门初审机构核发由国务院建设行政管理部门统一印制的《造价工程师注册证》和造价工程师执业专用章。

第二章　公路工程结构物的构造

公路是一种空间线形工程构造物。从大的方面来讲,它是由路基、路面、桥梁、涵洞、隧道、防护工程、排水设施、山区特殊构造物等基本部分组成的。此外,为了保证汽车行驶的安全、畅通和舒适,尚需有各种附属工程,如公路标志、护栏、路用房屋、加油站、通讯设施及绿化植被等。

要确定公路工程造价,做好公路工程概、预算工作,其基本前提就是要熟悉公路工程结构物的构造,为准确计算其工程数量打下基础。为此,本章将以编制公路工程概、预算为前提,阐述公路工程结构物的基本构造。

第一节　路基的构造

路基是路面的基础,并与路面共同承担行车荷载的作用。为使路面坚固、稳定或不占用太多的土地,路基还必须有一些其他附属构造物,如挡土墙、护坡、护脚、排水沟、跌水、急流槽等。

一、路基横断面类型

路基横断面是指在垂直于路中线方向所作的一垂直剖面。路基横断面图反映了路基的形状和尺寸,是路基设计的主要技术文件。路基横断面图是由行车道、路肩、分隔带、边沟以及截水沟、护坡道等组成的,对于高速公路还有变速车道、爬坡车道、紧急停车带、慢行道及路上设施等。

根据原地面起伏状况和设计要求不同,路基横断面设计有四种基本类型,即路堤、路堑、半填半挖及不填不挖。

1. 路堤

路堤是指高于原地面,由填方筑成的路基。如图 2-1 所示。路堤都应设置边坡,坡度以 1∶m 表示。当地面横坡太陡,或填方数量太大,占地太多时,在填方坡脚处常设置石砌护脚,以防止填方沿山坡向下滑动。如图 2-1d)所示。

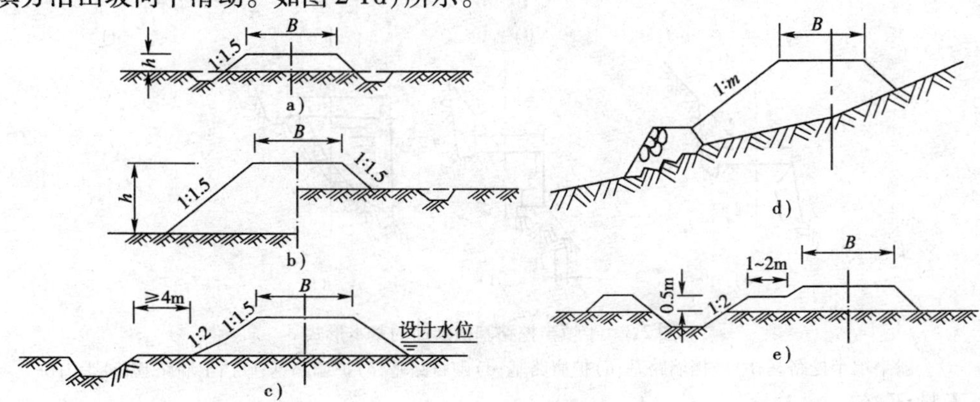

图 2-1　填方路基横断面的基本形式

a)矮路堤;b)一般路堤;c)沿河路堤;d)护脚路堤;e)挖渠填筑路堤

2. 路堑

路堑是低于原地面，由挖方构成的路基。如图 2-2 所示。路堑的典型断面为全挖路堑，如图 2-2a）所示，该路基两侧均需设置边沟，为防止山坡水流进路基，在路堑边坡的上方应设置截水沟，其位置要求距坡顶大于 5m。

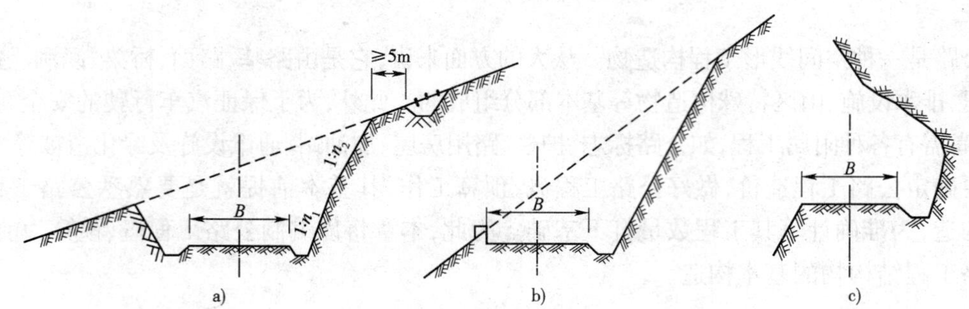

图 2-2　路堑横断面的基本形式

a）路堑；b）台口式路基；c）半山洞路基

陡峻山坡上的半路堑，为避免局部填方，可挖成台口式路基，如图 2-2b）。

在整体坚硬的岩层上，有时可采用半山洞路基如图 2-2c），但要确保安全，不可滥用。

3. 半填半挖

半填半挖路基横断面类型如图 2-3 所示。它的特征是在同一个断面既有挖方又有填方。以挖做填是一种比较经济的断面型式。由于半填半挖断面往往用在横坡较陡的山坡上，为了使路基稳定，避免填方部分在自重作用下沿地面下滑，此时路基往往要采取一些措施。如将原地面拉毛，或将原地面做成台阶，或修筑护肩、护墙、砌石及挡土墙等支挡建筑物。

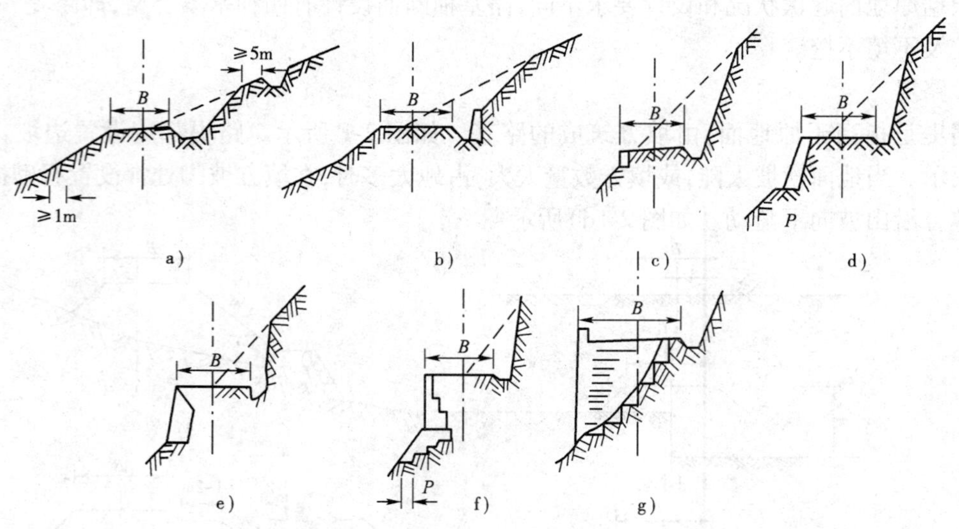

图 2-3　半填半挖路基横断面的基本形式

a）一般半填半挖路基；b）矮挡墙路基；c）护肩路基；d）砌石路基；e）护墙路基；f）挡土墙路基；g）半山桥

4. 不填不挖

不填不挖路基横断面是指路基标高与原地面相同的路基。如图 2-4 所示。这种路基虽节省土石方，但对排水非常不利，容易发生水淹等病害。常用于干旱的平原，丘陵区或山岭区的山脊线。

二、挡土墙的构造

挡土墙是一种能够抵抗侧向土压力,防止墙后土体坍塌的建筑物,在路基工程中可以稳定路堤和路堑边坡,减少土石方工程量。尤其是在山区公路中,挡土墙的运用更加广泛。

(一)挡土墙的类型

1. 按照墙的位置分

公路上常用的挡土墙按其设置的位置可分为路堑墙、路肩墙、和山坡墙等类型,如图 2-5 所示。

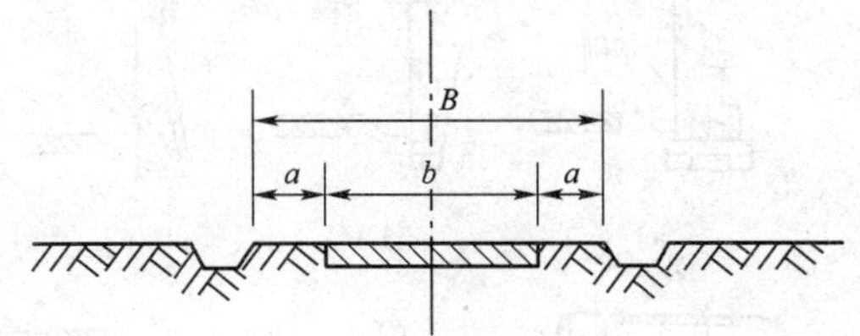

图 2-4　不填不挖的路基横断面形式

B-路基宽度;*a*-路肩宽度;*b*-路面宽度

2. 按照墙体材料分

按照墙体材料,挡土墙又可分为:石砌挡土墙、砖砌挡土墙、混凝土挡土墙、钢筋混凝土挡土墙和木质挡土墙等类型。

3. 按照墙的结构形式分

按照墙的结构形式,挡土墙还可分为:重力式、衡重式、半重力式、悬臂式、扶壁式、拱式、锚杆式、锚碇板式、带卸荷板的柱板式、桩板式和垛式(又称框架式)等类型(图 2-6)。其中,重力式、衡重式多用石砌(缺乏石料地区也有用砖砌的)。半重力式用混凝土浇筑,视需要也可在受拉区加少量钢筋,以节省圬工。其他类型多用钢筋混凝土就地制作或预制拼装。

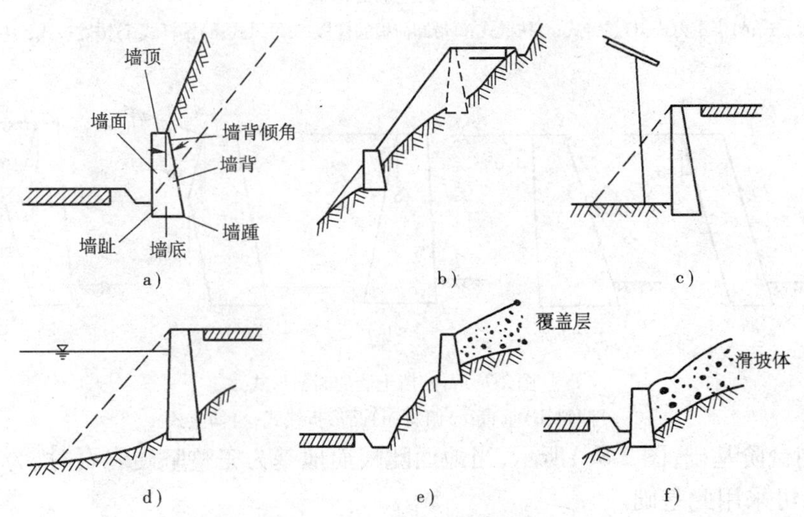

图 2-5　设置挡土墙的位置

a)路堑墙;b)路堤墙(虚线为路肩墙);c)路肩墙;d)浸水挡土墙(路肩墙);e)山坡挡土墙;f)抗滑挡土墙

(二)石砌挡土墙的构造

石砌挡土墙是工程中常用的挡土墙,它由墙身、基础、排水设施和伸缩缝等几部分组成。

1. 墙身

墙身是挡土墙的主体结构,根据墙背的倾斜方向,墙身断面型式可分为仰斜、垂直、俯斜、凸形折线和衡重式等几种,如图 2-7 所示。

2. 基础

基础是挡土墙的关键,稍有不慎就有可能导致墙体的破坏。挡土墙常用的基础类型有:

(1)扩大基础,如图 2-8a)、b)所示,是将墙趾和墙踵部分加宽成台阶,也可同时将两侧加宽,以加大承压面积,减少基底应力。

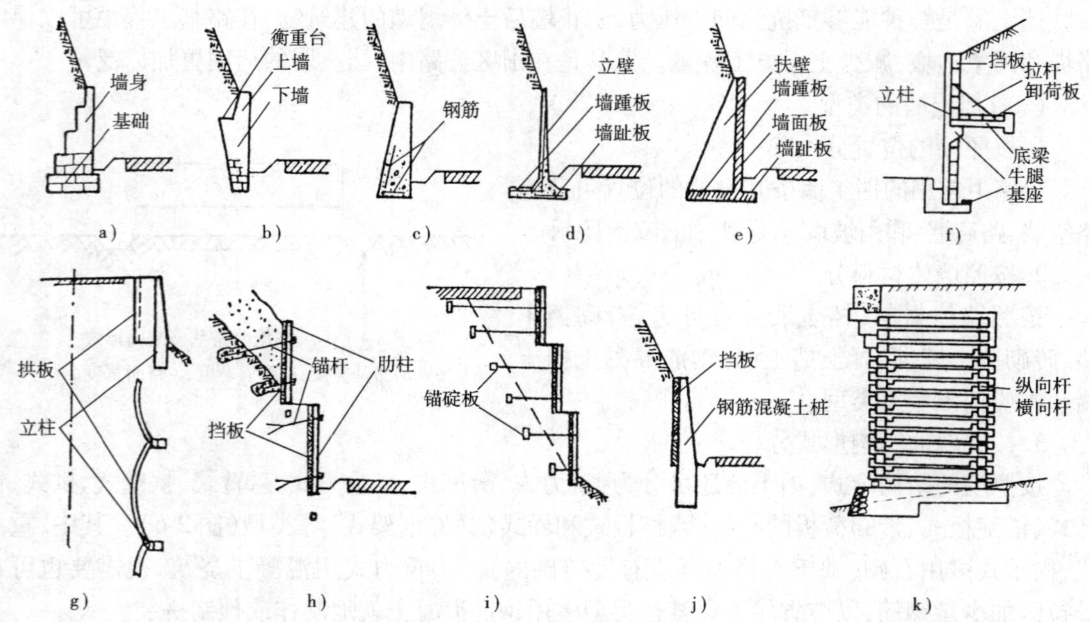

图 2-6　挡土墙的构造类型

a)重力式;b)衡重式;c)半重力式;d)悬臂式;e)扶壁式;f)带卸荷板的柱板式;g)拱式;h)锚杆式;i)锚碇板式;j)桩板式;k)垛式

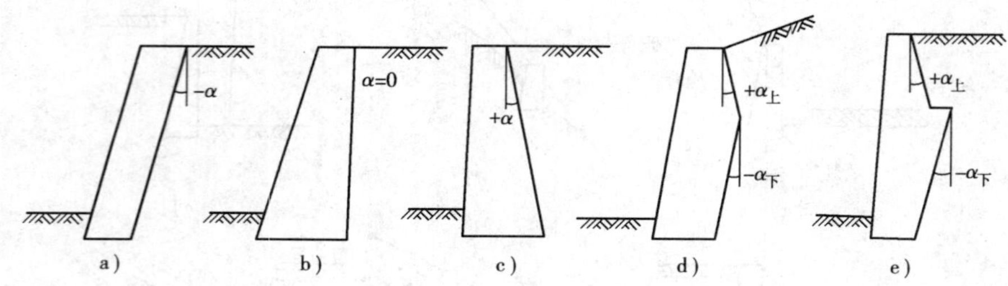

图 2-7　石砌挡土墙的断面形式

a)仰斜;b)垂直;c)俯斜;d)凸形折线式;e)衡重式

(2)切割台阶基础,图 2-8c)所示,当地面陡峻而地基为完整坚硬岩石时,为节省圬工和基础开挖数量,可采用此基础。

(3)拱形基础,图 2-8d)所示,当挖基困难或跨越沟涧时,可采用拱形基础。

3. 排水设施

挡土墙的墙后排水是十分重要的。为了排除墙内的积水,要求在墙身的适当高处,设置一排或数排泄水孔。如图 2-9 所示。

4. 沉降缝与伸缩缝

沉降缝与伸缩缝是为了防止地基不均匀沉降或为防止圬工砌体硬化收缩及因温度变化而产生不均匀伸缩而设置的,如图 2-10 所示。

沉降缝与伸缩缝一般都设在一起,称为沉降伸缩缝,一般每隔 10 ~ 15m 设置一道,缝宽 2 ~ 3cm,自墙顶作到基底,缝内用胶泥或沥青麻筋等弹性材料沿墙的内、外、顶三侧填塞而成。

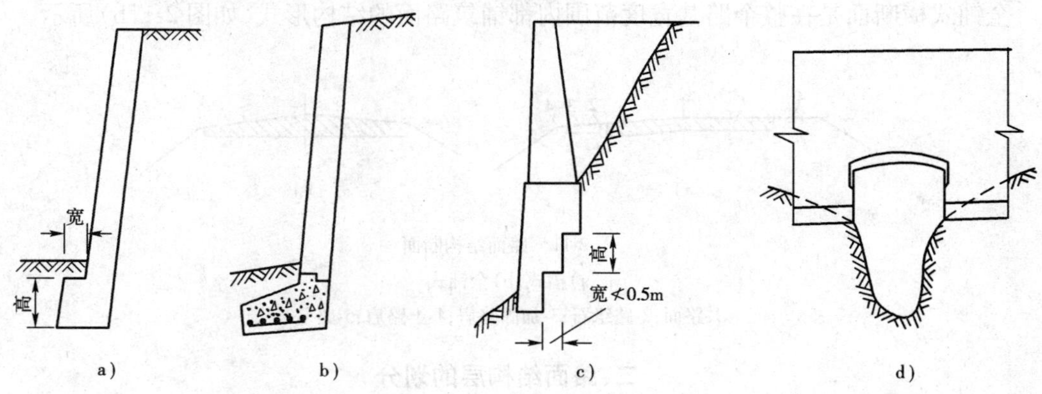

图 2-8　挡土墙基础形式

a)加宽墙趾;b)钢筋混凝土底板;c)切割台阶;d)拱形基础(纵断面)

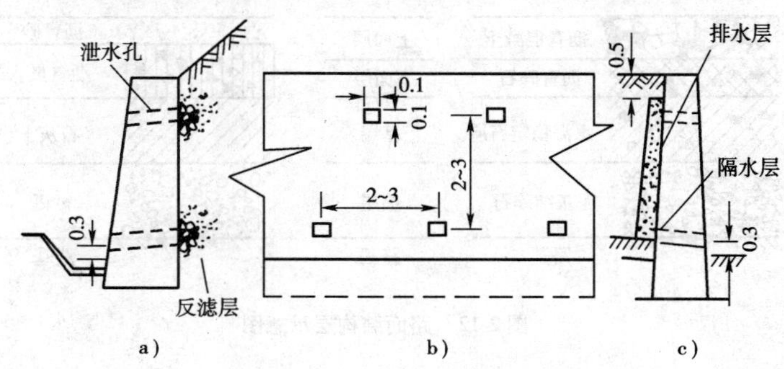

图 2-9　挡土墙的泄水孔及排水层(尺寸单位:m)

a)不设排水层时的泄水孔;b)泄水孔的布置;c)设置排水层的泄水孔

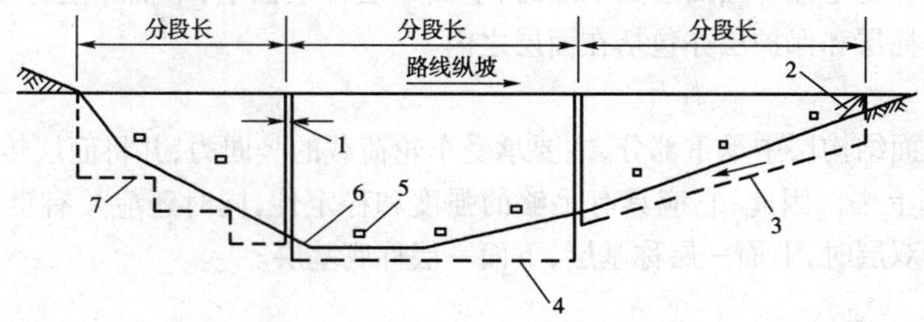

图 2-10　挡土墙正面图

1-沉降、伸缩缝;2-锥坡;3-基底纵坡≤5%;4-基底线;5-泄水孔;6-地面线;7-基底台阶(按地形设置,高宽比不大于1:2)

第二节　路面的构造

一、路面横断面形式

路面的横断面形式主要有两种:

1. 槽式

槽式横断面是在整个车行道宽度范围内将路基挖成同深的槽形,然后分层铺筑路面的结构形式,如图 2-11a)所示。

2. 全铺式

全铺式横断面是在整个路基宽度范围内都铺筑路面的结构形式，如图 2-11b）所示。

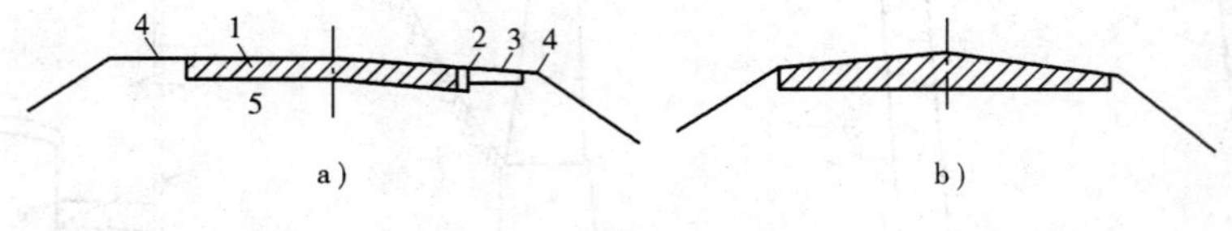

图 2-11　路面结构断面

a）槽式；b）全铺式

1-路面；2-路缘石；3-加固路肩；4-土路肩；5-路基

二、路面结构层的划分

路面是用各种材料铺筑而成的，如图 2-12 所示。

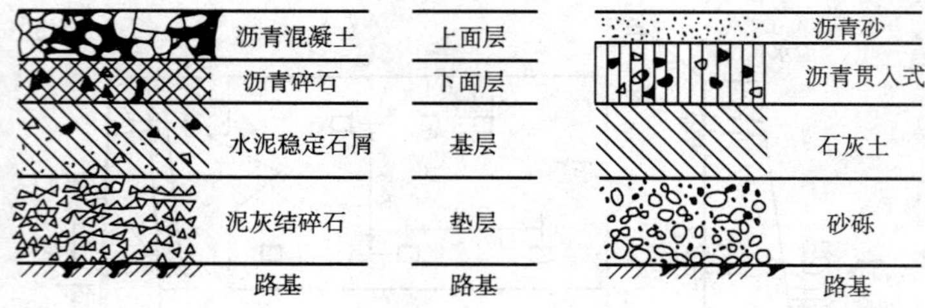

图 2-12　路面结构层示意图

1. 面层

面层是路面结构层最上面的一层，直接受行车荷载和大气作用。因此，面层材料应具备较好的力学强度和稳定性。当面层为双层时，上面一层称上面层，下面一层称下面层。中、低级路面上设的磨耗层和保护层亦包括在面层之内。

2. 基层

基层是路面结构层中承重部分，主要承受车轮荷载的竖向力，并将面层传下来的应力扩散到垫层或土基上去。因此，它应具有足够的强度和稳定性，同时还应具有良好的应力扩散能力。当基层为双层时，上面一层称基层，下面一层称底基层。

3. 垫层

垫层是介于基层与土基之间的一层。起排水、隔水、防冻等多方面的作用，以保证基层、面层有足够的强度和稳定性，同时扩散由基层传来的应力，以减少土基所产生的变形，所以，在路基水温状况不良的地段，都应设置垫层。

用于垫层的材料主要有两种，一是松散颗粒材料，如砂、砾石、炉渣、片石等起透水作用；二是水泥稳定土、石灰煤渣稳定土等起稳定性作用。

三、路面的分级

根据路面的使用品质和服务能力，将路面分为如下四个技术等级：

1. 高级路面

高级路面平整无尘，结构强度高，使用寿命长，养护费用少，运输成本低，能保证高速行驶和较大的交通量。适于高速公路和一级公路。高级路面主要有：

(1)沥青混凝土路面。它是将沥青、砂、碎石、矿粉等材料加热后按比例拌和,并趁热碾压成型的路面。这种路面坚实平整,密实不透水。

(2)水泥混凝土路面。它是以水泥作为胶结材料,将其与砂、石、水等材料均匀拌和,经摊铺→振捣→整平→养护后形成的路面。这种路面强度高,耐久性好、使用寿命长。

2. 次高级路面

次高级路面适于二级公路和三级公路,其主要类型有:

(1)热拌沥青碎石混合料。它是用沥青、砂、碎石加热拌和,并趁热碾压成型的路面。与沥青混凝土路面不同处是不用矿粉,沥青用量较少,空隙率稍大,其强度和耐久性略低于沥青混凝土路面。

(2)沥青贯入式。它是在初步压实且有许多空隙的新铺碎石层表面浇灌沥青,使沥青灌入石缝中,然后用小碎石铺上一薄层作为嵌缝料,压实后再浇一次沥青,最后用石屑铺一薄层,再经压实而形成的路面。它具有较高的强度和稳定性。

(3)沥青表面处治。它是在原有的石灰土路面或级配路面的表层上加铺薄层的沥青与小石子的混合料,然后碾压成型。这种路面主要是改善行车条件,避免下层路面直接遭受行车的作用和自然因素的影响。

3. 中级路面

中级路面适于四级公路,其结构类型主要有:

(1)泥结碎石路面。泥结碎石路面是用轧制碎石的嵌挤性形成骨架,用黏土作填充粘结料修筑的碎石路面。这种路面施工方便,造价低廉,但强度低,平整度差,易扬尘,养护工作量大,适于道路的分期修建和改善。

(2)级配碎石路面。级配碎石路面是将粒径不同的碎石和砂(石屑)及黏土组成良好级配的混合料,在最佳含水量状态下经碾压形成的路面。这种路面比泥结碎石路面平整度好,力学强度也较高。

4. 低级路面

低级路面是用当地的各种材料如炉渣、碎石和砂砾土等修筑的路面。这种路面平整度差,强度低,仅适于四级公路或乡村道路。

第三节　桥涵工程构造

一、桥梁的主要类型

桥梁是人类为克服天然障碍而建造的建筑物。它既是一种功能性的构造物,同时又是一个壮观、美丽的建筑工程。桥梁种类繁多,姿态各异,下面仅按其不同的结构体系阐述桥梁的主要类型。

1. 梁式桥

梁式桥是一种在竖向荷载作用下无水平反力的结构,如图 2-13 所示。这种结构由于外力的作用方向与承重结构的轴线接近垂直,故梁内易产生很大的弯矩,需用抗弯能力强的材料来建造。目前在公路上应用最广泛的是预制装配式的钢筋混凝土简支梁桥,这种桥梁的结构简单、施工方便,对地基的承载力要求不高,但其跨径较小,一般在 25m 以下。

2. 拱式桥

拱式桥的主要承重结构是拱圈或拱肋，如图 2-14 所示。这种结构在竖向荷载作用下，桥墩或桥台将承受水平推力，如图 2-14b）所示。同时这种水平推力将显著抵消荷载所引起的在拱圈内的弯矩作用，因此，常用抗压能力强的圬工材料（砖、石、混凝土）来建造。

3. 刚构桥

刚构桥的主要承重结构是梁或板和立柱或竖墙整体结合在一起的刚构结构，梁和柱的连接处具有很大的刚性，如图 2-15 所示。在竖向荷载作用下，梁部主要受弯，而在柱脚处也有水平反力，其受力状态介于梁桥与拱桥之间。

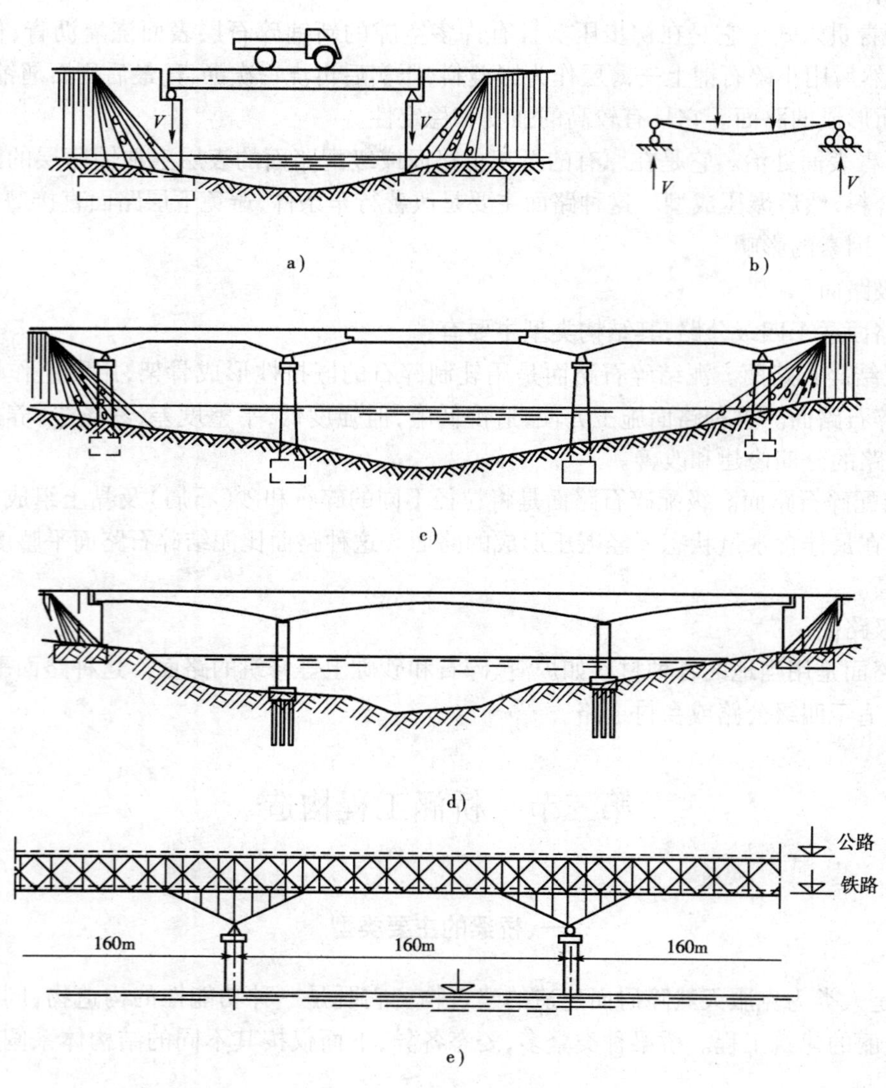

图 2-13　梁式桥

4. 悬索桥（又称吊桥）

悬索桥如图 2-16 所示。它的主要承重结构是悬挂在两边桥塔上的强大缆索。悬索桥一般结构自重较轻，跨度很大，便于无支架悬吊拼装。但在车辆动荷载和风载作用下，有较大的变形和振动。

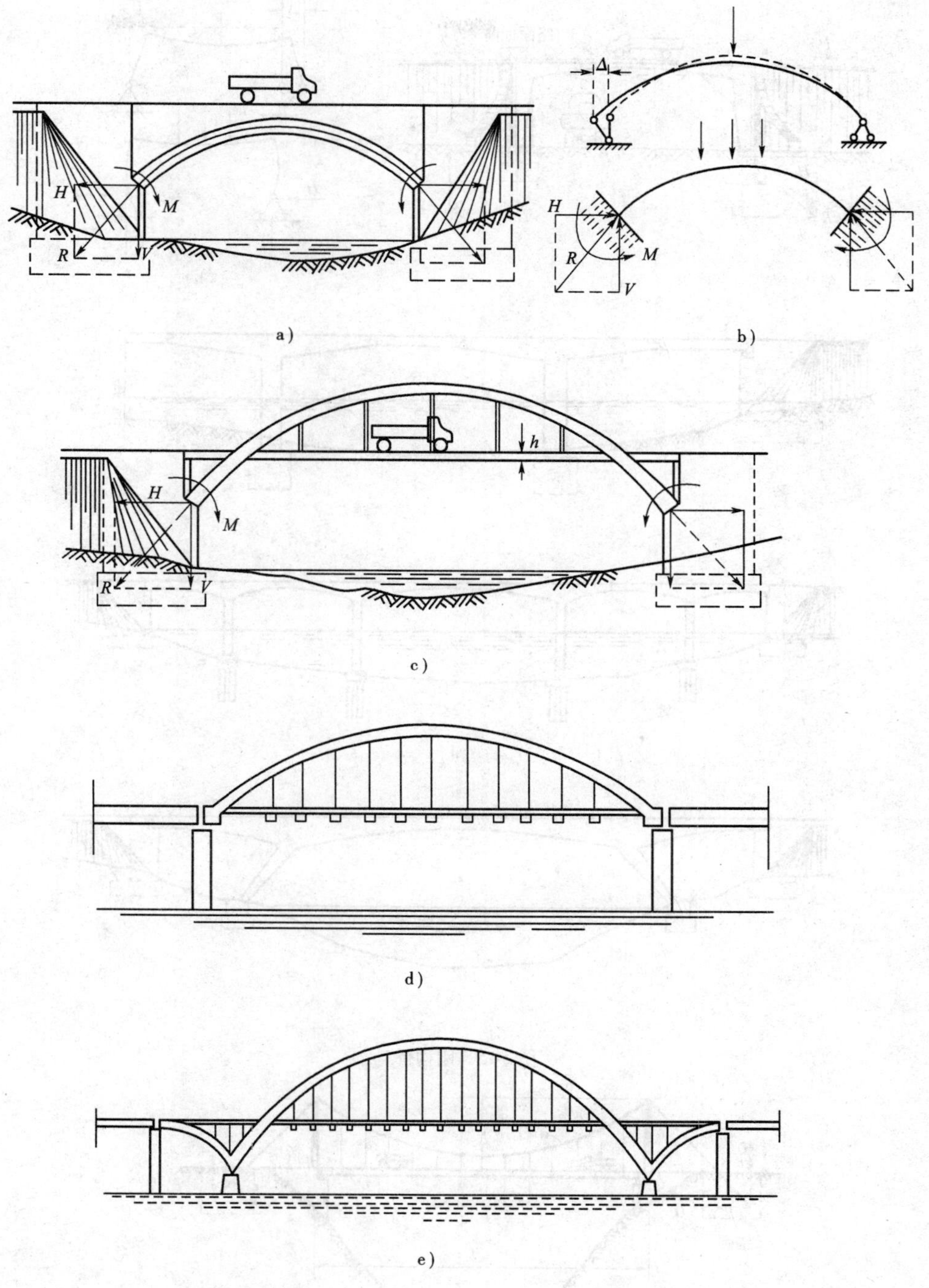

图 2-14　拱式桥

5. 斜拉桥

斜拉桥由斜索、索塔和主梁组成，如图 2-17 所示。用高强钢材制成的斜索将主梁多点吊起，并将主梁的恒载和车辆荷载传至索塔，再通过索塔基础传至地基。这样，跨度较大的主梁就像一根多点弹性支承（吊起）的连续梁一样工作，从而可使主梁尺寸大大减小，结构自重显著减轻，既节省了结构材料，又大幅度地增大桥梁的跨越能力。此外，与悬索桥相比，斜拉桥的结构刚度大，且抵抗风振的能力也很好。

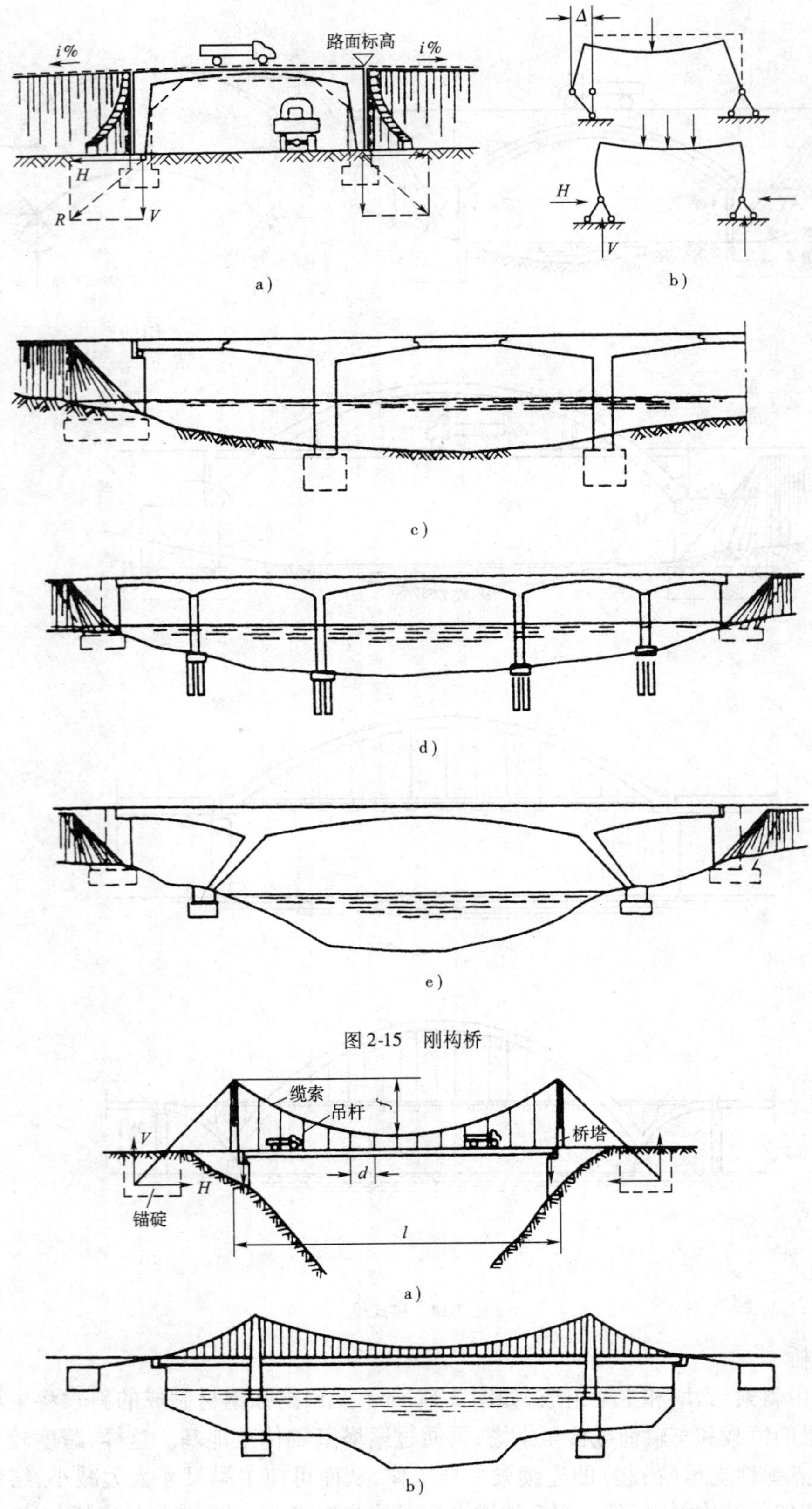

图 2-15 刚构桥

图 2-16 悬索桥(吊桥)

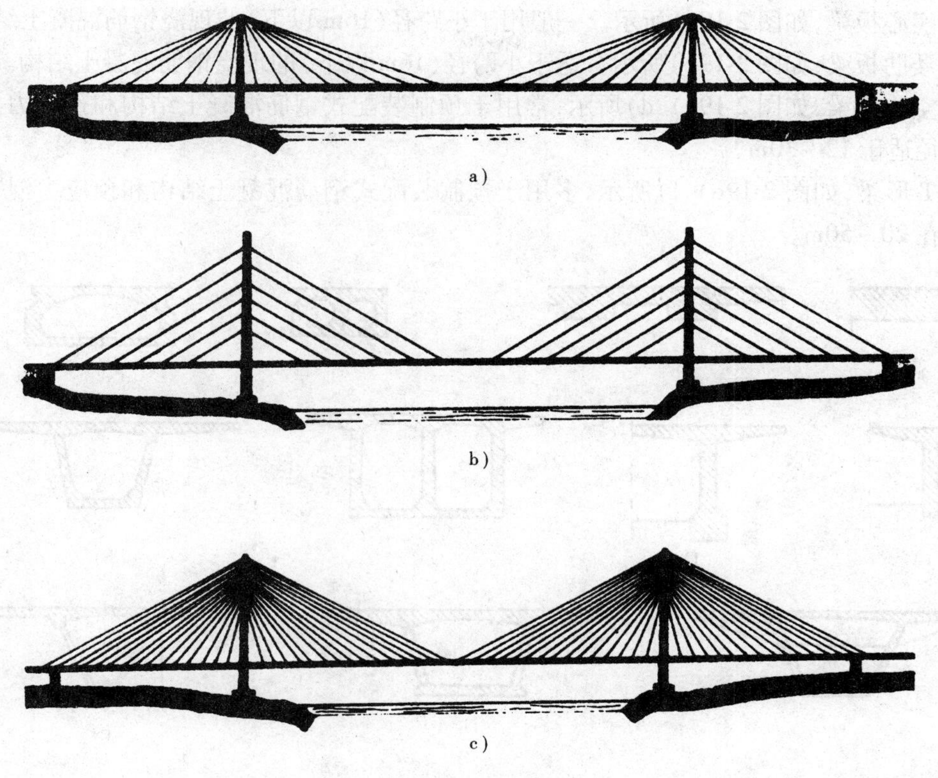

图 2-17　斜拉桥

a)放射形;b)竖琴形;c)扇形

二、桥梁上部构造

桥梁是由上部结构和下部结构两个主要部分组成的。上部结构是指桥墩以上的部分,下部构造是指桥墩、桥台和基础,如图 2-18 所示。

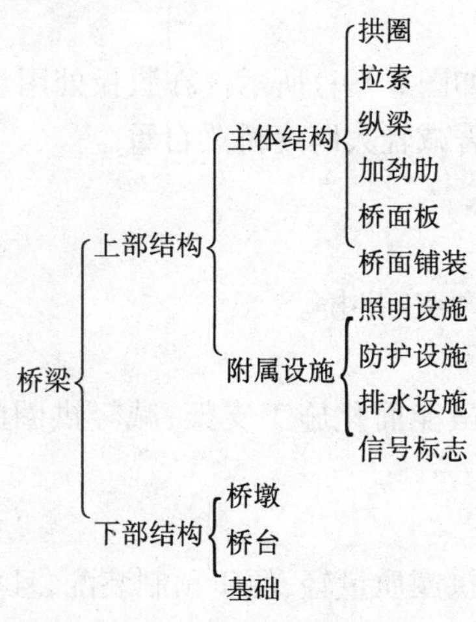

图 2-18　桥梁基本组成图

桥梁上部构造类型很多,其横断面形式主要有:

(一)梁式桥主梁横断面形式

1. 承受正弯矩的简支梁桥

(1)实心板梁,如图2-19a)所示。一般用于小跨径(16m以下)的现浇钢筋混凝土结构。

(2)矮肋板梁,如图2-19b)所示。适于小跨径(16m以下)的现浇钢筋混凝土结构。

(3)空心板梁,如图2-19c)、d)所示,常用于预制装配式钢筋混凝土结构和预应力混凝土结构,跨径适于12~30m。

(4)T形梁,如图2-19e)、f)所示,多用于预制装配式钢筋混凝土结构和预应力混凝土结构,跨径在20~50m。

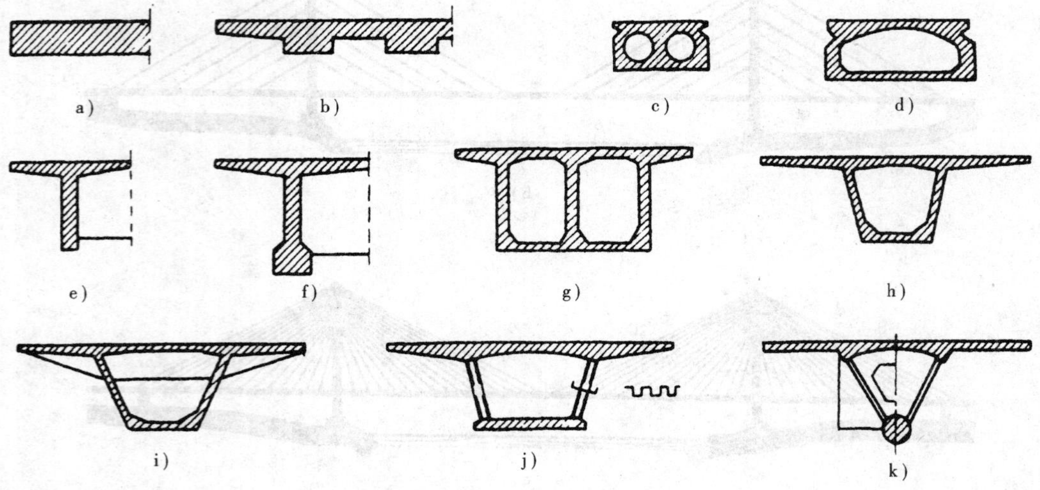

图2-19 梁式桥的横截面

a)实心板梁;b)矮肋板梁;c)和d)空心板梁;e)T形梁;f)带马蹄形T形梁;g)多室箱形梁;h)大挑臂箱形梁;i)带横肋的箱梁;j)具有金属腹板的组合箱梁;k)具有钢管混凝土下弦的三角形箱梁(或桁架)

2. 承受正、负弯矩的悬臂式或连续式梁桥

(1)多室箱形梁,如图2-19g)所示。其跨径常小于50m。

(2)大挑臂箱形梁,如图2-19h)所示。适于预应力混凝土大跨径结构。

(3)带横肋的箱形梁,如图2-19i)所示。适于预应力混凝土大跨径结构。

3. 组合梁桥

带有金属腹板的组合箱梁,如图2-19j)所示。在腹板处用金属或桁架(如图2-19k))来代替箱梁的混凝土实体腹板,可显著减轻大跨度桥梁自重。

(二)拱式桥主拱横断面形式

1. 实心板拱圈

如图2-20a),b)所示,常用于圬工拱桥。

2. 双曲拱圈

如图2-20c)所示,这种结构虽能简化施工支架,减轻拱圈的吊装重量,但其整体性较差,易产生裂缝,且不易施工。

3. 箱形拱圈

如图2-20d)所示,这种结构拱圈质量轻,便于预制装配,且整体性较好。

4. 钢筋混凝土拱肋

如图2-20e),f),g)所示,均为常采用的拱肋截面形式。

5. 钢管混凝土拱

如图2-20h)~l)所示,其拱肋均由钢管混凝土建造,这是近几年来的研究成果。这种结构在主拱强度和施工性能上都有很多优点。

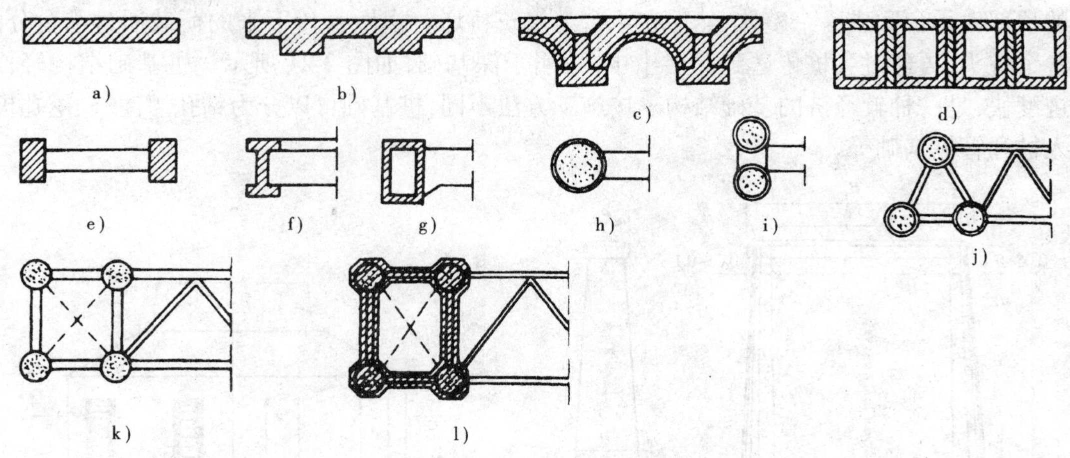

图 2-20 拱式桥主拱的横截面

a)板拱圈;b)肋板拱圈;c)双曲拱圈;d)箱形拱圈;e)矩形拱肋;f)工字形拱肋;g)箱形拱肋;h)~k)钢管混凝土拱肋;l)具有钢管混凝土劲性骨架的钢筋混凝土箱形拱肋

三、桥梁下部构造

桥墩、桥台主要是由墩(台)帽、墩(台)身、基础三部分组成的,如图 2-21 所示。

桥墩、桥台的作用是承受上部结构传来的荷载,并通过基础又将此荷载及墩、台本身的自重传递到地基上。目前,公路上常用的墩、台主要有重力式墩、台和轻型墩、台两种。

(一)重力式墩、台构造

重力式墩、台是靠自身重量来平衡外力而保持其稳定的。因此,这类墩、台比较厚实,可以不用钢筋,而用天然石材或片石混凝土砌筑。这种墩、台适于地基良好或漂浮物较多的河流中。

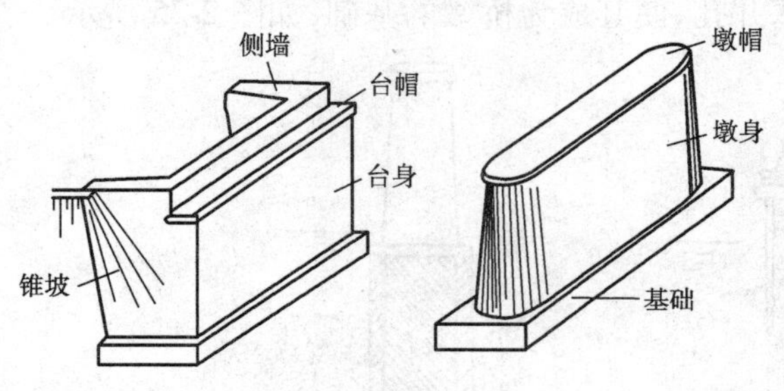

图 2-21 梁桥重力式墩台

1. 梁桥重力式桥墩构造

(1)墩帽。墩帽是桥墩顶端的传力部分,它通过支座承托着上部结构,并将相邻两孔上的荷载传递到墩身上。因此,墩帽的强度要求较高,一般用 20 号以上钢筋混凝土材料建造。如图2-22所示。

(2)墩身。墩身是桥梁的主体。通常由块石、混凝土或钢筋混凝土建造。为了便于水流或漂浮物流过,墩身平面形状可以做成圆端形或尖端形,无水的岸墩或高架桥墩可以做成矩形。如图 2-23 所示。

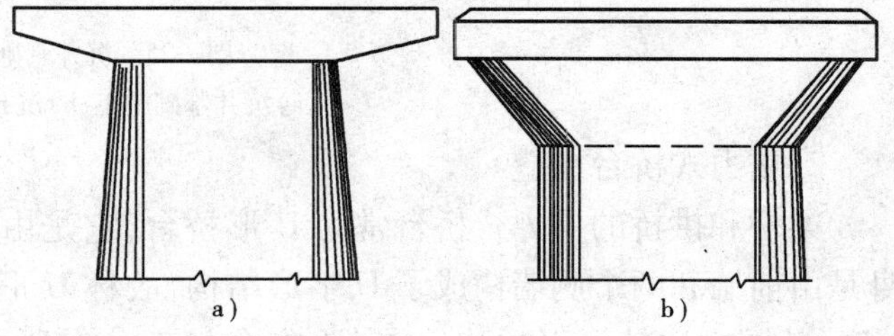

图 2-22 悬臂式和托盘式墩帽

(3)基础。基础是介于墩身与地基之间的传力结构,公路桥梁基础主要有以下三种:

①天然地基上的刚性扩大基础。这种基础也称明挖基础,通常用块石、混凝土砌筑成实体基础。这种基础构造简单,深度较浅,容易施工,一般适用于中小桥涵基础。

②桩基础。桩基础由若干根桩和承台两部分组成,桩在平面上可以排成一排或多排,所有桩的顶部由承台联成一个整体,然后在承台上修筑桥墩。由墩身传下来的荷载通过承台分配到各个桩头,再通过各桩传送到深层土中,故属于深基础,如图 2-24 所示。桩基础结构轻,施工进度快,是一种较经济的基础结构。按施工方法不同,桩基础可以分为钻孔灌注桩、挖孔桩、打入桩和管桩基础等。

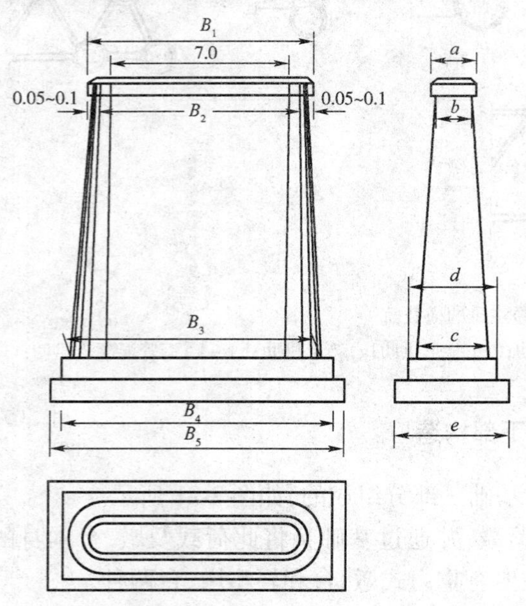

图 2-23　实体桥墩构造图(尺寸单位:m)

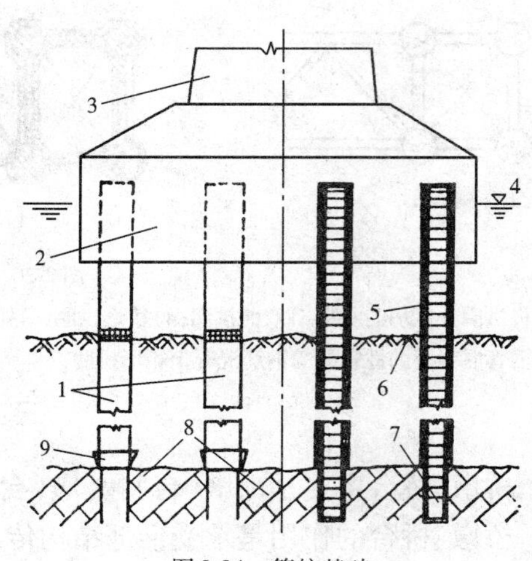

图 2-24　管柱基础

1-管柱;2-承台;3-墩身;4-低水位;5-钢筋骨架;6-覆盖层;7-嵌固于岩层;8-岩层;9-钢管靴

③沉井基础。沉井是井筒状的结构物。施工时先在井内挖土,让沉井在自重作用下下沉至设计标高后,再用水泥混凝土封底,并填塞井孔,使其成为桥墩的基础,如图 2-25 所示。

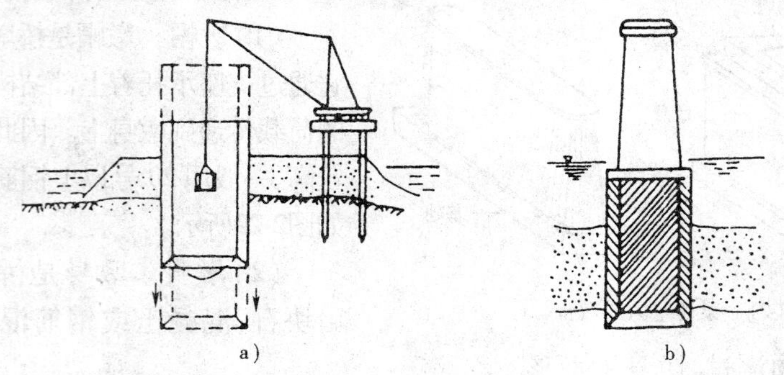

a)　　b)

图 2-25　沉井基础

a)沉井基础施工;b)沉井基础

2. 重力式桥台构造

梁桥和拱桥的重力式桥台常为 U 形桥台,它是由台帽、台身和基础三部分组成。由于台身是由前墙和两个侧墙构成了 U 字形结构,故称 U 形桥台。梁桥、拱桥桥台构造示意图如图 2-26,从图中比较可以看出,二者除在台帽部分有所差别外,其余部分基本相同。下面简述 U 形桥台各部分的构造。

(1)台帽。梁桥台帽与墩帽的不同点是台帽顶面只设单排支座,在另一侧则要砌筑挡住路堤填土的背墙。背墙一般做成垂直的,并与两侧侧墙连接。

拱桥桥台只向河心的一侧设置拱座，对于空腹式拱桥，在前墙顶面上还要砌筑背墙，用来挡住路堤土和支承腹拱。

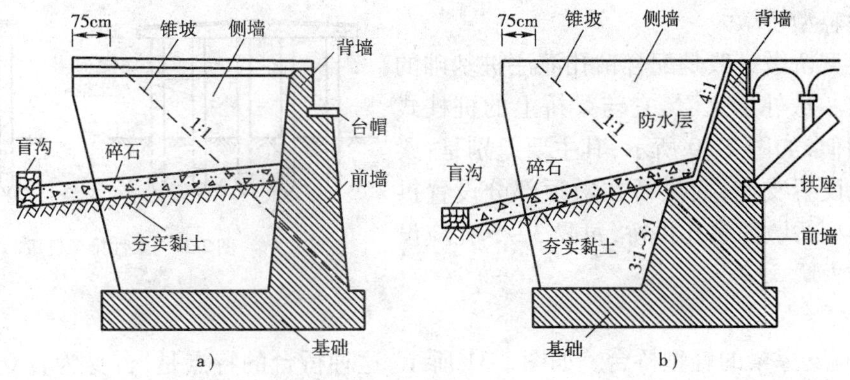

图 2-26　U 形桥台

a)梁桥桥台；b)拱桥桥台

(2)台身。台身由前墙和侧墙组成并结合成一体，起挡土墙和支挡墙的作用，侧墙正面一般是直立的，其长度视桥台高度和锥坡坡度而定，前墙的下缘一般与锥坡下缘相齐，因此，桥台越高，锥坡越坦，侧墙则越长。侧墙尾端应有不小于 0.75m 的长度伸入路堤内，以保证与路堤有良好的衔接。台身的宽度通常与路基的宽度相同。

(二)轻型墩、台构造

与重力式墩、台不同，轻型墩、台力求体积轻巧，自重要小，它借助结构物的整体刚度和材料强度承受外力，从而可节省材料。同时这类墩、台的刚度较小，受力后允许在一定范围内发生弹性变形。所用的材料大多为钢筋混凝土或少量配筋混凝土。

1. 梁桥轻型桥墩构造

在梁桥中轻型桥墩常有以下类型：

(1)钢筋混凝土薄壁桥墩。薄壁桥墩如图 2-27 所示。这种桥墩体积小，结构轻巧，施工简便，过水性好，适于地基软弱地区；缺点是现浇混凝土时，需耗用一定数量的模板和钢筋。

(2)柱式桥墩。如图 2-28 所示。柱式桥墩的结构特点是由分离的两根或多根立柱(桩柱)组成。它外观美观，结构轻巧。

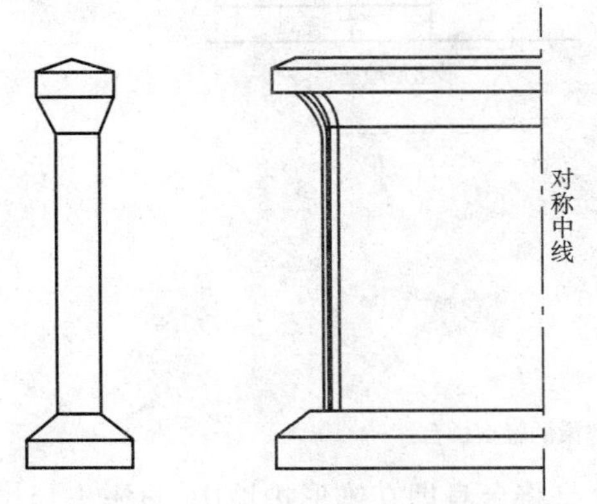

图 2-27　钢筋混凝土薄壁桥墩

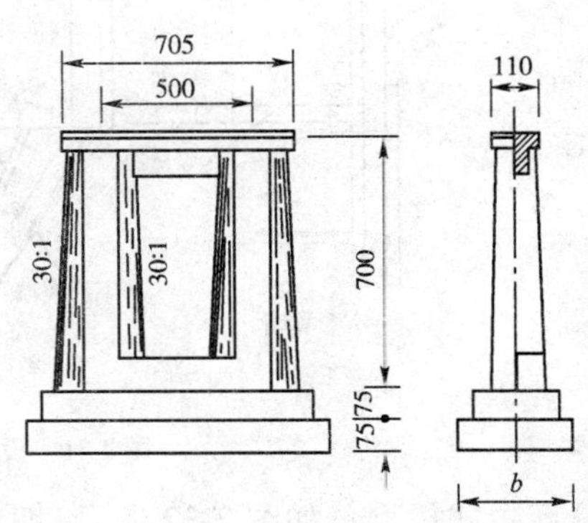

图 2-28　桩柱式桥墩(尺寸单位：cm)

(3)柔性排架柱墩。如图2-29所示,它是由单排或双排的钢筋混凝土桩与钢筋混凝土盖梁连接而成。柔性桩墩一般采用预制的矩形桩,桩长不超过14m,否则柔性过大,不便于施工。

2. 拱桥轻型桥墩

拱桥轻型桥墩一般是配合钻孔灌注桩基础的桩柱式桥墩。从外形上看,它与梁桥上的桩柱式桥墩非常相似,如图2-30所示,其主要差别是:梁桥在墩帽上设置支座,而拱桥在墩顶部分设置拱座。采用轻型桥墩的多孔拱桥,每隔3~5孔应设一个单向推力墩。

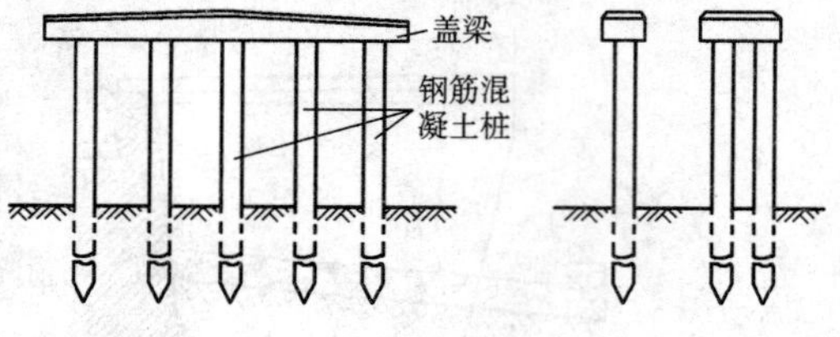

图2-29 柔性排架桩墩

3. 轻型桥台

(1)设有支撑梁的轻型桥台。如图2-31所示,这种桥台的特点是,台身为直立的薄臂墙,台身两侧有翼墙。在两桥台下部设置钢筋混凝土支撑梁,上部结构与桥台通过螺栓连接,并借助两端台后的被动土压力来保持稳定。

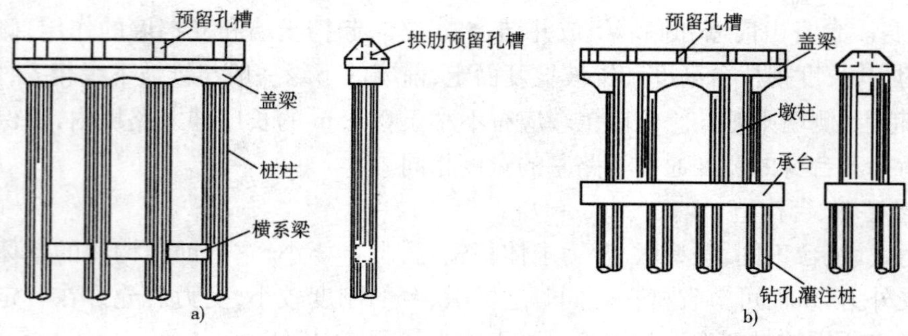

图2-30 拱桥桩柱式桥墩

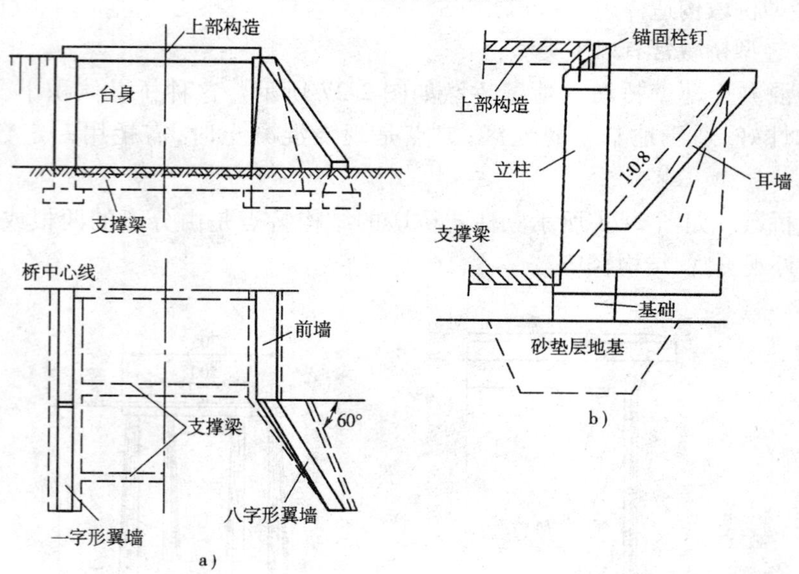

图2-31 设置地下支撑梁的轻型桥台

(2)埋置式桥台。如图2-32所示,埋置式墩台是将台身埋在锥形护坡中,只露出台帽在外以安置支座及上部构造。因此,桥台所受的土压力将大大减小,桥台的体积也随之减少。埋置式桥台不需设侧墙,仅附有短小的钢筋混凝土耳墙即可。

(3)钢筋混凝土薄壁桥台。钢筋混凝土薄壁桥台是由扶壁式挡土墙和两侧的薄壁侧墙构成,如图 2-33 所示。挡土墙由前墙和扶壁组成。台顶由竖直小墙和支于扶壁上的水平板构成,用于支撑桥跨结构。两侧薄壁可以与前墙垂直,也可与前墙斜交。前者称 U 形薄壁桥台,后者称八字形薄壁桥台。

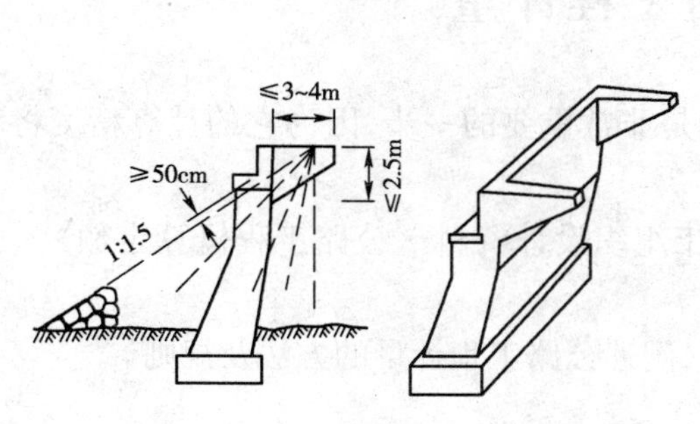

图 2-32 埋置式桥台

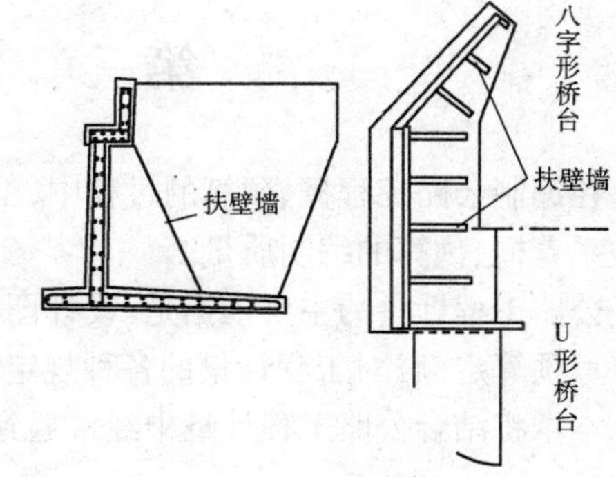

图 2-33 钢筋混凝土薄壁桥台

四、涵 洞 构 造

涵洞是路基下的一个过水孔道,用以宣泄路堤下水流的构造物。涵洞一般由洞身和洞口建筑两部分组成,如图 2-34 所示。

1. 洞身

洞身是形成过水孔道的主要结构,它一方面保证水流通过,另一方面也直接承受荷载压力和填土压力,并将其传给地基。涵身按构造形式可分为:

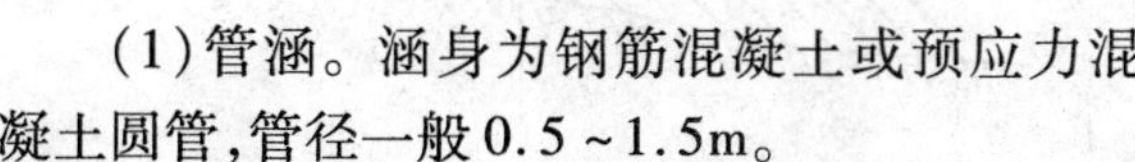

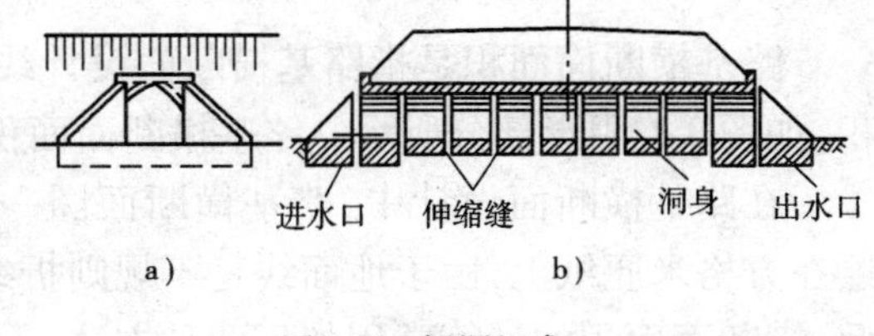

图 2-34 涵洞组成

a)洞口;b)纵断面

(1)管涵。涵身为钢筋混凝土或预应力混凝土圆管,管径一般 0.5 ~1.5m。

(2)盖板涵。涵身由涵台、基础、盖板组成。跨度小时可采用混凝土或石盖板,跨度大时,宜用钢筋混凝土盖板。

(3)拱涵。涵身由涵台、基础、拱圈组成,拱圈可采用块石砌筑、跨度大时采用混凝土或钢筋混凝土拱圈。

(4)箱涵。在地基条件较差地段,涵身通常做成钢筋混凝土箱形截面。这种截面整体性好,便于施工。

2. 洞口建筑

洞口是墙身、路基、河道三者的连接构造物。它一方面使涵洞与河道顺接,使水流进出顺畅;另一方面确保路基边坡稳定,使之免受水流冲刷。位于涵洞上游侧的涵口称为进水口,位于涵洞下游侧的洞口称为出水口。常用的洞口形式有:八字式、锥坡式、端墙式,如图 2-35 所示。

图 2-35 常见涵洞洞口形式

第三章　公路工程计量

在编制公路工程概、预算的过程中，工程计量是非常重要的一步，因为它的计算精度将直接关系着概、预算的编制质量。

公路工程计量的主要依据是：设计图纸及施工组织设计资料；《公路工程概算定额》、《公路工程预算定额》对工程计量的各种规定。

本章将结合公路工程计量中经常遇到的问题，阐述公路工程计量的方法及规则。

第一节　路基工程计量

一、路基横断面面积的计算

路基横断面面积是指路基横断面设计线（俗称戴帽）与路基横断面原地面线所围成的面积，如图 3-1 阴影部分所示。路基横断面面积是计算路基土、石方数量的依据。

在路基横断面设计中，路基横断面图一般是绘在方格米厘纸上，由于地面线是不规则折线，因此，横断面面积的计算常用如下两种方法：

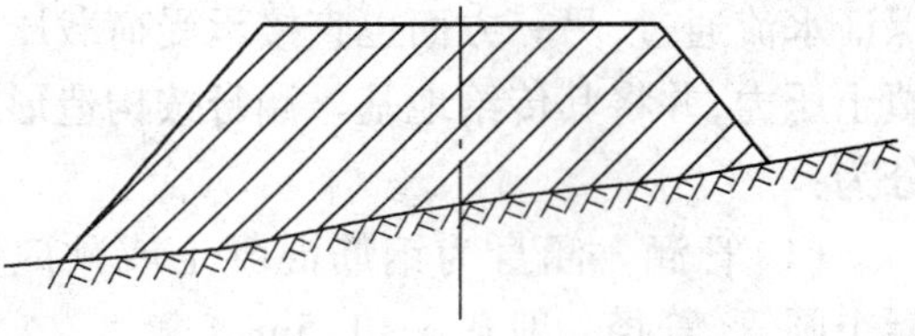

图 3-1　路基横断面

1. 几何图形法

几何图形法是将路基横断面图分解成若干个规则的几何图形，然后利用这些图形在方格米厘纸上的格子数来分块计算其面积，之后再累加起来即得路基横断面面积。

2. 积距法

积距法是将路基横断面图分解成若干个等宽为 b 的几何图形，这些几何图形可视为若干个等高为 b 的梯形，每个梯形 $\frac{b}{2}$ 处的连线即为每个等高梯形的腰，如图 3-2 中 $f_1, f_2, f_3, \cdots, f_i$，则：

$$每个小梯形面积 = b \times f_i$$

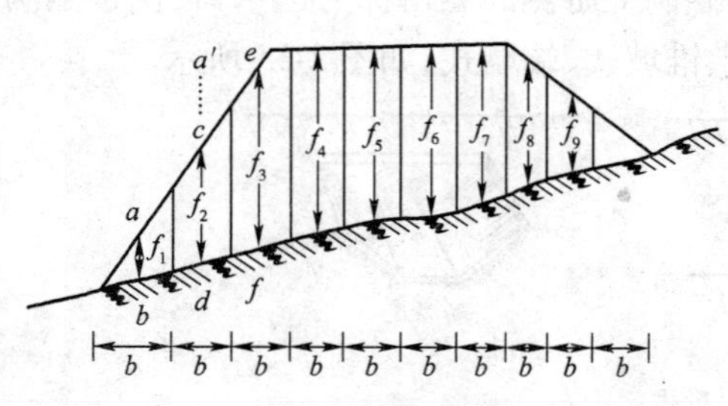

图 3-2　积矩法求路基横断面面积

$$路基横断面面积 = \Sigma(b \times f_i) = b \times \Sigma f_i$$

在确定 b 与 Σf_i 时，由于 b 取值愈小，则横断面面积的计量愈准确，因此，对于地面线起伏较大的断面，b 值应尽量小些。

Σf_i 的计算常用卡规法，如图 3-2 所示。先将卡规的 A 脚对准 b 点，张开卡规，使 B 脚对准 a 点，然后保持两脚距离不变，将 A 脚对准 c 点，B 脚固定于

c 点 f_2 上方延长线的 a' 点上,继续张开 A 脚对准 d 点,这时 AB 脚的距离即为 f_1+f_2。重复以上过程,待 AB 脚张大到最大距离时,将其卡在直尺上读数,并记录。累计该断面的所有的记录值,即为 Σf_i。

二、路基土、石方数量的计算

当各中桩的横断面面积求出来以后,即可按平均断面法来计算路基土、石方的工程数量。该法是假定相邻两横断面间为一棱柱体,如图 3-3,其高是两桩号间的距离,其底为两横断面面积的平均值。这种方法虽然是近似法,但对于土石方计量来说还是可以采用的,即两横断面间路基土、石方的体积按下式计算:

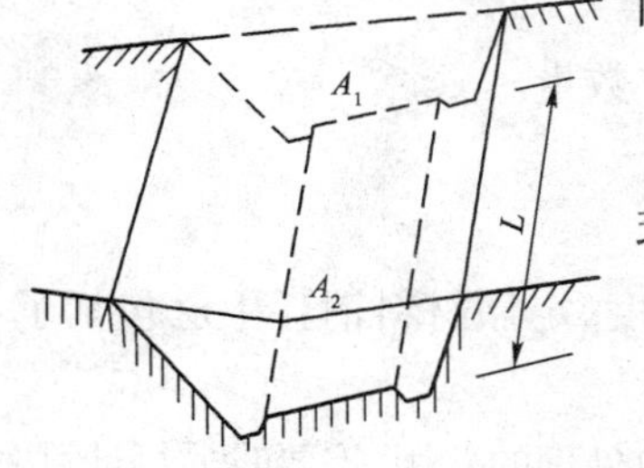

图 3-3　土石方数量计算

$$V=\frac{A_1+A_2}{2}\times L \tag{3-1}$$

式中:A_1A_2——两相邻横断面面积;

L——两相邻横断面里程桩号之差。

当按上式计算时,应注意以下问题:

(1)当两相邻横断面形状有较大变化时,为了提高土、石方的计量精度,故应在两断面之间补测一横断面,分段计算其土、石方数量。

(2)填方面积与挖方面积应分开计算。

(3)填方或挖方面积应按填或挖土、石方面积分开计算。

三、路基工程计量规则

1. 路基土方与石方应分类计量

路基土、石方的开挖、压实工作对于不同类别的土及岩石,其施工的难易程度是不一样的,所需的费用也是不相同的。因此,在编制概、预算时,应将不同类别的土、岩石分类计量。按照公路工程《概算定额》、《预算定额》的规定,路基土、岩石共分为六类。其中:

土壤分为三类:松土、普通土、硬土;

岩石分为三类:软石、次坚石、坚石。

土、石分类与十六级土、石分类对照表如表 3-1 所示。

土、石分类与十六级土、石分类对照表　　表 3-1

土、石分类	松土	普通土	硬土	软石	次坚石	坚石
十六级分类	I ~ II	III	IV	V ~ VI	VII ~ IX	X ~ XVI

2. 天然密实方与压实方的关系

天然密实方是指土体在自然状态下的体积。压实方是指将天然密实方压(夯)实之后的体积。因此,天然密实方≠压实方。在路基施工中,路基土、石方的开挖、装卸、运输是按天然密实方体积计算的,而填方是按压(夯)实以后的几何尺寸计算的,即填方是压实方。因此,在公路工程计量时,《概算定额》、《预算定额》都明确规定:除定额中另有说明外,土方挖方按天然密实体积计算,填方按压(夯)实后的体积计算;石方爆破按天然密实体积计算。当以填方压实体积为工程量,采用以天然密实方为计量单位时,压实方应乘以表 3-2 中的换算系数。

压实方与天然密实方间的换算系数　　表 3-2

土类 / 公路等级	土方			石方
	松土	普通土	硬土	
二级及以下等级公路	1.23	1.16	1.09	0.92
三、四级公路	1.11	1.05	1.0	0.84

3. 其他应计入路基土方中的工程量

(1)清除表土或零填方地段的基底压实、耕地填前夯(压)实后,回填至原地面标高所需的土、石方数量。

(2)因路基沉陷需增加填筑土、石方的数量。

(3)为保证路基边缘的压实度须加宽填筑时,所需的土、石方数量。

(4)开挖路基边沟的数量。

4. 软土地基处理工程计量

(1)袋装砂井及塑料排水板处理软土地基,工程量为设计深度,定额材料消耗中已包括了砂袋或塑料排水板的预留长度。

(2)振冲碎石桩的工程数量为设计桩长,定额中不包括污泥排放处理的费用,需要时另行计算。

(3)土工布的铺设面积工程量为锚固沟处边缘所包围的面积,包括锚固沟的底面积和侧面积。

例 3-1　某二级路路基工程挖方 1 600m^3 天然密实方,(其中松土 460m^3,普通土 380m^3,硬土 760m^3)。填方数量为 960m^3 压实方。在该路段内可移挖作填土方 620m^3 天然密实方(其中松土 240m^3,普通土 160m^3,硬土 220m^3)。试求计价方数量。

解:计价方数量 = 挖方数量 + 借方数量

(1)挖方数量

挖方应按天然密实方计量,故挖方数量依题意即为 1 600m^3 天然密实方。

(2)借方数量

借方数量 = 填方数量 - 移挖作填(本桩利用)数量。

借方应按压实方计量。由于移挖作填方数量是按天然密实方计量的,故应将其分别除以表 3-2 中的系数,将其换算为压实方,即:

$$移挖作填数量 = \frac{240}{1.23} + \frac{160}{1.16} + \frac{220}{1.09} = 535m^3(压实方)$$

$$借方数量 = 960 - 535 = 425m^3$$

$$计价方数量 = 1\,600 + 425 = 2\,025m^3$$

例 3-2　某软土地基,采用土工布处理。已知锚固沟内边宽 9m,长 600m,四周锚固沟深 0.6m,底宽 0.4m,边坡 1: 0.5,试求土工布的铺设面积。

解:按照土工布铺设面积的计量规定,其铺设面积应为锚固边沟外缘所包围的面积。包括锚固沟的底面积和侧面积。即:

$$\begin{aligned}土工布铺设面积 &= \left\{9 + 2 \times \left[2 \times \sqrt{0.6^2 + \left(0.6 \times \frac{0.5}{1.0}\right)^2} + 0.4\right]\right\} \\ &\times \left\{600 + 2 \times \left[2 \times \sqrt{0.6^2 + \left(0.6 \times \frac{0.5}{1.0}\right)^2} + 0.4\right]\right\} \\ &= 7\,531m^2\end{aligned}$$

第二节　路面工程计量

路面工程按工程部位、材料类别、施工方法等划分项目，在工程计量时主要应注意以下问题。

1. 路面实体的计量单位

对于低级、中级、次高级、高级四种类型路面以及路槽、路肩、垫层、基层等，除沥青混合料路面以 m^3 为计量单位外，其余均以 m^2 为计量单位。

2. 路面、路肩厚度计量

在路面、路肩厚度计量中，所有路面项目中的厚度均为压实厚度，培路肩厚度均为净培路肩的夯实厚度。

3. 磨耗层、保护层的计量

根据设计要求，泥结碎石及级配碎、砾石面层都应加铺磨耗层及保护层。在编制预算时，应根据磨耗层、保护层所用的材料及厚度按实计量其工程数量。但在编制概算时，则不另行计算磨耗层、保护层的工程数量，因为这部分内容已综合在概算定额之中了。

4. 路面工程计量中的其他问题

(1)沥青混合料路面压实体积按路面设计面积乘以压实厚度计算。

(2)概、预算定额对路面压实厚度的规定

①各类稳定土基层压实厚度在15cm以内；

②级配碎石、级配砾石路面压实厚度在15cm以内。

③填隙碎石一层的压实厚度在12cm以内。

④垫层和其他种类的基层压实厚度在20cm以内。

⑤面层的压实厚度在15cm以内。

当路面实际设计厚度超过定额规定厚度，且采用分层拌和、碾压时，拖拉机、平地机、压路机台班定额数量应加倍计算，每1 000m^2 增加人工3.0工日。

第三节　隧道工程计量

隧道工程主要有开挖、支护、防排水、衬砌、装饰、照明、通风及消防设施、门洞及辅助坑道等项目，工程计量规定如下：

(1)隧道长度均指隧道进出口(不含与隧道相连的明洞)洞门端墙墙面之间的距离，即两端端墙面与路面的交线同路线中线交点间的距离。双线隧道按上、下行隧道长度的平均值计算。

(2)洞身开挖出渣工程量按设计断面数量(成洞断面加衬砌断面)计算，包含洞身及所有附属洞室的数量，定额中已考虑超挖因素，不得将超挖数量计入工程量。

(3)现浇混凝土衬砌中浇筑、运输的工程数量，均按设计断面衬砌数量计算，包含洞身及所有附属洞室的衬砌数量。定额中已综合因超挖及预留变形需回填的混凝土数量，不得将上述因素的工程量计入计价工程量中。

(4)防水板、明洞防水层的工程数量按设计敷设面积计算。

（5）止水带（条）盲沟、透水管的工程数量，均按设计数量计算。

（6）拱顶压浆的工程数量按设计数量计算，设计时可按每延长米 $0.25m^3$ 综合考虑。

（7）喷射混凝土的工程量按设计厚度乘以喷射面积计算，喷射面积按设计外轮廓线计算。

（8）砂浆锚杆工程量为锚杆、垫板及螺母等材料质量之和；中空注浆锚杆、自进式锚杆的工程量按锚杆设计长度计算。

（9）格栅钢架、型钢钢架工程数量按钢架的设计质量计算，连接钢筋的数量不得作为工程量计算。

（10）管棚、小导管的工程量按设计钢管长度计算，当管径与定额不同时，可调整定额中钢管的消耗量。

（11）横向塑料排水管每处为单洞两侧的工程数量；纵向弹簧管按隧道纵向每侧铺设长度之和计算；环向盲沟按隧道横断面敷设长度计算。

（12）洞内通风、风水管及照明、管线路的工程量按隧道设计长度计算。

（13）开挖、出渣工程量按设计断面数量（成洞断面加衬砌断面）计算，定额中已考虑超挖因素，不得将超挖数量计入工程量。

（14）现浇混凝土衬砌工程数量均按设计断面衬砌数量计算。

（15）喷射混凝土工程量按设计厚度乘以喷射面积计算，喷射面积按设计外轮廓线计算。

（16）锚杆工程量为锚杆、垫板及螺母等材料质量之和。

（17）斜井洞内通风、风水管及照明、管线路的工程量按斜井设计长度计算。

第四节　桥涵工程计量

桥梁工程结构复杂，类型繁多，特别是近年来随着桥梁设计、施工技术的不断发展，新结构、新工艺、新材料的不断应用，使得桥梁工程的计价项目日益增多，工程计量的难度也随之增大。下面将桥涵工程计量的主要方法和规则分述如下。

一、实体结构物的工程计量

桥涵的主体工程如基础、墩、台及上部构造等，一般都具有较规则的几何形体，或者是由若干个简单的几何形体组成。因此，桥梁的实体结构物可以按表 3-3 中的公式通过几何图形的面积、体积计量其工程数量。值得注意的是在计量现浇混凝土、预制混凝土、构件安装的工程量时，其实体结构物是指构筑物或预制构件的实际体积，即不包括其中空心部分的体积。在计量钢筋混凝土项目时，其工程量不扣除钢筋所占的体积。

三角形平面图形面积

表 3-3a)

图　形		尺寸符号	面积(A)表面积(S)	重心(G)
三角形	B; c; a; G; h; α; A; C; D; b	h——高； l——1/2 周长； a、b、c——对应角 A、B、C 的边长	$A=\frac{bh}{2}=\frac{1}{2}ab\sin\alpha$ $l=\frac{a+b+c}{2}$	$GD=\frac{1}{3}BD$ $CD=DA$

续上表

图　　形	尺寸符号	面积(A)表面积(S)	重心(G)
直角三角形	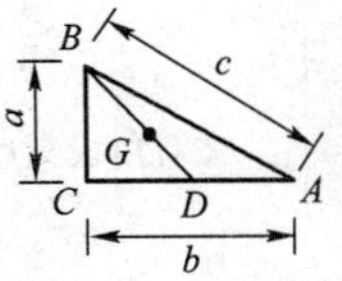 a、b——两直角边长； c——斜边	$A=\frac{ab}{2}$ $c=\sqrt{a^2+b^2}$ $a=\sqrt{c^2-b^2}$ $b=\sqrt{c^2-a^2}$	$GD=\frac{1}{3}BD$ $CD=DA$
锐角三角形	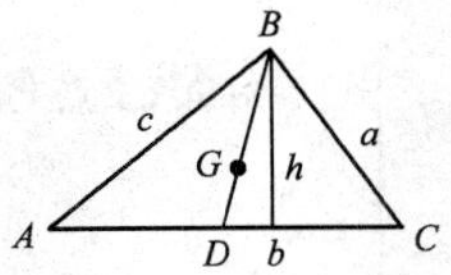 h——高	$A=\frac{bh}{2}=\frac{b}{2}$ $\sqrt{a^2-\left(\frac{a^2+b^2-c^2}{2b}\right)^2}$ 设 $s=\frac{1}{2}(a+b+c)$ 则 $A=\sqrt{s(s-a)(s-b)(s-c)}$	$GD=\frac{1}{3}BD$ $AD=DC$
钝角三角形	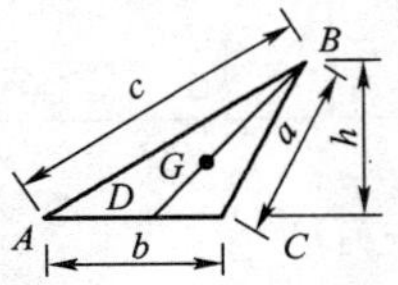 a、b、c——边长； h——高	$A=\frac{bh}{2}$ $=\frac{b}{2}\sqrt{a^2-\left(\frac{c^2-a^2-b^2}{2b}\right)^2}$ 设 $s=\frac{1}{2}(a+b+c)$ 则 $A=\sqrt{s(s-a)(s-b)(s-c)}$	$GD=\frac{1}{3}BD$ $AD=DC$
等边三角形	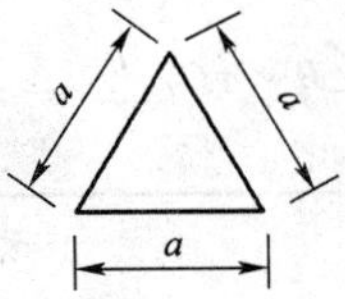 a——边长	$A=\frac{\sqrt{3}}{4}a^2=0.433a^2$	三角平分线的交点
等腰三角形	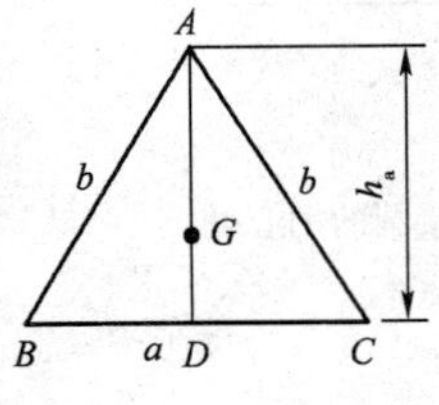 b——两腰； a——底边； h_a——a 边上高	$A=\frac{1}{2}ah_a$	$GD=\frac{1}{3}h_a$ $(BD=DC)$

表 3-3b)

图　　形	尺寸符号	面积(A)表面积(S)	重心(G)
正方形	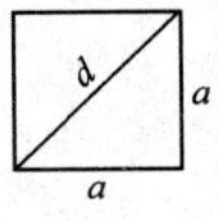 a——边长； d——对角线	$A=a^2$ $a=\sqrt{A}=0.707d$ $d=1.414a=1.414\sqrt{A}$	在对角线交点上

续上表

图形		尺寸符号	面积(A)表面积(S)	重心(G)
长方形	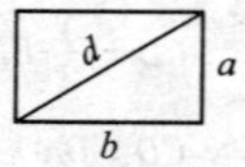	a——短边; b——长边; d——对角线	$A=ab$ $d=\sqrt{a^2+b^2}$	在对角线交点上
平行四边形	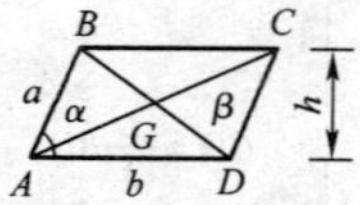	a、b——邻边; h——对边间的距离	$A=bh=ab\sin\alpha$ $=\frac{\overline{AC}\cdot\overline{BD}}{2}\sin\beta$	在对角线交点上
梯形	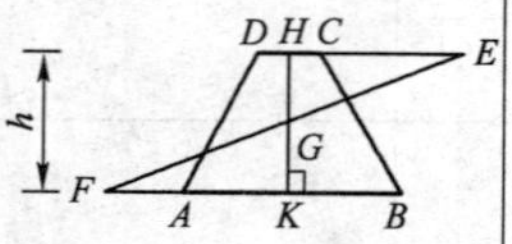	$CE=AB$ $AF=CD$ $a=CD$(上底边) $b=AB$(下底边) h——高	$A=\frac{a+b}{2}h$	$HG=\frac{h}{3}\cdot\frac{a+2b}{a+b}$ $KG=\frac{h}{3}\cdot\frac{2a+b}{a+b}$
任意四边形	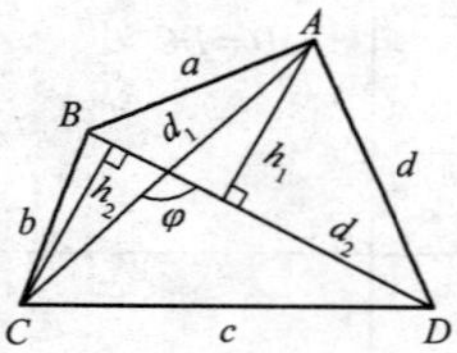	a、b、c、d 为四边长,d_1、d_2 为两对角线,φ 为两对角线夹角	$A=\frac{1}{2}d_1d_2\sin\varphi=\frac{1}{2}d_2(h_1+h_2)$ $=\sqrt{(p-a)(p-b)(p-c)(p-d)-abcd\cos\alpha}$ $p=\frac{1}{2}(a+b+c+d)$ $\alpha=\frac{1}{2}(\angle A+\angle C)$或$=\frac{1}{2}(\angle B+\angle C)$	

内接多边形平面面积 表 3-3c)

图形		公式	重心
正五边形	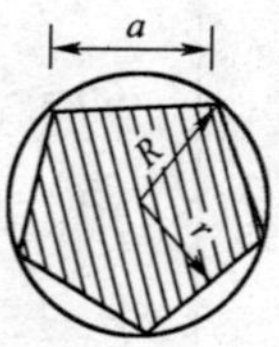	$A=2.3777R^2=3.6327r^2$ $a=1.1756R$	在内接圆的圆心处
正六边形	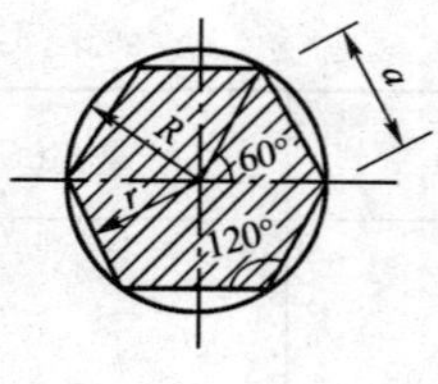	$A=\frac{3\sqrt{3}a^2}{2}=2.5981a^2=2.5981R^2$ $=2\sqrt{3}r^2=3.4641r^2$ $R=a=1.155r$ $r=0.866a=0.866R$	内接圆圆心

续上表

图形		公式	重心
正七边形	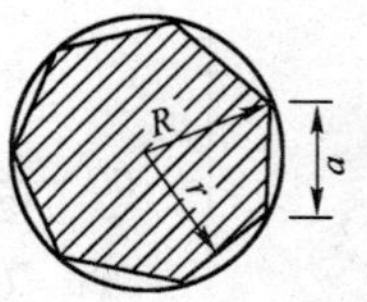	$A=2.7365R^2=3.3714r^2$	内接圆圆心
正八边形	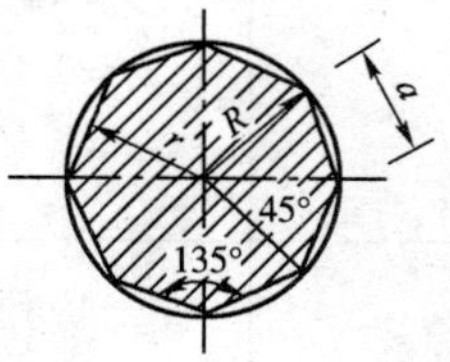	$A=4.828a^2=2.828R^2=3.314r^2$ $R=1.307a=1.082r$ $r=1.207a=0.924R$ $a=0.765R=0.828r$	内接圆圆心
正多边形	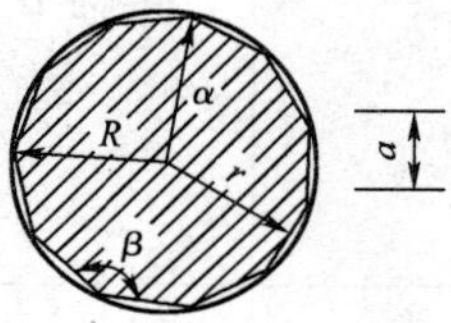	$a=360°\div n,\beta=180°-a$ $a=2\sqrt{R^2-r^2}$ $A=\frac{nar}{2}=\frac{na}{2}\sqrt{R^2-\frac{a^2}{4}}$ $R=\sqrt{r^2+\frac{a^2}{4}},r=\sqrt{R^2-\frac{a^2}{4}}$	内接圆圆心

注:表中符号 A—面积;α、β—角度;a,b=边长;R—半径、外接圆半径;n—边数;r—内切圆半径。

圆形、椭圆形平面面积

表 3-3d)

图形		尺寸符号	面积(A)表面积(S)	重心(G)
圆形	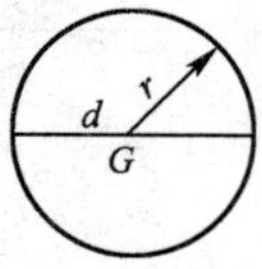	r——半径; d——直径; p——圆周长	$A=\pi r^2=\frac{1}{4}\pi d^2$ $=0.785d^2=0.07958p^2$ $p=\pi d$	在圆心上
椭圆形	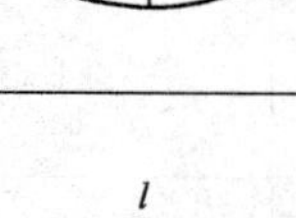	a、b——主轴	$A=\frac{\pi}{4}ab$	在主轴交点 G 上
扇形	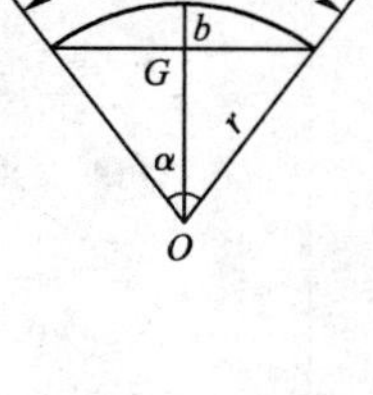	r——半径; l——弧长 α——弧的对应中心角	$A=\frac{1}{2}rl=\frac{\alpha}{360}\pi r^2$ $l=\frac{\alpha\pi}{180}r$	$GO=\frac{2}{3}\cdot\frac{rb}{l}$ 当 $\alpha=90°$时, $GO=\frac{4}{3}\frac{\sqrt{2}}{\pi}r$ $\approx 0.6r$

续上表

图形		尺寸符号	面积(A)表面积(S)	重心(G)
弓形		r——半径; l——弧长; α——中心角; b——弦长; h——高	$A=\frac{1}{2}r^2\left(\frac{\alpha\pi}{180}-\sin\alpha\right)$ $=\frac{1}{2}[r(l-b)+bh]$ $l=\gamma a\frac{\pi}{180}=0.0175r\alpha$ $h=r-\sqrt{r^2-\frac{1}{4}\alpha^2}$	$GO=\frac{1}{12}\cdot\frac{b^2}{A}$ 当 $\alpha=180°$ 时, $GO=\frac{4r}{3\pi}$ $=0.4244r$
圆环		R——外半径; l——内半径; D——外直径; d——内直径; t——环宽; D_{pj}——平均直径	$A=\pi(R^2-r^2)$ $=\frac{\pi}{4}(D^2-d^2)$ $=\pi D_{pjt}$	在圆心 O
部分圆环		R——外半径; r——内半径; D——外直径; d——内直径; t——环宽; R_{pj}——圆环平均半径	$A=\frac{\alpha\pi}{360}(R^2-r^2)$ $=\frac{\alpha\pi}{360}R_{pj}t$	$GO=38.2\frac{R^3-r^3}{R^2-r^2}$ $\times\frac{\sin\frac{\alpha}{2}}{\frac{\alpha}{2}}$
抛物线形		b——底边; h——高; l——曲线长 S——ΔABC 的面积	$l=\sqrt{b^2+1.3333h^2}$ $A=\frac{2}{3}bh=\frac{4}{3}S$	

多面体的体积和表面积 表 3-3e)

图形		尺寸符号	体积(V) 底面积(F) 表面积(S) 侧表面积(S_1)	重心(G)
立方体		a——棱; d——对角线	$V=a^3$ $S=6a^2$ $S_1=4a^2$	在对角线交点上

续上表

图形		尺寸符号	体积(V) 底面积(F) 表面积(S) 侧表面积(S_1)	重心(G)
长方体(棱柱)	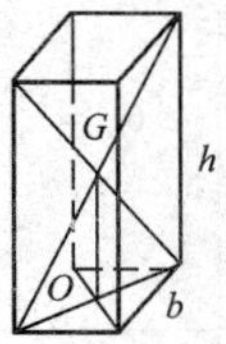	a、b、h——边长； O——底面对角线交点	$v=a\cdot b\cdot h$ $S=2(ab+ah-bh)$ $S_1=2h(a+b)$ $d=\sqrt{a^2+b^2+h^2}$	$GO=\frac{h}{2}$
三棱柱	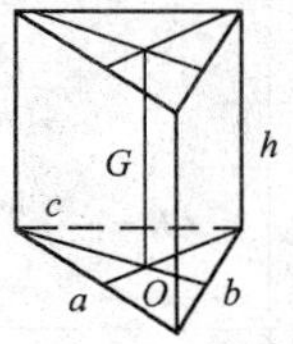	a、b、h——边长； h——高； O——底面对角线交点	$v=F\cdot h$ $S=(a+b+c)\cdot h+2F$ $S_1=2h(a+b+c)$	$GO=\frac{h}{2}$
棱锥	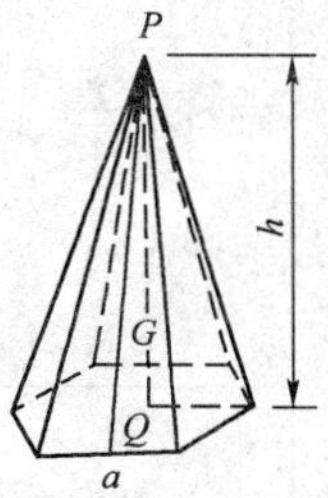	f——一个组合三角形的面积； n——组合三角形个数； O——锥体各对角线交点	$v=\frac{1}{3}F\cdot h$ $S=nf+F$ $S_1=nf$	$GO=\frac{h}{4}$
正六角柱	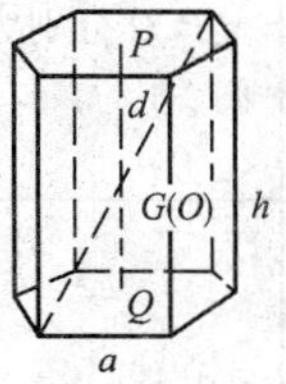	a——底边长； h——高； d——对角线	$V=\frac{3\sqrt{3}}{2}a^2h=2.5981a^2h$ $S=3\sqrt{3}a^2+6ah$ $=5.1962a^2+6ah$ $S_1=6ah$ $d=\sqrt{h^2+4a^2}$	$GQ=\frac{h}{2}$ (P、Q分别为上下底重心)
棱台	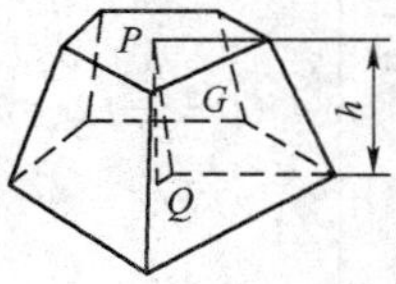	F_1、F_2——两平行底面的面积； h——底面间的距离； a——一个组合梯形面积； n——组合梯形个数	$V=\frac{1}{3}h(F_1+F_2+\sqrt{F_1F_2})$ $S=an+F_1+F_2$ $S_1=an$	$GQ=$ $\frac{h}{4}\times\frac{F_1+2\sqrt{F_1F_2}+3F_2}{F_1+\sqrt{F_1F_2}+\sqrt{F_2}}$
圆柱体	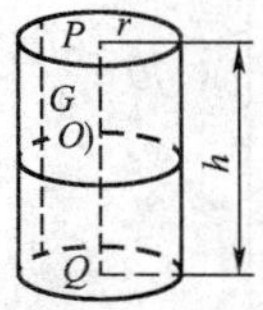	r——底面半径； h——高	$V=\pi r^2h$ $S=2\pi r(r+h)$ $S_1=2\pi rh$	$GQ=\frac{h}{2}$ (P、Q分别为上下底圆心)

图形		尺寸符号	体积(V) 底面积(F) 表面积(S) 侧表面积(S_1)	重心(G)
空心圆柱体（管）	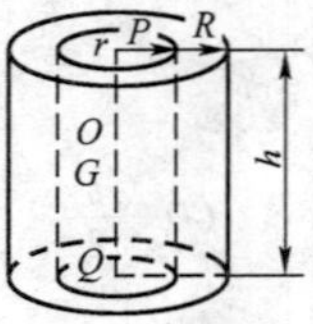	R——外半径； r——内半径； $\bar{R}$——平均半径； t——管壁厚度； h——高	$V=\pi h(R^2-r^2)=2\overline{\pi R}th$ $S=M+2\pi(R^2-\gamma^2)$ $S_1=2\pi h(R+r)$ $=4\overline{\pi hR}$	$GQ=\frac{h}{2}$
斜截直圆柱	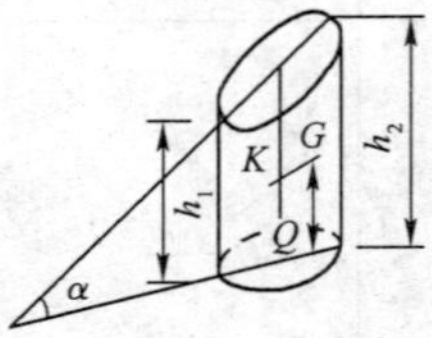	h_1——最小高度； h_2——最大高度； r——底面半径	$V=\pi r^2\frac{h_1+h_2}{2}$ $S=\pi r(h_1+h_2)+\pi r^2$ $\times\left(1+\frac{1}{cos\alpha}\right)$ $S_1=\pi r(h_1+h_2)$	$GQ=\frac{h_1+h_2}{4}$ $+\frac{r^2\tan^2\alpha}{4(h_1+h_2)}$ $GK=\frac{r^2\tan\alpha}{2(h_1+h_2)}$
圆锥体	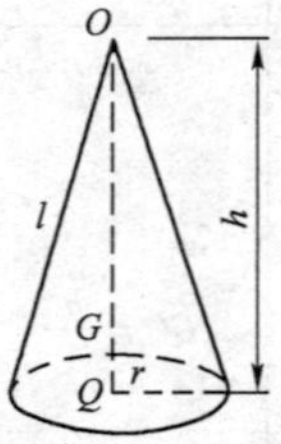	r——底面半径； h——高； l——母线长	$V=\frac{1}{3}\pi r^2h$ $S_1=\pi r\ \sqrt{r_1+h_2}=\pi rl$ $l=\sqrt{r^2+h^2}$ $S=S_1+\pi r^2$	$GO=\frac{h}{4}$
圆台	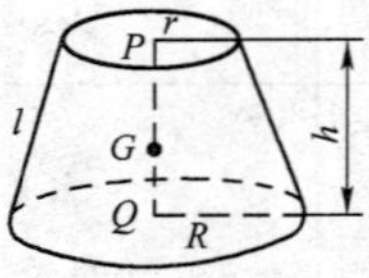	R、r——底面半径； h——高； l——母线	$V=\frac{\pi h}{3}(R^2+r^2+Rr)$ $S_1=\pi l(R+r)$ $l=\sqrt{(R-r)^2+h^2}$ $S=S_1+\pi(R^2+r^2)$	$GQ=\frac{h(R^2+2Rr+3r^2)}{4(R^2+Rr+r^2)}$ （P、Q 分别为上下底圆心）
球	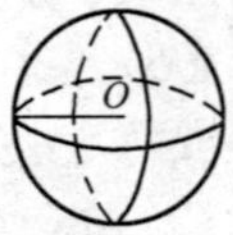	r——半径； d——直径	$V=\frac{4}{3}\pi r^3=\frac{\pi d^3}{6}=0.5236d^3$ $S=4\pi r^2=\pi d^2$	在球心上
球扇形（球楔）	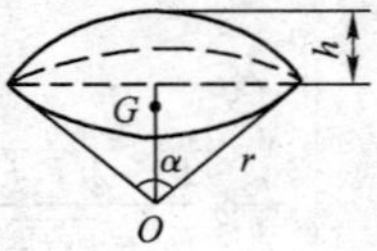	r——球半径； a——弓形底圆半径； h——拱高； α——锥角（弧度）	$V=\frac{2}{3}\pi r^2h\approx 2.0944r^2h$ $S=\pi r(2h+a)$ 侧表面（锥面部分）； $S_1=\pi\alpha r$	$GO=\frac{3}{8}(2r-h)$
球冠（球缺）	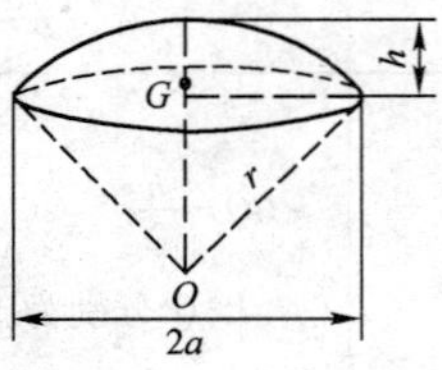	r——球半径； a——拱底圆半径； h——拱高	$V=\frac{\pi h}{6}(3a^2+h^2)$ $=\frac{\pi h^2}{3}(3r-h)$ $S=\pi(2rh+a^2)=\pi(h^2+2a^2)$ 侧面积（球面部分）： $S_1=2\pi rh=\pi(a^2+h^2)$	$GO=\frac{3(2r-h)^2}{4(3r-h)}$

图 形		尺寸符号	体积(V) 底面积(F) 表面积(S) 侧表面积(S_1)	重心(G)
圆环体	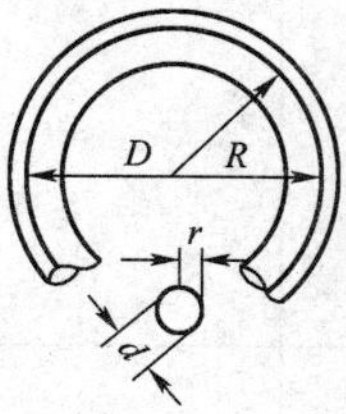	R——圆环体平均半径; D——圆环体平均直径; d——圆环体截面直径; r——圆环体截面半径	$V=2\pi^2Rr^2=\frac{1}{4}\pi^2Dd^2$ $S=4\pi^2Rr=\pi^2Dd$ $=39.478Rr$	在环中心上
球带体	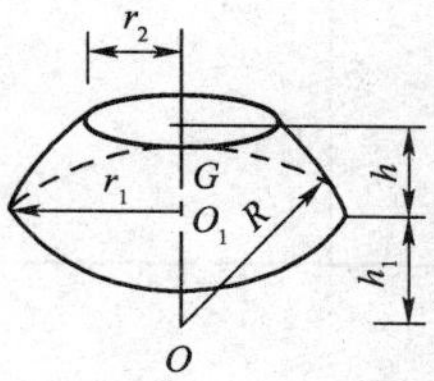	R——球半径; r_1、r_2——底面半径; h——腰高; h_1——球心 O 至带底圆心 $O1$ 的距离	$V=\frac{\pi h}{6}(3r_1^2+3r_2^2+h^2)$ $S_1=2\pi Rh$ $S=2\pi Rh+\pi(r_1^2+r_2^2)$	$GO=h_1+\frac{h}{2}$
桶形	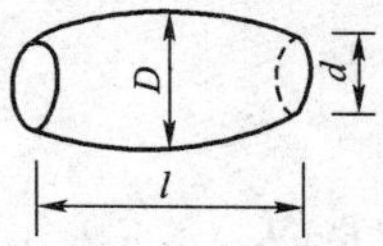	D——中间断面直径; d——底直径; d——底直径; l——桶高	对于抛物线形桶板: $V=\frac{\pi l}{15}\left(2D^2+Dd+\frac{3}{4}d^2\right)$ 对于圆形桶板: $V=\frac{\pi l}{12}(2D^2+d^2)$	在轴交点上
椭球体	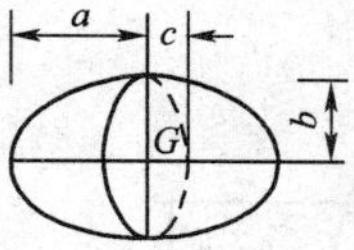	a、b、c——半轴	$V=\frac{4}{3}abc\pi$ $S=2\sqrt{2}\cdot b\cdot\sqrt{a^2+b^2}$	在轴交点上
交叉圆柱体	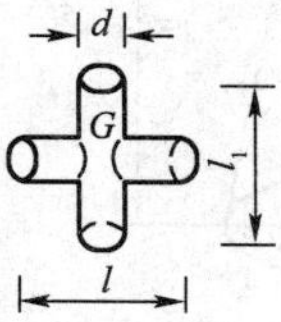	r——圆柱半径 $=\frac{d}{2}$; l_1、l——圆柱长	$V=\pi r^2\left(l+l_1-\frac{2r}{3}\right)$	在二轴线交点上
截头方椎体	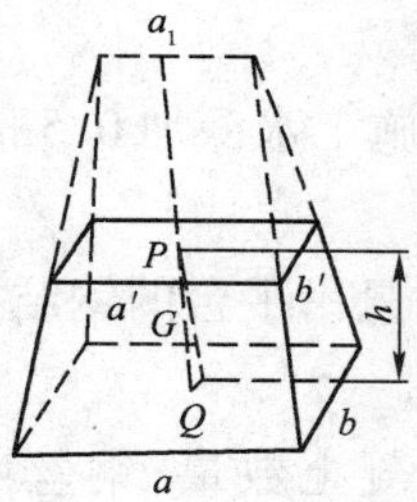	a',b',a,b——上下底边长; h——高; a_1——截头棱长	$V=\frac{h}{6}[ab+(a+a')$ $\times(b+b')+a'b']$ $a_1=\frac{a'b-ab'}{b-b'}$	$GQ=\frac{PQ}{2}\times$ $\frac{ab+ab'+a'b+3a'b}{2ab+ab'+a'b+2a'}$ (P、Q 分别为上下底重心)

图　形		尺寸符号	体积(V)　底面积(F) 表面积(S)　侧表面积(S_1)	重心(G)
弹簧		A——截面积； x——圈数	$V=Ax\ \sqrt{9.86965D^2+P^2}$	
楔形体		a、b——下底边长； c——棱长； h——棱与底边距离（高）	$V=\dfrac{(2a+c)bh}{6}$	

二、基础工程计量规则

桥梁基础工程主要有挖基坑、围堰、筑岛、沉井及打桩等，其工程量计量规则如下：

1.基坑开挖、筑岛围堰计量规则

(1)基坑开挖工程量按基坑容积计算。其计算公式如下：

当基坑为平截方锥时(如图3-4)体积　$V=\dfrac{h}{6}\times[ab+(a+a_1)(b+b_1)+a_1b_1]$

当基坑为截头圆锥时(如图3-5)体积　$V=\dfrac{\pi h}{3}\times(R^2+Rr+r^2)$

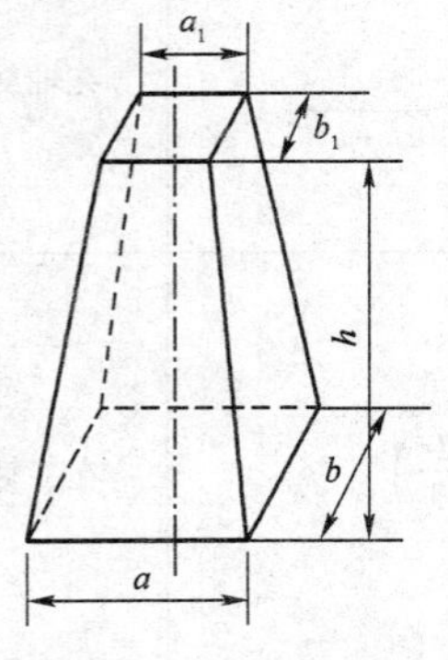

图3-4　平截方锥基坑

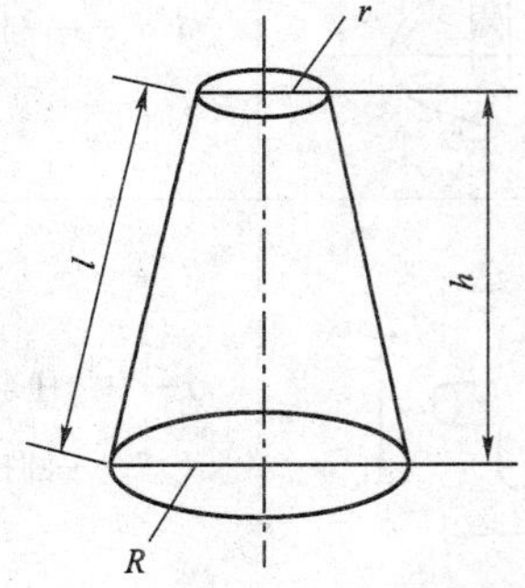

图3-5　截头圆锥基坑

(2)基坑挡土板的支挡面积，按坑内需支挡的实际侧面积计算。

(3)草土、草(麻)袋、竹笼围堰长度按围堰中心长度计算，高度按施工水深加0.5m计算。木笼铁丝围堰实体为木笼所包围的体积。

(4)套箱围堰的工程量为套箱金属结构的质量。套箱整体下沉时悬吊平台的钢结构及套箱内支撑的钢结构均已综合在定额中，不得作为套箱工程量进行计算。

(5)沉井制作的工程量：重力式沉井为设计图纸井壁及隔墙混凝土数量；钢丝网水泥薄壁浮运沉井为刃脚及骨架钢材的质量，但不包括铁丝网的质量；钢壳沉井的工程量为钢材的总质量。

(6)沉井下沉定额的工程量按沉井刃脚外缘所包围的面积乘沉井刃脚下沉入土深度计算。沉井下沉按土、石所在的不同深度分别采用不同下沉深度的定额。定额中的下沉深度指沉井顶到作业面的高度。定额中已综合了溢流(翻砂)的数量,不得另加工程量。

(7)沉井浮运、接高、定位落床定额的工程量为沉井刃脚外缘所包围的面积,分节施工的沉井接高的工程量应按各节沉井接高工程量之和计算。

2. 打桩工程计量规则

(1)打预制钢筋混凝土方桩和管桩的工程量,应根据设计尺寸及长度以体积计算(管桩的空心部分应予以扣除)。设计中规定凿去的桩头部分的数量,应计入设计工程量内。

(2)钢筋混凝土方桩的预制工程量,应为打桩定额中括号内的备制数量。

(3)拔桩工程量按实际需要数量计算。

(4)打钢板桩的工程量按设计需要的钢板桩质量计算。

(5)打桩用的工作平台的工程量,按施工组织设计所需的面积计算。

(6)船上打桩工作平台的工程量,根据施工组织设计,按一座桥梁实际需要打桩机的台数和每台打桩机需要的船上工作平台面积的总和计算。

3. 灌注桩工程计量规则

(1)灌注柱成孔工程量按设计入土深度计算。定额中的孔深指护筒顶至桩底(设计标高)的深度。造孔定额中同一孔内的不同土质,不论其所在的深度如何,均采用总孔深定额。

(2)人工挖孔的工程量按护筒(护壁)外缘所包围的面积乘设计孔深计算。

(3)浇筑水下混凝土的工程量按设计桩径横断面面积乘设计桩长计算,不得将扩孔因素计入工程量。

(4)灌注桩工作平台的工程量按施工组织设计需要的面积计算。

(5)钢护筒的工程量按护筒的设计质量计算。设计质量为加工后的成品质量,包括加劲肋及连接用法兰盘等全部钢材的质量。当设计提供不出钢护筒的质量时,可参考表 3-4 的质量进行计算,桩径不同时可内插计算。

表 3-4

桩　径(cm)	100	120	150	200	250	300	350
护筒单位质量(kg/m)	170.2	238.2	289.3	499.1	612.6	907.5	1259.2

三、上部构造计量规则

梁、板桥上部构造的工程量包括梁、板、横隔板、箱梁 0 号块、桥面连续结构的工程量以及安装时的现浇混凝土的工程量。

拱桥上部构造的工程量包括拱圈、拱波、填平层、拱板、横墙、侧墙(薄壳拱的边墙、端梁)、横隔板(梁)、拱眉、行车道板、护拱、帽石(第一层以下或有人行道梁的第一层以下)的工程量,以及安装时拱肋接头混凝土、浇筑的横隔板、填塞砂浆的工程。其计量规则如下:

(1)预制构件的工程量为构件的实体积(不包括空心部分)。但预应力构件的工程量为构件预制体积与构件端头封锚混凝土的数量之和。

(2)安装的工程量为安装构件的体积。

(3)构件安装时现浇混凝土的工程量为现浇混凝土和砂浆的数量之和。

(4)预应力钢绞线、预应力精轧螺纹粗钢筋及配锥形(弗氏)锚的预应力钢丝的工程量为锚固长度与工作长度的重量之和。

(5)涵洞拱盔支架、板涵支架定额单位的水平投影面积为涵洞长度乘以净跨径。

(6)桥梁拱盔定额单位的立面积是指起拱线以上的弓形侧面积,其工程量按式(3-2)计算:

$$F = K \times (\text{净跨})^2 \tag{3-2}$$

式中 K 值按表3-5中规定选用。

表3-5

拱矢度	1/2	1/2.5	1/3	1/3.5	1/4	1/4.5	1/5	1/5.5	1/6	1/6.5	1/7	1/7.5	1/8	1/9	1/10
K	0.393	0.289	0.241	0.203	0.172	0.154	0.138	0.125	0.113	0.104	0.096	0.090	0.084	0.076	0.067

(7)桥梁支架定额单位的立面积为桥梁净跨径乘以高度,拱桥高度为起拱线以下至地面的高度,梁式桥高度为墩、台帽顶至地面的高度,这里的地面指支架地梁的底面。

(8)大型预制构件平面底座适用于T形梁、I形梁等截面的箱梁、每根梁底座面积的工程量按式(3-3)计算:

$$\text{底座面积} = (\text{梁长} + 2.00\text{m}) \times (\text{梁宽} + 1.00\text{m}) \tag{3-3}$$

曲面底座适用于梁底为曲面的箱形梁(如T形刚构等),每块梁底座的工程量按式3-4计算:

$$\text{底座面积} = \text{构件下弧长} \times \text{底座实际修建宽度} \tag{3-4}$$

(9)蒸气养生室有效面积的工程量按每一养生室安置两片梁,其梁间距离为0.8m,并按长度每端增加1.5m,宽度每边各加1.0m计算。

第五节　沿线设施及其他工程计量

公路沿线设施主要有护栏、隔离栅、标志牌、里程碑等。在编制概、预算时,由于概算定额的计量单位比预算定额的计量单位要大,如“墙式钢筋混凝土防撞护栏”,概算定额是以100m护栏为计量单位的,而预算定额是把护栏分解为10m^3 混凝土实体及1t钢筋为计量单位的。由于预算定额的计量单位划分得更细、更小。因此,在编制概、预算时应根据定额单位的要求计量其工程数量。

一、概算对沿线设施的计量规则

(1)墙式钢筋混凝土护栏以墙体长度为工程量。

(2)波形钢板护栏及隔离栅以两端立柱中心间的距离为工程量。

(3)中间带及车道分离块路缘带以路缘带起讫点间的距离为工程量。隔离墩、钢管栏及防眩板以隔离墩的实际设置长度为工程量。车道分离块以实际设置长度为工程量。

(4)机械铺筑拦水带以拦水带的铺筑长度为工程量。

二、预算对沿线设施的计量规则

1. 安全设施计量规则

(1)钢筋混凝土防撞护栏中铸造铁柱与钢管栏杆按柱与栏杆的总质量计算,预埋螺栓、螺母及垫圈等附件已综合在定额内,使用定额时,不得另行计算。

(2)波形钢板护栏中钢管柱、型钢柱按柱的成品质量计算;波形钢板按波形钢板、端头板(包括端部稳定的锚碇板、夹具、挡板)与撑架的总质量计算,柱帽、固定螺栓、连接螺栓、钢丝绳、螺母及垫圈等附件已综合在定额内,使用定额时,不得另行计算。

(3)隔离栅中钢管柱按钢管与网框型钢的总质量计算,型钢立柱按柱与斜撑的总质量计算,钢管柱定额中已综合了螺栓、螺母、垫圈及柱帽钢板的数量,型钢立柱定额中已综合了各种连接件及地锚钢筋的数量,使用定额时,不得另行计算。

钢板网面积按各网框外边缘所包围的净面积之和计算。

2. 光缆、电缆敷设计量规则

(1)电缆敷设按单根延长米计算(如一个架上敷设 3 根各长 100m 的电缆,工程量应按 300m 计算,以此类推)。电缆附加及预留的长度是电缆敷设长度的组成部分,应计入电缆工程量之内。电缆进入建筑物预留长度按 2m 计算,电缆进入沟内或吊架预留长度按 1.5m 计算,电缆中间接头盒预留长度两端各按 2m 计算。

(2)电缆沟盖板揭、盖定额,按每揭、盖一次以延长米计算。如又揭又盖,则按两次计算。

(3)用于扩(改)建工程时,所用定额的人工工日乘以 1.35 系数;用于拆除工程时,所用定额的人工工日乘以 0.25 系数,施工单位为配合认证单位验收测试而发生的费用,按本定额验证测试子目的工日、仪器仪表台班总用量乘以 0.30 系数计取。

3. 监控、收费系统计量规则

(1)设备安装定额单位除 LED 显示屏以 m^2 计、系统试运行以系统月计外,其余均以台或套计。

(2)计算机系统可靠性、稳定性运行按计算机系统 24h 连续计算确定的,超过要求时,其费用另行计算。

(3)收费岛混凝土工程量按岛身、收费亭基础、收费岛敷设穿线钢管水泥混凝土垫层、防撞柱水泥混凝土基础、配电箱水泥混凝土基础和控制箱水泥混凝土基础体积之和计算。

(4)收费岛钢筋工程量按收费岛、收费亭基础的钢筋数量之和计算。

(5)设备基础混凝土工程量按设备水泥混凝土基础体积计算。

(6)镀锌防撞护栏的工程量按镀锌防撞护栏的质量计算。

(7)钢管防撞柱的工程量按钢管防撞立柱的质量计算。

(8)配电箱基础预埋 PVC 管的工程量按 PVC 管长度计算。

(9)敷设电线钢套管的工程量按敷设电线钢套管质量计算。

三、其他工程计量规则

(1)金属标志牌按板面、立柱、横梁、法兰盘及加固槽钢、螺栓、螺母、垫板、抱箍、滑块等的总重量计算。

(2)路面标线按划线的净面积计算。

(3)公共汽车停靠站防雨篷中钢结构防雨篷的长度按顺路方向防雨篷两端立柱中心间的长度计算。钢筋混凝土防雨篷的水泥混凝土体积按水泥混凝土垫层、基础、立柱及顶棚的体积之和计算。其中浇筑立柱及篷顶混凝土所需的支架等已含在其工程量内,故不再另行计算。

(4)站台地坪按地坪铺砌的净面积计算。其中路缘石及地坪垫层的数量已综合考虑在内,故不再另行计算。

(5)铺草皮工程量按所铺边坡的坡面积计算。

(6)护坡定额中以 $100m^2$ 或 $1000m^2$ 为计量单位的子目的工程量,按设计需要防护的边坡坡面面积计算。

(7)木笼、竹笼、铁丝笼填石护坡的工程量按填石体积计算。

(8)定额砌筑工程的工程量为砌体的实际体积,包括构成砌体的砂浆体积。

(9)定额预制混凝土构件的工程量为预制构件的实际体积,不包括预制构件中空心部分的体积。

(10)预应力锚索的工程量为锚索(钢绞线)长度与工作长度的质量之和。

(11)抗滑桩挖孔工程量按护壁外缘所包围的面积乘设计孔深计算。

下篇　公路基本建设概、预算的编制

第四章　公路基本建设概、预算总论

第一节　概、预算的作用及文件组成

一、概、预算的作用

在第一章已全面介绍了公路工程基本建设投资测算体系,即建设项目从申请立项到竣工验收,其工程投资额的测算与控制一直贯穿于公路基本建设程序的始终,并形成了完整的投资测算体系,即估算→概算→施工图预算→标底→报价→施工预算→结算→决算。在这8种测算方式中,工程概、预算具有特别重要的意义和作用,它在投资额测算体系中居主导地位,并是其他测算方式的计算基础。其作用主要表现在:

1. 概算是编制基本建设计划,确定和控制投资额的依据

概算是设计单位在初步设计或技术设计的基础上,根据设计文件的具体内容和交通部颁布的《公路基本建设项目概算预算编制办法》、《公路工程概算定额》等规定编制的技术经济文件。尽管是在初步设计或技术设计阶段,但此时的工程结构设计及工程数量的计算比估算阶段已更明晰、更具体。因此,概算比估算的计算精确度要高。因而,国家在确定和控制公路基本建设投资总额时,是以概算作为投资封顶线的。年度基本建设计划也要以批准的初步设计概算为依据,初步设计概算没有批准的工程不能列入年度基本建设计划。批准后的概算是国家控制项目投资的最高限额。

2. 概、预算是设计、施工方案择优的依据

同一工程建筑物可以有不同的设计方案和不同的施工方法,除应满足功能、使用要求外,其技术经济指标也是方案评优的主要依据。由于每个方案的设计意图都会通过计算工程量和各项费用而全部反映到概、预算文件中来。因此,通过对这些货币指标的比较,就可以从中选出既能满足设计要求,同时又经济合理的最佳方案,从而促使设计人员进一步改进设计、优化设计,进而得到一个最佳设计方案。

3. 概、预算是编制标底、签工程合同的依据

对于招投标工程,建设单位必须准确地计算出工程的实际造价,并把它作为标底,作为评标的尺度。因此,标底的编制质量是十分重要的。概、预算都是设计单位在精心设计后,核定出的工程造价,尤其是施工图预算,是设计单位的最终设计成果,其工程内容、工程数量的计算

都已达到最精细的程度，在这种情况下，计算出的工程造价已十分接近工程的实际造价。因此，在计算标底时通常以概、预算作为基础，甚至就把概、预算作为标底，并以此与施工单位签订施工合同。

4. 概、预算是企业内部经营管理、经济核算的依据

工程概、预算不仅是确定工程价值的综合性文件，而且还可以反映工程建设的规模和经济活动的范围；分析工程结构的实物指标，如钢筋、水泥、木材等主要材料及人工、机械的消耗数量。依赖施工图预算提供的有关数据，可编制施工进度计划和劳动力、材料、成品、半成品、构件及机械设备等需要量及供应计划，并落实货源、组织购物、控制消耗。

施工企业以施工图预算为依据，通过编制施工预算，进行"两算"对比、互审，从而达到加强经营管理，降低工程成本，完善经济责任制的目的。

概算、施工图预算(简称预算)都是由设计单位编制的技术经济文件，虽然它们的编制依据、精度等略有不同，但由于其编制方法及文件、图表的组成格式完全相同。因此，在讲述其相关内容时，通常将概算、施工图预算共有的内容合为一体讲述，简称概、预算。

二、概、预算的编制依据

公路工程概、预算的编制是一项非常严肃、非常细致的工作。必须严格执行国家的方针、政策和有关制度，必须符合公路设计规范和施工技术规范的要求。编制的主要依据有：

1. 法令性文件

编制概、预算必须遵循国家、交通部和地方主管部门颁布的有关法令性文件或规定。如交通部颁布的《公路工程基本建设项目概算、预算编制办法》以及《公路工程基本建设项目设计文件编制办法》等。

2. 定额

定额规定了在现有生产力水平下，完成单位合格产品所需消耗的人工、材料、机械台班等数量标准。因此，定额是确定工程造价的重要依据，也是必不可少的测算工具。公路工程现行使用的定额主要有《公路工程概算定额》、《公路工程预算定额》、《公路工程机械台班费用定额》、《公路工程施工定额》以及当地的补充定额等，在编制概、预算时，根据工程内容正确地使用定额是十分重要的。

3. 设计资料

概、预算都是由设计单位的技术人员编制的。因此，作为编制人员应非常熟悉工程结构的设计特点及设计意图，并根据设计资料准确分析、计算工程细目的工程数量，掌握工程类别。因此，编制工程概、预算离不开设计资料，虽然它是一种经济性文件，但不是由财务人员编制，而是由工程技术人员编制的。

4. 施工现场资料

编制工程概、预算除应掌握上述资料外，还应深入调查、了解施工现场的实际情况，掌握施工方案及工程项目的进度情况，对材料的采集、加工、运输方式等都应进一步的调查、核实，因为这些都是编制材料单价必不可少的资料。此外，对当地的自然条件，如气温、雨、雪情况及沿线设施等都是不可缺少的编制依据。

三、概、预算的文件组成

概、预算文件由封面、目录、编制说明及概、预算计算表格组成(详见附录Ⅰ)。并分甲、乙

两组文件分别装订成册，每册不宜过厚或过薄，以便使用和保管。送审文件要求字迹清楚，整齐完善，具体要求如下：

（一）封面

概、预算文件的幅面尺寸应采用297mm×420mm（横式），当按照机密文件立卷归档时，应采用210mm×297mm（立式）折叠归档。每册封面应列出建设项目的名称及里程全长、设计阶段及设计文件名称、册数（第××册共××册）、设计单位等。

每册扉页的内容应包括路段或建设项目名称及里程全长、设计阶段、设计文件名称、册篇组成、主办单位、设计证书等级及编号、各级负责人签署、参加测设人员（技术员以上）姓名、职务及工作项目或内容、设计文件编制年月。

送审文件封面颜色为：初步设计概算为淡豆绿色，技术设计修正概算为粉红色，施工图预算为奶油白色或象牙白色。

标准概、预算文件扉页的格式，如图4-1。

×××公路初步设计概算

（K××+×××—K××+×××）

第　册　共　册

编制：（签字并加盖资格印章）

复核：（签字并加盖资格印章）

（编制单位）

年　　月

图4-1　概、预算文件扉页格式

（二）目录

概预算文件根据不同的需要分为甲、乙两组文件。甲组文件为各项费用计算表，乙组文件为建筑安装工程费各项基础数据计算表（只供审批使用），其中“建筑安装工程费计算数据表”（08-1表）和“分项工程概（预）算表”（08-2表）应根据审批部门或建设项目业主单位的要求全部提供或只提供一种。

概（预）算应按一个建设项目（如一条路线或一座独立大桥）进行编制，当一个建设项目需要分段或分部编制时，应根据需要分别编制，但必须汇总编制“总概（预算）表”。

概（预）算甲、乙组文件应分册装订，在报送乙组文件时，还应将其电子文档和编制补充定额的详细资料，随同概（预）算文件一并报送。甲、乙组文件的目录及格式要求如下：

目　　录

（甲组文件）

1. 编制说明
2. 总概（预）算汇总表（01—1表）
3. 总概（预）算人工、主要材料、机械台班数量汇总表（02—1表）

4. 总概(预)算表(01 表)

5. 人工、主要材料、机械台班数量汇总表(02 表)

6. 建筑安装工程计算表(03 表)

7. 其他直接费、现场经费及间接费综合费率计算表(04 表)

8. 设备、工具、器具购置费计算表(05 表)

9. 工程建设其他费用及回收金额计算表(06 表)

10. 人工、材料、机械台班单价汇总表(07 表)。

目　录

(乙组文件)

1. 建筑安装工程计算数据表(08—1 表)

2. 分项工程概、预算表

3. 材料预算单价计算表(09 表)

4. 自采材料料场价格计算表(10 表)

5. 机械台班单价计算表(11 表)

6. 辅助生产工、料、机械台班单位数量表(12 表)

(三)编制说明

概、预算表计算完成后,应撰写编制说明,以便有关各方了解概、预算的编制情况。文字叙述力求简明扼要,主要内容有:

1. 编制依据及有关文号或协议、委托书等。

2. 工程概况及建设规模和范围。

3. 采用的定额、费用标准、人工、材料、机械台班单价的依据或来源,补充定额及有关规定。

4. 工程概、预算总金额、人工及钢材、木材、水泥、沥青等主要材料的总数量,各设计方案的技术经济比较,以及编制中存在的问题及与概、预算有关但不能在表格中反映的事项。

(四)计算表格

概、预算文件中所有的计算数据都是通过计算表格进行的。一套完整的概、预算表格共有15 种,详见附录 I。它们是一个有机的整体,相互联系、相互补充,共同反映工程费用情况。概算与预算的表格虽然形式安全相同,但在印制时应将其分别印制。当各种计算表格计算结束后应由编制、复核人员签名,并注明造价工程师的执业资格证的等级及编号。

(五)上报份数

工程概、预算文件是设计文件的一个组成部分,要随同设计文件报送主管部门或委托单位。上报份数为:两阶段(或三阶段)初步设计 10 份,技术设计 10 份,施工图设计 8 份;一阶段施工图设计 14 份。如需增加份数可与设计单位协商解决。

第二节　公路工程概、预算的项目及费用组成

一、概、预算项目组成

公路工程是一个体形庞大的线形构造物,虽然有多样性和单件性的特点,但就其实物形态来说,都是由许多部分组成的。为了准确无误地计算和确定建筑安装工程的造价,使之有利于公路工程概、预算的编审,必须对公路基本建设项目进行科学地分析与分解。即将一个基本建

设项目分解为若干个单项工程，再将一个单项工程分解为若干个单位工程，依次又将单位工程分解为若干个分部工程，最后将分部工程分解为若干个分项工程。因此，分项工程是概、预算项目划分的基本单位。为了保证概、预算的编制质量，使项目不重不漏，同时便于同类工程之间进行比较及对不同分项工程进行技术经济分析，必须对概、预算项目的划分、排列顺序及内容作出统一的规定。为此，交通部颁布了统一的公路工程"概、预算项目表"，以此规范公路工程造价文件的编制口径。概、预算项目表如表4-1所示。

概、预算项目表　　表4-1

项	目	节	细　目	工程或费用名称	单　位	备　注
				第一部分　建筑安装工程费	**公路公里**	建设项目路线总长度（主线长度）
一				临时工程	公路公里	
	1			临时道路	km	新建便道与利用原有道路的总长
			1	临时便道的修建与维护	km	新建便道长度
			2	原有道路的维护与恢复	km	利用原有道路长度
				……		
	2			临时便桥	m/座	指汽车便桥
	3			临时轨道铺设	km	
	4			临时电力线路	km	
	5			临时电信线路	km	不包括广播线
	6			临时码头	座	按不同的形式划分节或细目
二				路基工程	km	扣除桥梁、隧道和互通立交的主线长度，独立桥梁或隧道为引道或接线长度
	1			场地清理	km	
		1		清理与掘除	m^2	按清除内容的不同划分细目
			1	清除表土	m^3	
			2	伐树、挖根、除草	m^2	
				……		
		2		挖除旧路面	m^2	按不同的路面类型和厚度划分细目
			1	挖除水泥混凝土路面	m^2	
			2	挖除沥青混凝土路面	m^2	
			3	挖除碎（砾）石路面	m^2	
				……		
		3		拆除旧建筑物、构筑物	m^3	按不同的构筑材料划分细目
			1	拆除钢筋混凝土结构	m^3	
			2	拆除混凝土结构	m^3	
			3	拆除砖石及其他砌体	m^3	
				……		
	2			挖方	m^3	
		1		挖土方	m^3	按不同的地点划分细目
			1	挖路基土方	m^3	
			2	挖改路、改河、改渠土方	m^3	
				……		
		2		挖石方	m^3	按不同的地点划分细目
			1	挖路基石方	m^3	
			2	挖改路、改河、改渠石方	m^3	
				……		
		3		挖非适用材料	m^3	
		4		弃方运输	m^3	
	3			填方	m^3	
		1		路基填方	m^3	按不同的填筑材料划分细目

续上表

项	目	节	细 目	工程或费用名称	单 位	备 注
			1	换填土	m^3	
			2	利用土方填筑	m^3	
			3	借土方填筑	m^3	
			4	利用石方填筑	m^3	
			5	填砂路基	m^3	
			6	粉煤灰及填石路基	m^3	
				……		
		2		改路、改河、改渠填方	m^3	按不同的填筑材料划分细目
			1	利用土方填筑	m^3	
			2	借土方填筑	m^3	
			3	利用石方填筑	m^3	
				……		
		3		结构物台背回填	m^3	按不同的填筑材料划分细目
			1	填碎石	m^3	
				……		
	4			特殊路基处理	km	指需要处理的软弱路基长度
		1		软土处理	km	按不同的处治方法划分细目
			1	抛石挤淤	m^3	
二			2	砂、砂砾垫层	m^3	
			3	灰土垫层	m^3	
			4	预压与超载预压	m^2	
			5	袋装砂井	m	
			6	塑料排水板	m	
			7	粉喷桩与旋喷桩	m	
			8	碎石桩	m	
			9	砂桩	m	
			10	土工布	m^2	
			11	土工格栅	m^2	
			12	土工格室	m^2	
				……		
		2		滑坡处理	处	按不同的处理方式划分细目
			1	卸载土石方	m^3	
			2	抗滑桩	m^3	
			3	预应力锚索	m	
				……		
		3		岩溶洞回填	m^3	按不同的回填材料划分细目
			1	混凝土	m^3	
				……		
		4		膨胀土处理	km	按不同的处理方法划分细目
			1	改良土	m^3	
				……		
		5		黄土处理	m^3	按黄土的不同特性划分细目
			1	陷穴	m^3	
			2	湿陷性黄土	m^2	
				……		
		6		盐渍土处理	m^2	按不同的厚度划分细目
				……		
	5			排水工程	km	按不同的结构类型分节

续上表

项	目	节	细目	工程或费用名称	单位	备注
		1		边沟	m^3/m	按不同的材料、尺寸划分细目
			1	现浇混凝土边沟	m^3/m	
			2	浆砌混凝土预制块边沟	m^3/m	
			3	浆砌片石边沟	m^3/m	
			4	浆砌块石边沟	m^3/m	
				……		
		2		排水沟	处	按不同的材料、尺寸划分细目
			1	现浇混凝土排水沟	m^3/m	
			2	浆砌混凝土预制块排水沟	m^3/m	
			3	浆砌片石排水沟	m^3/m	
			4	浆砌块石排水沟	m^3/m	
				……		
		3		截水沟	m^3/m	按不同的材料、尺寸划分细目
			1	浆砌混凝土预制块截水沟	m^3/m	
			2	浆砌片石截水沟	m^3/m	
				……		
		4		急流槽	m^3/m	按不同的材料、尺寸划分细目
			1	现浇混凝土急流槽	m^3/m	
二			2	浆砌片石急流槽	m^3/m	
				……		
		5		暗沟	m^3	按不同的材料、尺寸划分细目
				……		
		6		渗(盲)沟	m^3/m	按不同的材料、尺寸划分细目
				……		
		7		排水管	m	按不同的材料、尺寸划分细目
				……		
		8		集水井	m^3/个	按不同的材料、尺寸划分细目
				……		
		9		泄水槽	m^3/个	按不同的材料、尺寸划分细目
				……		
	6			防护与加固工程	km	按不同的结构类型分节
		1		坡面植物防护	m^2	按不同的材料划分细目
			1	播种草籽	m^2	
			2	铺(植)草皮	m^2	
			3	土工织物植草	m^2	
			4	植生袋植草	m^2	
			5	液压喷播植草	m^2	
			6	客土喷播植草	m^2	
			7	喷混植草	m^2	
				……		
		2		坡面圬工防护	m^3/m^2	按不同的材料和形式划分细目
			1	现浇混凝土护坡	m^3/m^2	
			2	预制块混凝土护坡	m^3/m^2	
			3	浆砌片石护坡	m^3/m^2	
			4	浆砌块石护坡	m^3/m^2	
			5	浆砌片石骨架护坡	m^3/m^2	
			6	浆砌片石护面墙	m^3/m^2	
			7	浆砌块石护面墙	m^3/m^2	

续上表

项	目	节	细目	工程或费用名称	单位	备注
				……		
		3		坡面喷浆防护	m^2	按不同的材料划分细目
			1	抹面、捶面护坡	m^2	
			2	喷浆护坡	m^2	
			3	喷射混凝土护坡	m^3/m^2	
				……		
		4		坡面加固	m^2	按不同的材料划分细目
			1	预应力锚索	t/m	
			2	锚杆、锚钉	t/m	
			3	锚固板	m^3	
				……		
		5		挡土墙	m^3/m	按不同的材料和形式划分细目
			1	现浇混凝土挡土墙	m^3/m	
			2	锚杆挡土墙	m^3/m	
			3	锚碇板挡土墙	m^3/m	
			4	加筋土挡土墙	m^3/m	
			5	扶壁式、悬臂式挡土墙	m^3/m	
			6	桩板墙	m^3/m	
			7	浆砌片石挡土墙	m^3/m	
			8	浆砌块石挡土墙	m^3/m	
			9	浆砌护肩墙	m^3/m	
			10	浆砌(干砌)护脚	m^3/m	
				……		
		6		抗滑桩	m^3	按不同的规格划分细目
				……		
		7		冲刷防护	m^3	按不同的材料和形式划分细目
			1	浆砌片石河床铺砌	m^3	
			2	导流坝	m^3/处	
			3	驳岸	m^3/m	
			4	石笼	m^3/处	
				……		
		8		其他工程	km	根据具体情况划分细目
				……		
三				路面工程	km	
	1			路面垫层	m^2	按不同的材料分节
		1		碎石垫层	m^2	按不同的厚度划分细目
		2		砂砾垫层	m^2	按不同的厚度划分细目
				……		
	2			路面底基层	m^2	按不同的材料分节
		1		石灰稳定类底基层	m^2	按不同的厚度划分细目
		2		水泥稳定类底基层	m^2	按不同的厚度划分细目
		3		石灰粉煤灰稳定类底基层	m^2	按不同的厚度划分细目
		4		级配碎(砾)石底基层	m^2	按不同的厚度划分细目
				……		
	3			路面基层	m^2	按不同的材料分节
		1		石灰稳定类基层	m^2	按不同的厚度划分细目
		2		水泥稳定类基层	m^2	按不同的厚度划分细目
		3		石灰粉煤灰稳定类基层	m^2	按不同的厚度划分细目

续上表

项	目	节	细目	工程或费用名称	单位	备注
		4		级配碎(砾)石基层	m^2	按不同的厚度划分细目
		5		水泥混凝土基层	m^2	按不同的厚度划分细目
		6		沥青碎石混合料基层	m^2	按不同的厚度划分细目
				……		
	4			透层、黏层、封层	m^2	按不同的形式分节
		1		透层	m^2	
		2		黏层	m^2	
		3		封层	m^2	按不同的材料划分细目
			1	沥青表处封层	m^2	
			2	稀浆封层	m^2	
				……		
		4		单面烧毛纤维土工布	m^2	
		5		玻璃纤维格栅	m^2	
				……		
	5			沥青混凝土面层	m^2	指上面层面积
		1		粗粒式沥青混凝土面层	m^2	按不同的厚度划分细目
		2		中粒式沥青混凝土面层	m^2	按不同的厚度划分细目
		3		细粒式沥青混凝土面层	m^2	按不同的厚度划分细目
		4		改性沥青混凝土面层	m^2	按不同的厚度划分细目
		5		沥青玛蹄脂碎石混合料面层	m^2	按不同的厚度划分细目
				……		
	6			水泥混凝土面层	m^2	按不同的材料分节
		1		水泥混凝土面层	m^2	按不同的厚度划分细目
三		2		连续配筋混凝土面层	m^2	按不同的厚度划分细目
		3		钢筋	t	
	7			其他面层	m^2	按不同的类型分节
		1		沥青表面处治面层	m^2	按不同的厚度划分细目
		2		沥青贯入式面层	m^2	按不同的厚度划分细目
		3		沥青上拌下贯式面层	m^2	按不同的厚度划分细目
		4		泥结碎石面层	m^2	按不同的厚度划分细目
		5		级配碎(砾)石面层	m^2	按不同的厚度划分细目
		6		天然砂砾面层	m^2	按不同的厚度划分细目
				……		
	8			路槽、路肩及中央分隔带	km	
		1		挖路槽	m^2	按不同的土质划分细目
			1	土质路槽	m^2	
			2	石质路槽	m^2	
		2		培路肩	m^2	按不同的厚度划分细目
		3		土路肩加固	m^2	按不同的加固方式划分细目
			1	现浇混凝土	m^2	
			2	铺砌混凝土预制块	m^2	
			3	浆砌片石	m^2	
				……		
		4		中央分隔带回填土	m^3	
		5		路缘石	m^3	按现浇和预制安装划分细目
				……		
	9			路面排水	km	按不同的类型分节
		1		拦水带	m	按不同的材料划分细目

续上表

项	目	节	细 目	工程或费用名称	单 位	备 注
			1	沥青混凝土	m	
			2	水泥混凝土	m	
		2		排水沟	m	按不同的类型划分细目
			1	路肩排水沟	m	
			2	中央分隔带排水沟	m	
				……		
		3		排水管	m	按不同的类型划分细目
			1	纵向排水管	m	
			2	横向排水管	m/道	
				……		
		4		集水井	m^3/个	按不同的规格划分细目
				……		
四				桥梁涵洞工程	km	指桥梁长度
	1			漫水工程	m/处	
		1		过水路面	m/处	
		2		混合式过水路面	m/处	
	2			涵洞工程	m/道	按不同的结构类型分节
		1		钢筋混凝土管涵	m/道	按管径和单、双孔划分细目
			1	1—ϕ1.0m 圆管涵	m/道	
			2	1—ϕ1.5m 圆管涵	m/道	
			3	倒虹吸管	m/道	
				……		
		2		盖板涵	m/道	按不同的材料和涵径划分细目
			1	2.0m×2.0m 石盖板涵	m/道	
			2	2.0m×2.0m 钢筋混凝土盖板涵	m/道	
				……		
		3		箱涵	m/道	按不同的涵径划分细目
			1	4.0m×4.0m 钢筋混凝土箱涵	m/道	
				……		
		4		拱涵	m/道	按不同的材料和涵径划分细目
			1	4.0m×4.0m 石拱涵	m/道	
			2	4.0m×4.0m 钢筋混凝土拱涵	m/道	
				……		
	3			小桥工程	m/座	按不同的结构类型分节
		1		石拱桥	m/座	按不同的跨径划分细目
		2		钢筋混凝土矩形板桥	m/座	按不同的跨径划分细目
		3		钢筋混凝土空心板桥	m/座	按不同的跨径划分细目
		4		钢筋混凝土 T 形梁桥	m/座	按不同的跨径划分细目
		5		预应力混凝土空心板桥	m/座	按不同的跨径划分细目
				……		
	4			中桥工程	m/座	按不同的结构类型或桥名分节
		1		钢筋混凝土空心板桥	m/座	按不同的跨径或工程部位划分细目
		2		钢筋混凝土 T 形梁桥	m/座	按不同的跨径或工程部位划分细目
		3		钢筋混凝土拱桥	m/座	按不同的跨径或工程部位划分细目
		4		预应力混凝土空心板桥	m/座	按不同的跨径或工程部位划分细目
				……		
	5			大桥工程	m/座	按桥名或不同的工程部位分节
		1		××大桥	m^2/m	按不同的工程部位划分细目

续上表

项	目	节	细目	工程或费用名称	单位	备注
			1	天然基础	m^3	
			2	桩基础	m^3	
			3	沉井基础	m^3	
			4	桥台	m^3	
			5	桥墩	m^3	
			6	上部构造	m^3	注明上部构造跨径组成及结构形式
				……		
		2		……		
	6			××特大桥工程	m^2/m	按桥名分目，按不同的工程部位分节
		1		基础	m^3/座	按不同的形式划分细目
			1	天然基础	m^3	
			2	桩基础	m^3	
			3	沉井基础	m^3	
			4	承台	m^3	
				……		
		2		下部构造	m^3/座	按不同的形式划分细目
			1	桥台	m^3	
			2	桥墩	m^3	
			3	索塔	m^3	
				……		
四		3		上部构造	m^3	按不同的形式划分细目，并注明其跨径组成
			1	预应力混凝土空心板	m^3	
			2	预应力混凝土T形梁	m^3	
			3	预应力混凝土连续梁	m^3	
			4	预应力混凝土连续刚构	m^3	
			5	钢管拱桥	m^3	
			6	钢箱梁	t	
			7	斜拉索	t	
			8	主缆	t	
			9	预应力钢材	t	
				……		
		4		桥梁支座	个	按不同规格划分细目
			1	矩形板式橡胶支座	dm^3	
			2	圆形板式橡胶支座	dm^3	
			3	矩形四氟板式橡胶支座	dm^3	
			4	圆形四氟板式橡胶支座	dm^3	
			5	盆式橡胶支座	个	
				……		
		5		桥梁伸缩缝	m	指伸缩缝长度，按不同规格划分细目
			1	橡胶伸缩装置	m	
			2	模数式伸缩装置	m	
			3	填充式伸缩装置	m	
				……		
		6		桥面铺装	m^3	按不同的材料划分细目
			1	沥青混凝土桥面铺装	m^3	
			2	水泥混凝土桥面铺装	m^3	
			3	水泥混凝土垫平层	m^3	

续上表

项	目	节	细目	工程或费用名称	单位	备注
			4	防水层	m^2	
				……		
		7		人行道系	m	指桥梁长度，按不同的类型划分细目
			1	人行道及栏杆	m^3/m	
			2	桥梁钢防撞护栏	m	
			3	桥梁波形梁护栏	m	
			4	桥梁水泥混凝土防撞墙	m	
			5	桥梁防护网	m	
				……		
		8		其他工程	m	指桥梁长度，按不同类型划分细目
			1	看桥房及岗亭	座	
			2	砌筑工程	m^3	
			3	混凝土构件装饰	m^2	
				……		
五				交叉工程	处	按不同的交叉形式分目
	1			平面交叉道	处	按不同的类型分节
		1		公路与铁路平面交叉	处	
		2		公路与公路平面交叉	处	
		3		公路与大车道平面交叉	处	
				……		
	2			通道	m/处	按结构类型分节
		1		钢筋混凝土箱式通道	m/处	
		2		钢筋混凝土板式通道	m/处	
				……		
	3			人行天桥	m/处	
		1		钢结构人行天桥	m/处	
		2		钢筋混凝土结构人行天桥	m/处	
	4			渡槽	m/处	按结构类型分节
		1		钢筋混凝土渡槽	m/处	
		2		……		
	5			分离式立体交叉	处	按交叉名称分节
		1		××分离式立体交叉	处	按不同的工程内容划分细目
			1	路基土石方	m^3	
			2	路基排水防护	m^3	
			3	特殊路基处理	km	
			4	路面	m^2	
			5	涵洞及通道	m^3/m	
			6	桥梁	m^2/m	
				……		
		2		……		
	6			××互通式立体交叉	处	按互通名称分目(注明其类型)，按不同的分部工程分节
		1		路基土石方	m^3/km	
			1	清理与掘除	m^2	
			2	挖土方	m^3	
			3	挖石方	m^3	
			4	挖非适用材料	m^3	
			5	弃方运输	m^3	

续上表

项	目	节	细 目	工程或费用名称	单 位	备 注
			6	换填土	m^3	
			7	利用土方填筑	m^3	
			8	借土方填筑	m^3	
			9	利用石方填筑	m^3	
			10	结构物台背回填	m^3	
		2		特殊路基处理	km	
			1	特殊路基垫层	m^3	
			2	预压与超载预压	m^2	
			3	袋装砂井	m	
			4	塑料排水板	m	
			5	粉喷桩与旋喷桩	m	
			6	碎石桩	m	
			7	砂桩	m	
			8	土工布	m^2	
			9	土工格栅	m^2	
			10	土工格室	m^2	
				……		
	6	3		排水工程	m^3	
			1	混凝土边沟、排水沟	m^3/m	
			2	砌石边沟、排水沟	m^3/m	
五			3	现浇混凝土急流槽	m^3/m	
			4	浆砌片石急流槽	m^3/m	
			5	暗沟	m^3	
			6	渗(盲)沟	m^3/m	
			7	拦水带	m	
			8	排水管	m	
			9	集水井	m^3/个	
				……		
		4		防护工程	m^3	
			1	播种草籽	m^2	
			2	铺(植)草皮	m^2	
			3	土工织物植草	m^2	
			4	植生袋植草	m^2	
			5	液压喷播植草	m^2	
			6	客土喷播植草	m^2	
			7	喷混植草	m^2	
			8	现浇混凝土护坡	m^3/m^2	
			9	预制块混凝土护坡	m^3/m^2	
			10	浆砌片石护坡	m^3/m^2	
			11	浆砌块石护坡	m^3/m^2	
			12	浆砌片石骨架护坡	m^3/m^2	
			13	浆砌片石护面墙	m^3/m^2	
			14	浆砌块石护面墙	m^3/m^2	
			15	喷射混凝土护坡	m^3/m^2	
			16	现浇混凝土挡土墙	m^3/m	
			17	加筋土挡土墙	m^3/m	
			18	浆砌片石挡土墙	m^3/m	
			19	浆砌块石挡土墙	m^3/m	

续上表

项	目	节	细目	工程或费用名称	单位	备注
				……		
		5		路面工程	m^2	
			1	碎石垫层	m^2	
			2	砂砾垫层	m^2	
			3	石灰稳定类底基层	m^2	
			4	水泥稳定类底基层	m^2	
			5	石灰粉煤灰稳定类底基层	m^2	
			6	级配碎(砾)石底基层	m^2	
			7	石灰稳定类基层	m^2	
			8	水泥稳定类基层	m^2	
			9	石灰粉煤灰稳定类基层	m^2	
			10	级配碎(砾)石基层	m^2	
			11	水泥混凝土基层	m^2	
			12	透层、黏层、封层	m^2	
			13	沥青混凝土面层	m^2	
			14	改性沥青混凝土面层	m^2	
			15	沥青玛蹄脂碎石混合料面层	m^2	
			16	水泥混凝土面层	m^2	
			17	中央分隔带回填土	m^3	
			18	路缘石	m^3	
				……		
	6	6		涵洞工程	m/道	
			1	钢筋混凝土管涵	m/道	
			2	倒虹吸管	m/道	
			3	盖板涵	m/道	
			4	箱涵	m/道	
			5	拱涵	m/道	
		7		桥梁工程	m^2/m	
			1	天然基础	m^3	
			2	桩基础	m^3	
			3	沉井基础	m^3	
			4	桥台	m^3	
			5	桥墩	m^3	
			6	上部构造	m^3	
				……		
		8		通道	m/处	
六				隧道工程	km/座	按隧道名称分目,并注明其形式
	1			××隧道	m	按明洞、洞门、洞身开挖、衬砌等分节
		1		洞门及明洞开挖	m^3	
			1	挖土方	m^3	
			2	挖石方	m^3	
				……		
		2		洞门及明洞修筑	m^3	
			1	洞门建筑	m^3/座	
			2	明洞衬砌	m^3/m	
			3	遮光棚(板)	m^3/m	
			4	洞口坡面防护	m^3	
			5	明洞回填	m^3	

续上表

项	目	节	细 目	工程或费用名称	单 位	备 注
				……		
		3		洞身开挖	m^3/m	
			1	挖土石方	m^3	
			2	注浆小导管	m	
			3	管棚	m	
			4	锚杆	m	
			5	钢拱架(支撑)	t/榀	
			6	喷射混凝土	m^3	
			7	钢筋网	t	
				……		
		4		洞身衬砌	m^3	
			1	现浇混凝土	m^3	
			2	仰拱混凝土	m^3	
			3	管、沟混凝土	m^3	
				……		
		5		防水与排水	m^3	
			1	防水板	m^2	
			2	止水带、条	m	
			3	压浆	m^3	
			4	排水管	m	
				……		
		6		洞内路面	m^2	按不同的路面结构和厚度划分细目
			1	水泥混凝土路面	m^2	
			2	沥青混凝土路面	m^2	
				……		
		7		通风设施	m	按不同的设施划分细目
			1	通风机安装	台	
			2	风机启动柜洞门	个	
				……		
		8		消防设施	m	按不同的设施划分细目
			1	消防室洞门	个	
			2	通道防火闸门	个	
			3	蓄(集)水池	座	
			4	喷防火涂料	m^2	
				……		
		9		照明设施	m	按不同的设施划分细目
			1	照明灯具	m	
				……		
		10		供电设施	m	按不同的设施划分细目
		11		其他工程	m	按不同的内容划分细目
			1	卷帘门	个	
			2	检修门	个	
			3	洞身及洞门装饰	m^2	
				……		
	2			××隧道	m	
七				公路设施及预埋管线工程	公路公里	
	1			安全设施	公路公里	按不同的设施分节
		1		石砌护栏	m^3/m	

续上表

项	目	节	细 目	工程或费用名称	单 位	备 注
		2		钢筋混凝土防撞护栏	m^3/m	
		3		波形钢板护栏	m	按不同的形式划分细目
		4		隔离栅	km	按不同的材料划分细目
		5		防护网	km	
		6		公路标线	km	按不同的类型划分细目
		7		轮廓标	根	
		8		防眩板	m	
		9		钢筋混凝土护柱	根/m	
		10		里程碑、百米桩、公路界碑	块	
		11		各类标志牌	块	按不同的规格和材料划分细目
		12		……		
	2			服务设施	公路公里	按不同的设施分节
		1		服务区	处	按不同的内容划分细目
		2		停车区	处	按不同的内容划分细目
		3		公共汽车停靠站	处	按不同的内容划分细目
	3			管理、养护设施	公路公里	按不同的设施分节
		1		收费系统设施	处	按不同的内容划分细目
			1	设备安装	公路公里	
			2	收费亭	个	
			3	收费天棚	m^2	
			4	收费岛	个	
			5	通道	m/道	
			6	预埋管线	m	
			7	架设管线	m	
				……		
		2		通信系统设施	公路公里	按不同的内容划分细目
			1	设备安装	公路公里	
			2	管道工程	m	
			3	人(手)孔	个	
			4	紧急电话平台	个	
				……		
		3		监控系统设施	公路公里	按不同的内容划分细目
			1	设备安装	公路公里	
			2	光(电)缆敷设	km	
				……		
		4		供电、照明系统设施	公路公里	按不同的内容划分细目
			1	设备安装	公路公里	
				……		
		5		养护工区	处	按不同的内容划分细目
			1	区内道路	km	
				……		
	4			其他工程	公路公里	
			1	悬出路台	m/处	
			2	渡口码头	处	
			3	辅道工程	km	
			4	支线工程	km	
			5	公路交工前养护费	km	按附录一计算
八				绿化及环境保护工程	公路公里	

续上表

项	目	节	细目	工程或费用名称	单位	备注
	1			撒播草种和铺植草皮	m^2	按不同的内容分节
		1		撒播草种	m^2	按不同的内容划分细目
		2		铺植草皮	m^2	按不同的内容划分细目
		3		绿地喷灌管道	m	按不同的内容划分细目
	2			种植乔、灌木	株	按不同的内容分节
		1		种植乔木	株	按不同的树种划分细目
			1	高山榕	株	
			2	美人蕉	株	
				……		
		2		种植灌木	株	按不同的树种划分细目
			1	夹竹桃	株	
			2	月季	株	
				……		
		3		种植攀缘植物	株	按不同的树种划分细目
			1	爬山虎	株	
			2	葛藤	株	
				……		
		4		种植竹类植物	株	按不同的内容划分细目
		5		种植棕榈类植物	株	按不同的内容划分细目
		6		栽植绿篱	m	
		7		栽植绿色带	m^2	
	3			声屏障	m	按不同的类型分节
		1		消声板声屏障	m	
		2		吸音砖声屏障	m^3	
		3		砖墙声屏障	m^3	
				……		
	4			污水处理	处	按不同的内容分节
	5			取、弃土场防护	m^3	按不同的内容分节
				……		
九				管理、养护及服务房屋	m^2	
	1			管理房屋	m^2	
		1		收费站	m^2	
		2		管理站	m^2	
		3		……		
	2			养护房屋	m^2	按房屋名称分节
		1		……		
	3			服务房屋	m^2	按房屋名称分节
		1		……		
				第二部分　设备及工具、器具购置费	**公路公里**	
一				设备购置费	公路公里	
	1			需安装的设备	公路公里	
		1		监控系统设备	公路公里	按不同设备分别计算
		2		通信系统设备	公路公里	按不同设备分别计算
		3		收费系统设备	公路公里	按不同设备分别计算
		4		供电照明系统设备	公路公里	按不同设备分别计算
	2			不需安装的设备	公路公里	
		1		监控系统设备	公路公里	按不同设备分别计算
		2		通信系统设备	公路公里	按不同设备分别计算

续上表

项	目	节	细目	工程或费用名称	单位	备注
		3		收费系统设备	公路公里	按不同设备分别计算
		4		供电照明系统设备	公路公里	按不同设备分别计算
		5		养护设备	公路公里	按不同设备分别计算
二				工具、器具购置	公路公里	
三				办公及生活用家具购置	公路公里	
				第三部分　工程建设其他费用	**公路公里**	
一				土地征用及拆迁补偿费	公路公里	
二				建设项目管理费	公路公里	
	1			建设单位(业主)管理费	公路公里	
	2			工程质量监督费	公路公里	
	3			工程监理费	公路公里	
	4			工程定额测定费	公路公里	
	5			设计文件审查费	公路公里	
	6			竣(交)工验收试验检测费	公路公里	
三				研究试验费	公路公里	
四				建设项目前期工作费	公路公里	
五				专项评价(估)费	公路公里	
六				施工机构迁移费	公路公里	
七				供电贴费	公路公里	
八				联合试运转费	公路公里	
九				生产人员培训费	公路公里	
十				固定资产投资方向调节税	公路公里	
十一				建设期贷款利息	公路公里	
				第一、二、三部分费用合计	**公路公里**	
				预备费	元	
				1. 价差预备费	元	
				2. 基本预备费	元	预算实行包干时列系数包干费
				概(预)算总金额	**元**	
				其中:回收金额	元	
				公路基本造价	公路公里	

由项目表可知,公路工程基本建设费用是由建筑安装工程费,设备及工具、器具购置费和工程建设其他费用等三大部分组成的。其中建筑安装是一个复杂庞大的综合体,是计算工作量最大的费用,同时也是概、预算价值的主要组成部分,其费用通常占工程总造价90%左右。因此,在一定意义上讲,编制公路工程概、预算,主要是编制建筑安装工程概、预算。公路工程招、投标实质上也是对建筑安装工程进行招投标。因此,对第一部分即建筑安装工程费用的测算精度将直接影响工程概、预算的编制质量。

在编制概、预算时,必须严格按照项目表的序列及内容编制,不得随意划分。如果实际出现的费用项目与项目表里的内容不完全相符时,一、二、三部分和“项”的序号应保留不变,“目”、“节”、“细目”的序号可随需要增减,并按项目表的顺序以实际出现的“目”、“节”、“细目”依次排列,去掉缺少的“目”、“节”、“细目”的序号。如第二部分的设备及工具、器具购置费在某项工程费用中不发生时,第三部分其他基本建设费用仍为第三部分。同样,建筑安装工程费的六项为隧道工程,第七项为公路设施及预埋管线工程,若路线中没有隧道工程项目,但其序号“六”仍应保留,公路设施及预埋管线工程的序号不能改为“六”而仍为第七项。但如“目”或“节”发生这种情况时,则可依次递补改变序号。如第二项路基没有挖石方工程时,则石方第 2 目的序号可以去掉,而将填方的第 3 目改为第 2 目。这些规定在编制时要特别注意。

二、概、预算费用组成

公路工程是裸露于自然界中的构造物,其造价不仅与工程的建筑规模、工程结构有关,而且还受自然和经济条件的影响。因此,在核定工程造价时,仅将一个基本建设项目分解为若干个分项工程,即仅有项目表是不够的,还必须对分项工程的各项费用做进一步的分解,并对各部分的费用内容及计价方法做一个统一的规定,这样才有可比性,才能提高概、预算的编制精度。为此,交通部除了颁布概、预算项目表外,还制定了公路工程概、预算总金额的费用组成,如图 4-2 所示。

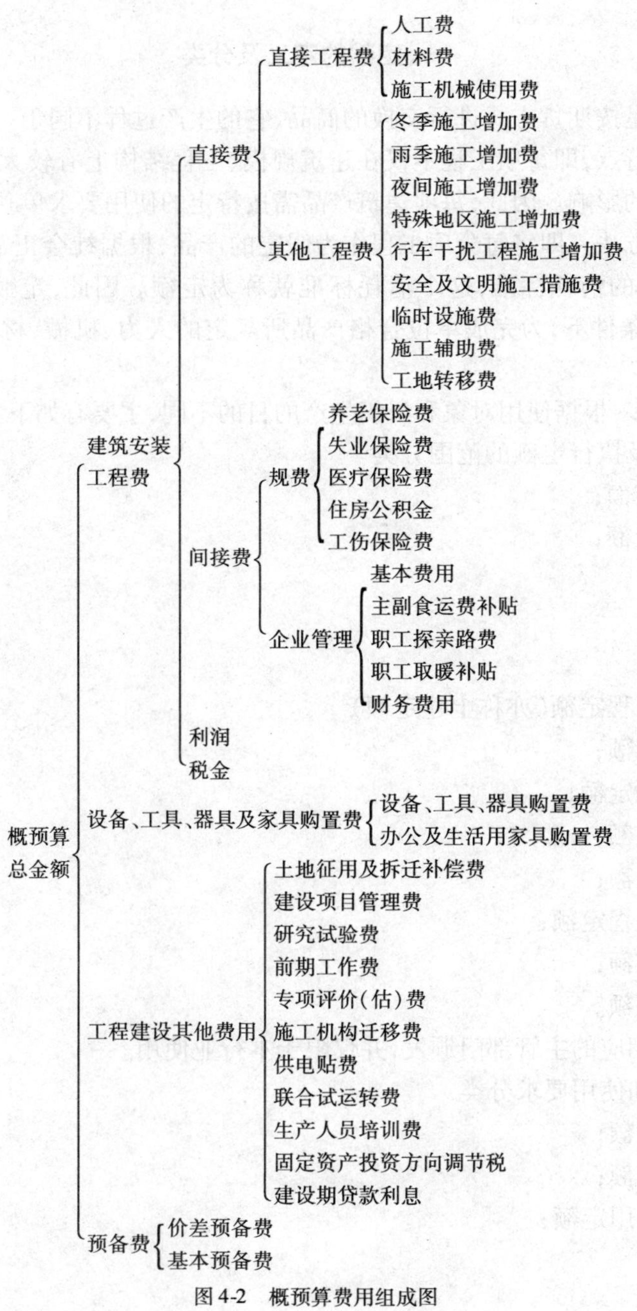

图 4-2 概预算费用组成图

第五章　公路工程概、预算定额

第一节　概　　述

一、定额的定义及分类

建筑安装工程是按期货方式进行交换的商品，它的生产过程不同于一般的工业产品，具有单件性和固定性的特点，即每项工程不仅在建筑规模、工程结构上有较大差别，而且其价值还受自然和经济条件的影响。因此，每项建筑产品需按特定的使用要求单独设计，由此决定了建筑产品的特殊计价方法。即将每分项工程作为假定的产品，根据社会正常生产水平规定其人工、材料和施工机械的消耗标准，这个消耗标准就称为定额。因此，定额是指在正常的生产（施工）技术和组织条件下，为完成单位合格产品所规定的人力、机械、材料、资金等消耗量的标准。

定额的种类很多，根据使用对象和组织生产的目的不同，主要有如下三大类：

1. 按主编单位及执行定额的范围分类

（1）全国统一定额；

（2）主管部门定额；

（3）地方定额；

（4）企业定额。

2. 按专业分类

（1）建筑安装工程定额（亦称土建定额）

（2）设备安装定额；

（3）给排水工程定额；

（4）公路工程定额；

（5）铁路工程定额；

（6）水力水电工程定额；

（7）水运工程定额；

（8）井港工程定额。

这些定额均由相应的主管部门颁发，并仅限于本行业使用。

3. 按生产因素和使用要求分类

（1）劳动消耗定额；

（2）材料消耗定额；

（3）机械台班使用定额；

（4）施工定额；

（5）预算定额；

(6)概算定额；

(7)估算定额等。

公路工程定额按生产因素和定额用途不同分类如图5-1所示。

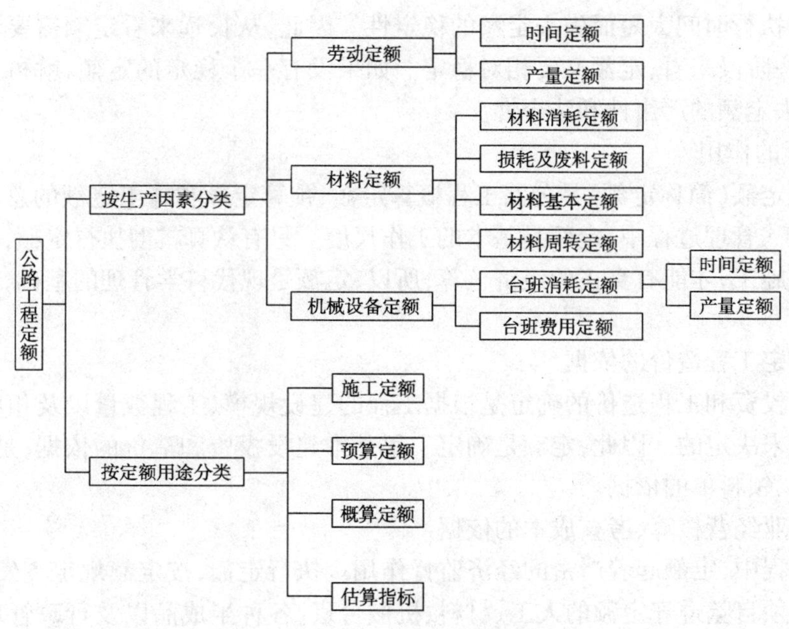

图5-1 公路工程定额分类图

二、定额的特性及作用

定额是在正常的生产技术和组织条件下，为完成单位合格产品所规定的人力、物力、机械、资金等消耗量的标准。这个标准是与社会生产力的发展水平相适应的，并且是通过严密、科学的方法测定出来的。因此，定额具有其明显的特性和作用。

(一)定额的特性

1. 科学性

定额是人们生产实践的总结，其定额值的测定是在先进、合理的技术条件和组织条件下，根据一般的劳动情况和技术水平，对各工序进行分解，分别测定每一工序的各资源消耗数量，在反复观测、整理、分析对比的基础上最后确定的。因此，定额的科学性，一方面是指定额必须和生产力发展水平相适应；另一方面是指定额值的测定是在实践的基础上，通过科学的测定、分析、计算，用科学的方法和手段测定出来的，它符合生产消费的客观规律。

2. 法令性

定额是工程建设规划、组织、调节、控制的尺度，具有其严肃性。凡经国家建设管理部门或授权机关颁发的定额，都是具有法令性的，不能私自修改和滥用。

3. 群众性

群众性是指定额的制定和执行具有广泛的群众基础。即广大群众是测定、编制定额的参加者；定额水平高低的取舍主要取决于群众的生产能力和管理水平；定额中的劳动消耗数量标准，是按照平均先进水平制定的，是广大群众经过努力能够实现的。

4. 相对稳定性

定额水平是与社会生产力发展水平相适应的，当定额执行一段时间以后，随着新设备、新工艺、新材料的不断涌现，原有定额就会逐渐不适应生产力的发展水平，而成为落后、陈旧的定额，这时就应重新编制、修订定额。但重新修订定额的时间不宜过长，但也不宜过于频繁。否则会因定额的执行时间太短而失去定额的稳定性。因此，从长远来看定额需要一次又一次地修订；但从某一阶段来看，定额又要相对稳定。如果没有一个稳定的定额，就树立不起定额的权威，就会失去定额的严肃性和法令性。

（二）定额的作用

公路工程定额（简称定额）是公路工程概算定额、预算定额和施工定额的总称。在建设项目的设计、施工、管理过程中，定额是基本的工作尺度。只有认真贯彻执行定额，才能有周密的计划和合理的施工，才能有真正的经济核算，所以，定额是现代科学管理的基础，其作用主要有以下几方面。

1. 它是确定工程造价的依据

基本建设投资和工程造价的确定是根据工程的建设规模、工程数量以及相应定额中的各种资源消耗量来决定的。因此，定额是确定工程基本建设投资和造价的依据，是编制概、预算和签发任务单、领料单的依据。

2. 它是企业经营核算、考核成本的依据

在施工过程中，定额起着严密的经济监督作用。执行定额，按定额规定签发任务单，就要求施工人员必须自觉遵守定额的人工、材料、机械台班、各种半成品以及行政管理费等各方面的规定，使其不超过规定的额度，并在保证工程质量的前提下力求节约。这样不仅控制了成本，而且为企业内部经济核算，考核成本提供了依据。

3. 它是工资核算、实行经济承包责任制的依据

定额明确规定了工人在一定工作时间内应当完成的生产任务。企业通过定额，可以把具体而又合理的生产任务落实到每个工人或班组。工人为了完成或超额完成定额，就必须不断提高操作水平，改进劳动组织，提高劳动效率。因此，定额不仅是加强施工管理，提高劳动效率的重要手段，而且还是工资核算实行经济承包责任制的依据。

三、定额的组成结构及查用方法

（一）组成结构

现行的《公路工程概算定额》（以下简称《概算定额》）和《公路工程预算定额》（以下简称《预算定额》）其组成部分主要有以下几方面：

1. 定额的颁发文件

定额的颁发文件是指刊印在《概算定额》、《预算定额》前部，由政府主管部门（交通部）颁发的关于定额执行日期、定额性质、适用范围及负责解释的部门等法令性文件。

2. 总说明

总说明综合阐述定额的编制原则、指导思想、编制依据和适用范围，以及涉及定额使用方面的全面性的规定和解释，是各章说明的总纲，具有统管全局的作用。

3. 目录

目录位于总说明之后，目录简明扼要地反映定额的全部内容及相应的页号，对查用定额起索引作用。

4. 章(节)说明

《概算定额》共由上、下两册组成。上册共有 4 章,分别是路基工程、路面工程、隧道工程和涵洞工程。下册共 3 章,分别是桥梁工程、交通工程及沿线设施、临时工程。《预算定额》也是由上、下两册组成。上册共 4 章,分别是路基工程、路面工程、隧道工程和桥涵工程的第一节至第六节。下册由 5 章和 4 个附录组成。5 章分别是桥涵工程第七节至第十一节、防护工程、交通工程及沿线设施、临时工程、材料采集及加工、材料运输。4 个附录分别是路面材料计算基础数据;基本定额;材料的周转及摊销;定额基价、人工、材料单位质量、单价表。在概(预)算定额中,由于各章的工程结构内容繁多,因此,每章又由若干节组成,并在每章、每节的首页都有章说明和节说明。

5. 定额表

定额表是各类定额的主要组成部分,是定额各指标数额的具体体现。《概算定额》和《预算定额》的表格形式基本相同,其主要内容如下:

(1)表号及定额表名称

定额是由大量的定额表组成的,每张定额表都具有自己唯一的表号和表名。如《预算定额》第 23 页表,如表 5-1 所示。表上方“1-1-14”为表号,其含意是第 1 章第 1 节第 14 表。“人工开炸石方”是表的名称。

1-1-14　人工开炸石方　　表 5-1

工程内容　1)选炮位,打眼,清眼;2)装药,填塞;3)安全警戒;4)引爆及检查结果;5)排险;6)撬落,解小,撬移;7)清运,装、卸石方;8)空回。

单位:1000m^3 天然密实方

顺序号	项　　目	单位	代号	第一个 20m 开炸运			每增运 10m	
				软石	次坚石	坚石	人工挑抬	手推车
				1	2	3	4	5
1	人工	工日	1	270.5	388.2	552.1	39.3	15.7
2	钢钎	kg	211	18.0	36.0	45.0	—	—
3	硝铵炸药	kg	841	132.5	180.0	228.3	—	—
4	导火线	m	842	338	503	635	—	—
5	普通雷管	个	845	268	385	461	—	—
6	煤	t	864	0.171	0.207	0.270	—	—
7	其他材料费	元	996	12.5	18.2	22.9	—	—
8	基价	元	1999	14721	21127	29711	1934	772

注:1. 孤石按坚石计算;

2. 当采用人工开炸、装车、机动翻斗车运输时,其开炸、装车所需的工料消耗按第一个 20m 开炸运定额减去 50 个工日计算;

3. 当采用人工开炸、装车、卸车,手扶拖拉机运输时,其开炸、装车、卸车所需的工料消耗按第一个 20m 开炸运定额计算。

(2)工程内容

工程内容位于定额表的左上方。工程内容主要说明本定额表所包括的主要操作内容。查定额时，必须将实际发生的操作内容与表中的工程内容相对照，若不一致时，应按照章(节)说明中的规定进行调整。

(3)定额单位

定额单位位于定额表的右上方，如表5-1 单位："1000m^3 天然密实方"。定额单位是合格产品的计量单位，实际的工程数量应是定额单位的倍数。

(4)顺序号

顺序号是定额表中的第1项内容，如表5-1中"1,2,3,…"，顺序号表征人工、材料、机械及费用的顺序号，起简化说明的作用。

(5)项目

项目是定额表中第2项内容，如表5-1中"人工、钢钎，硝铵炸药，…"。项目是本定额表中工程所需的人工、材料、机具、费用的名称和规格。

(6)代号

当采用电算方法编制工程概、预算时，可引用表中代号作为工、料、机名称的识别符。

(7)工程细目

工程细目表征本定额表所包括的具体内容，如表5-1中"软石""坚石"等。

(8)栏号

栏号指工程细目的编号，如表5-1"第1个20m开炸运""软石"栏号为1，"次坚石"栏号为2。

(9)定额值

定额值就是定额表中各种资源消耗量的数值。其中括号内的数值表示基价中未包括其价值。

(10)基价

基价是指该工程细目的工程价格。是该工程细目在指定时间与地点的工程价格。

(11)注解

有些定额表在其下方列有注解，如表5-1中"注"。"注"是对定额表中内容的补充说明，使用时必须仔细阅读，以免发生错误。

(二)查用方法

公路工程是一个庞大的系统工程，与之对应的定额也是一个内容繁多、复杂多变的定额。因此，查用定额的工作不仅量大，而且要十分细致。

为了能够正确地运用定额，首先，必须反复学习定额，熟练地掌握定额，在查用方法上应按如下步骤进行。

1. 确定定额种类

公路工程定额按基建程序的不同阶段，已形成一套完整的定额体系，如《概算定额》、《预算定额》、《施工定额》等。在查用定额时，应根据运用定额的目的，确定所用定额的种类，明确是查《概算定额》，还是查《预算定额》。

2. 确定定额编号

定额编号是概(预)算定额中每一工程细目的唯一编号。在编制概、预算文件时，计算表格中均要列出所选用定额的编号，其目的一方面是便于快捷查找，核对所选用定额的准确性；另一方面是便于计算机识别和运算。定额编号的编写方法主要有以下三种：

(1)[页—表—栏]式

[页—表—栏]式的特点是容易查找，复核、检查方便，不易出错，但书写比较麻烦。例如《预算定额》中定额编号[23—1—1—14—1](如表5-1所示)，就是指第23页，第1章第1节第14表第1栏，即第一个20m人工开炸运软石。

(2)[表—栏]式

这种编号方法是舍去页码数，只用“表—栏”表示。[页—栏]式虽书写简单，但查找不便。如上例，其定额编号为[1—1—14—1]。

(3)数码式

在用计算机软件编制概、预算文件时，预算定额编号是用8位数码编制的，即章占1位，节占2位，表占2位，栏占3位，如上例，其定额编号为10114001。概算定额是用7位数码表示，即章占1位，节占1位，表占2位，栏占3位。例如：概算定额第107页第1栏的定额，即[107—2—1—1—1]，当用数码表示时，则为2101001。

3. 阅读说明

在查到定额编号后，应详细阅读总说明和章、节说明，并核对定额表左上方的“工程内容”及表下方的“注”，目的是：

(1)检查所确定的定额表号是否有误。如“浆砌块石护拱”与“浆砌块石护坡”虽然都是“浆砌块石”工程，但前者为“桥涵工程”，预算定额表号为[442—4—5—3—2]，后者为“防护工程”，预算定额编号为[741—5—1—10—3]。

(2)确定定额值。在确认定额表号无误后，根据上述各种“说明”及“工作内容”、“注”的要求，看定额值是否需要调整。若不需调整，就直接抄录。若需调整还应做下一步工作。

4. 定额抽换

当设计内容或实际工作内容与定额表中规定的内容不完全相符时，应根据“说明”及“注”的规定调整定额值，即定额抽换。在抽换前应再仔细阅读总说明和章、节说明与注解，确定是否需要抽换，以及怎样抽换。关于定额抽换的方法，可参见第三节的内容及计算示例。

重复上述步骤即可查用下一工程内容的定额值。

第二节 劳动定额

在施工生产中起主要作用的三大因素是劳动力、材料和施工机械（简称人、料、机），公路工程定额是按实物量法编制的定额，因此，人、料、机定额是公路工程概、预算定额的主要内容。

劳动定额是指在正常的生产技术和生产组织条件下，为完成单位合格产品所规定的劳动消耗量标准。

劳动定额有两种表现形式：时间定额和产量定额。

1. 时间定额

时间定额是指在技术条件正常、生产工具使用合理和劳动组织正确的条件下，工人为生产单位合格产品消耗的劳动时间。包括准备与结束的时间，基本生产时间，辅助生产时间，不可避免的中断时间以及工人必须休息的时间。时间定额以工日为单位，1个工日相当于1个工人工作8h的劳动量（其中潜水工作按6h，隧道工作按7h计算）。时间定额计算如式(5-1)。

$$\text{时间定额}=\frac{\text{耗用工时数量}}{\text{完成单位合格产品数量}} \tag{5-1}$$

例如《预算定额》[129—2—2—1—1]如表5-2所示，人工摊铺压实厚度为8cm的泥结碎石路面，每完成1000m^2 合格产品所消耗的人工时间定额为27.4工日，其工程内容包括：清扫整理下承层，铺料、整平，调浆、灌浆，撒铺嵌缝料、整形、洒水、碾压、找补。

2-2-1 泥结碎石路面 表5-2

工程内容 1)清扫整理下承层;2)铺料、整平;3)调浆、灌浆;4)撒铺嵌缝料、整形、洒水、碾压、找补。

单位:$1000m^2$

顺序号	项目	单位	代号	人工摊铺				机械摊铺			
				压实厚度8cm		每增加1cm		压实厚度8cm		每增加1cm	
				面层	基层	面层	基层	面层	基层	面层	基层
				1	2	3	4	5	6	7	8
1	人工	工日	1	27.4	27.4	3.0	3.0	14.7	14.6	1.6	1.6
2	水	m^3	866	21	21	3	3	—	—	—	—
3	黏土	m^3	911	22.62	22.62	2.83	2.83	22.62	22.62	2.83	2.83
4	石屑	m^3	961	8.83	8.83	1.10	1.10	8.83	8.83	1.10	1.10
5	路面用碎石(1.5cm)	m^3	965	8.88	—	1.11	—	8.88	—	1.11	—
6	路面用碎石(3.5cm)	m^3	967	80.28	8.88	10.03	1.11	80.28	8.88	10.03	1.11
7	路面用碎石(6cm)	m^3	969	—	80.28	—	10.03	—	80.28	—	10.03
8	120kW 以内自行式平地机	台班	1057	—	—	—	—	0.29	0.17	—	—
9	6~8t 光轮压路机	台班	1075	0.27	0.27	—	—	0.27	0.27	—	—
10	12~15t 光轮压路机	台班	1078	0.73	0.73	—	—	0.73	0.73	—	—
11	6000L 以内洒水汽车	台班	1405	—	—	—	—	0.46	0.46	0.06	0.06
12	基价	元	1999	8122	7301	948	845	7987	7052	908	806

2. 产量定额

产量定额是指在技术条件正常,生产工具使用合理和劳动组织正确的条件下,工人在单位时间内完成合格产品的数量。其计算单位为产品数量/工日,如 m^3/工日、km^2/工日等,产量定额计算如式(5-2)。

$$产量定额=\frac{完成合格产品数量}{耗用时间数量} \tag{5-2}$$

如上例所示,完成每$1000m^2$泥结碎石路面的时间定额为27.4工日,则每工日的产量定额为$\frac{1000}{27.4}=36.5$(m^2/工日)。由此可见,时间定额与产量定额是互为倒数的关系,如式(5-3)。

$$时间定额=\frac{1}{产量定额} \tag{5-3}$$

第三节 材料定额

材料是指工程建设中使用的原材料、产品、半成品、构配件、燃料以及水、电等动力资源的统称。材料是构筑工程实体的物质基础,其需要数量巨大,而且种类繁多。因此,材料消耗量的多少,消耗是否合理,直接关系到资源的有效利用和工程建设成本的高低。

为了更科学、合理地确定单位合格产品所消耗材料的数量标准概、预算定额根据材料在工程中的使用特点和消耗类型,将材料定额分为材料损耗及废料定额、材料消耗定额、材料基本定额和材料周转定额等四种类型。

一、材料损耗及废料定额

在施工过程中材料的损耗是不可避免的，材料损耗按其损耗特点可以分为两大类：一类是场外运输损耗；另一类是场内运输及操作损耗。

1. 场外运输损耗

场外运输损耗是指在施工现场以外发生的损耗，即材料由供应点至工地的运输途中发生的损耗。如砂、石、黏土等松散类材料，在运输途中都难免会发生损耗。在编制概、预算时，这类损耗是在材料预算单价中考虑的，《编制办法》规定了材料场外运输操作损耗定额，如表5-3所示。

材料场外运输操作损耗率表(%)　　表5-3

材料名称		场外运输(包括一次装卸)	每增加一次装卸
块状沥青		0.5	0.2
石屑、碎砾石、砂砾、工业废渣、煤		1.0	0.4
砖、瓦、桶装沥青、石灰、黏土		3.0	1.0
草皮		7.0	3.0
水泥(袋装、散装)		1.0	0.4
砂	一般地区	2.5	1.0
	多风地区	5.0	2.0

注：汽车运水泥，如运距超过500km时，增加损耗率：袋装0.5%。

2. 场内运输及操作损耗

场内运输及操作损耗是指原材料、成品、半成品从现场堆放点或场内加工点到操作或安装地点，因场内水平或垂直运输时发生的损耗及必要的工艺性损耗。这部分损耗是在材料消耗定额中考虑的，其定额值“场内运输及操作损耗”是以百分率的形式在《预算定额》附录四中体现的，如本教材附录V所示。

二、材料消耗定额

材料消耗定额是指在节约和合理使用材料的条件下，生产单位合格产品所必须消耗的一定品种规格的材料、半成品、配件和水、电、燃料等数量标准，包括材料的净用量和必要的工艺性损耗及废料数量。计算单位以材料的实物量单位表示，如t、kg、m^3等。材料消耗定额按式(5-4)计算。

材料消耗定额=(1+材料场内运输及操作损耗率)×完成单位产品的材料净消耗　(5-4)

由此可知：材料消耗定额是由材料净消耗与材料场内运输及操作损耗两部分组成的。材料的消耗定额可直接在概、预算定额表中查取。如《预算定额》[519—4—7—4—1]中表5-4所示。每10m^3圆管涵实体所需C30水泥混凝土材料消耗定额为10.10m^3，其中10m^3为材料的净用量，0.1m^3为材料的工艺性损耗用量。其场内运输及操作损耗率为：

$$\frac{0.1}{10}\times 100\% = 1\%$$

根据《预算定额》附录二中“混凝土配合比表”(如表5-5所示)得C30水泥混凝土需32.5

级水泥、中(粗)砂、碎石(2cm)的定额值分别为：

$$32.5\text{级水泥} = 0.406 \times (1 + 1\%) \times 10 = 4.101\text{t}$$

$$\text{中(粗)砂} = 0.46 \times (1 + 1\%) \times 10 = 4.65\text{m}^3$$

$$\text{碎石(2cm)} = 0.79 \times (1 + 1\%) \times 10 = 7.98\text{m}^3$$

可见上述定额值与[519—4—7—4—1]定额表中的数值是完全吻合的。同理，在[519—4—7—4—1]定额表中，材料的消耗定额还有钢模板 0.118t，水 16m^3，其他材料费 21.8 元等，这些定额值都是由材料的净消耗与场内运输及操作损耗两部分组成的。

4-7-4 预制圆管涵 表 5-4

工程内容 1)搭拆临时脚手架、跳板；2)模板制作、安拆、修理、涂脱模剂、堆放；3)钢筋除锈、制作、焊接、绑扎；4)混凝土浇筑、捣固及养生。

单位：10m^3 实体及 1t 钢筋

顺序号	项目	单位	代号	混凝土 管径(m) 1.0 以内	混凝土 管径(m) 2.0 以内	钢筋 普通钢筋	钢筋 冷拔低碳钢丝
				10m^3		1t	
				1	2	3	4
1	人工	工日	1	72.9	54.6	9.3	10.3
2	C30 水泥混凝土	m^3	20	(10.10)	(10.10)	—	—
3	光圆钢筋	t	111	—	—	1.025	0.336
4	冷拔低碳钢丝	t	132	—	—	—	0.699
5	电焊条	kg	231	—	—	—	1.2
6	钢模板	t	271	0.118	0.074	—	—
7	20～22 号铁丝	kg	656	—	—	5.8	5.6
8	32.5 级水泥	t	832	4.101	4.101	—	—
9	水	m^3	866	16	16	—	—
10	中(粗)砂	m^3	899	4.65	4.65	—	—
11	碎石(2cm)	m^3	951	7.98	7.98	—	—
12	其他材料费	元	996	21.8	16.5	—	—
13	5t 以内汽车式起重机	台班	1449	0.82	0.62	—	—
14	32kV·A 以内交流电弧焊机	台班	1726	—	—	—	0.23
15	小型机具使用费	元	1998	5.4	5.5	4.8	4.5
16	基价	元	1999	6670	5425	3882	5621

混凝土配合比表（“附录二”摘要） 表 5-5

单位：1m³ 混凝土

顺序号	项目	单位	普通混凝土														
			碎（砾）石最大粒径（mm）														
			20														
			混凝土强度等级														
			C10	C15	C20	C25	C30		C35		C40			C45		C55	
			水泥强度等级														
			52.5	32.5	32.5	32.5	32.5	42.5	32.5	42.5	32.5	42.5	52.5	42.5	52.5	42.5	52.5
			1	2	3	4	5	6	7	8	9	10	11	12	13	14	15
1	水泥	kg	238	286	315	368	406	388	450	405	488	443	399	482	439	524	479
2	中（粗）砂	m³	0.51	0.51	0.49	0.48	0.46	0.48	0.45	0.47	0.43	0.45	0.47	0.45	0.45	0.44	0.42
3	碎（砾）石	m³	0.85	0.82	0.82	0.8	0.79	0.79	0.78	0.79	0.78	0.79	0.79	0.77	0.79	0.75	0.79
4	片石	m³	—	—	—	—	—	—	—	—	—	—	—	—	—	—	—

三、材料基本定额

（一）基本定额的组成

基本定额是指在合理的条件下，为生产单位数量半成品、中间产品所规定的各种资源（工、料、机、费用等）消耗量标准。该标准在《预算定额》附录二中查取，其分类与组成如图 5-2 所示。

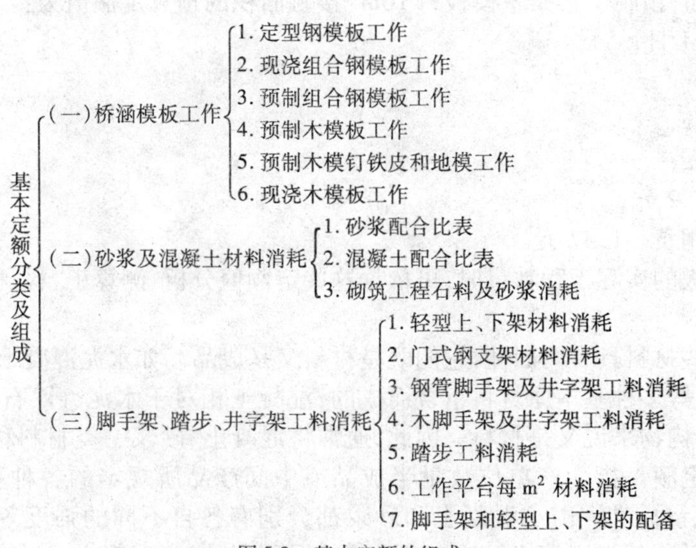

图 5-2 基本定额的组成

（二）基本定额的作用

1. 分析分项工程或半成品所需人工、材料、机械的消耗量

例 5-1 求某 T 形梁预制木模板工作的预算定额。

解：预制 T 梁木模板工作属于基本定额，在《预算定额》第 1003 页定额表如表 5-6 所示。

预制木模板工作("基本定额"摘要) 表 5-6

工程内容 模板制作、安装、拆除、修理、涂脱模剂,材料 50m 以内搬运、堆放。

单位:$10m^2$ 模板接触面积

顺序号	项目	单位	基础、下部构造					上部构造						
								板			梁			
			薄壁浮运沉井	支撑梁	方桩立柱	墩台管节	护筒	矩形板连续板	空心板	微弯板	桁架梁	箱形梁	T 形梁	I 形梁
			1	2	3	4	5	6	7	8	9	10	11	12
1	人工	工日	5.43	2.71	1.64	2.31	2.39	1.86	2.56	2.04	4.42	4.99	2.73	2.73
2	原木	m^3	0.003	—	—	—	—	0.014	—	—	—	—	—	—
3	锯材	m^3	0.057	0.043	0.043	0.046	0.046	0.044	0.037	0.054	0.079	0.134	0.089	0.111
4	铁件	kg	0.1	1.6	1.6	1.04	1.04	0.92	1.57	4.38	—	1.26	2.85	3.79
5	铁钉	kg	0.71	0.61	0.61	0.65	0.65	0.65	0.49	1.47	1.18	0.65	0.98	0.47
6	8~12 号铁丝	kg	—	—	—	—	—	—	—	—	—	—	—	—
7	其他材料费	元	2	2	2	2	2	2	2	2	2	2	2	2
8	小型机具使用费	元	1.27	0.48	0.45	1.34	1.19	0.31	0.53	0.82	1.88	1.81	1.47	1.47

由表 5-6 可知,预制 T 形梁木模板每 $10m^2$ 接触面积的预算定额值为:

人工 2.73 工日;

锯材 $0.089m^3$;

铁件 2.85kg;

铁钉 0.98kg;

其他材料费 2 元;

小型机具使用费 1.47 元。

当已知木模板的实际工程数量时,可依据这些定额值分析,测算工、料、机的实际消耗量。

2. 定额抽换

在工程中有些材料具有两面性,它们既是材料又是成品。如水泥混凝土和砂浆,其本身是由水泥、砂、石、水等多种基本原材料组合而成的,混凝土相对于水泥、砂、石来说是成品,但相对于路面,桥涵结构物来说又是材料。因此,通常将混凝土、砂浆一类材料称为半成品或中间产品。材料基本定额是指生产单位数量半成品或中间产品所规定的各种基本原材料(如水泥、砂、石)的消耗量标准。由于混凝土和砂浆都分别有各自不同的强度等级,而在《预算定额》中,混凝土和砂浆的强度等级是按工程常规情况制定的,当混凝土或砂浆的实际设计强度等级与《预算定额》表中的强度等级不相符时,组成混凝土、砂浆的基本材料(如水泥、砂、石等)的消耗量应根据《预算定额》"附录二"的基本定额进行抽换。

例 5-2 某跨径为 6m 的实体式轻型墩台,混凝土设计强度等级为 C25,试确定混凝土组成材料的预算定额。

解:由《预算定额》可知,该工程的定额表号为[457—4—6—2—3]如表 5-7 所示。

4-6-2 墩、台身

表 5-7

工程内容 1)搭、拆脚手架及轻型上下架；2)组合钢模组拼拆及安装、拆除、修理、涂脱模剂、堆放；3)定型钢模安装、拆除、修理、涂脱模剂、堆放；4)提升钢模组拼拆及安装、提升、拆除、修理、涂脱模剂、堆放；5)钢筋除锈、制作、电焊、绑扎及骨架吊装入模；6)混凝土运输、浇筑、捣固及养生。

Ⅰ. 实体式墩台

单位:$10m^3$ 实体及 1t 钢筋

顺序号	项目	单位	代号	混凝土							钢筋
				轻型墩台			实体式墩台				
				钢筋混凝土墩台	混凝土墩台 跨径(m)		梁板桥 高度(m)		拱桥		
					4 以内	8 以内	10 以内	20 以内	墩	台	
				$10m^3$							1t
				1	2	3	4	5	6	7	8
1	人工	工日	1	20.2	18.8	17.0	14.1	14.4	12.6	11.8	7.6
2	C15 片石混凝土	m^3	12	—	—	—	(10.20)	(10.20)	(10.20)	—	—
3	C15 水泥混凝土	m^3	17	—	—	—	—	—	—	(10.20)	—
4	C20 水泥混凝土	m^3	18	—	(10.20)	(10.20)	—	—	—	—	—
5	C25 水泥混凝土	m^3	19	(10.20)	—	—	—	—	—	—	—
6	原木	m^3	101	0.122	0.092	0.072	0.022	0.014	0.011	0.014	—
7	锯材	m^3	102	0.131	0.082	0.070	0.053	0.031	0.051	0.036	—
8	光圆钢筋	t	111	0.001	—	—	0.001	0.001	—	0.001	0.159
9	带肋钢筋	t	112	—	—	—	—	—	—	—	0.866
10	型钢	t	182	0.020	0.015	0.012	0.052	0.034	0.025	0.033	—
11	钢管	t	191	0.017	0.008	0.008	0.009	0.006	0.014	0.008	—
12	钢丝绳	t	221	0.001	—	—	—	—	—	—	—
13	电焊条	kg	231	—	—	—	—	—	—	—	3.5
14	组合钢模板	t	272	0.045	0.034	0.026	0.023	0.015	0.011	0.014	—
15	铁件	kg	651	26.0	19.5	15.3	46.0	29.7	22.1	29.0	—
16	铁钉	kg	653	0.5	0.2	0.2	0.1	0.1	0.3	0.1	—
17	8 ~ 12 号铁丝	kg	655	0.6	0.3	0.3	0.1	0.1	0.3	0.1	—
18	20 ~ 22 号铁丝	kg	656	—	—	—	—	—	—	—	2.6
19	32.5 级水泥	t	832	3.417	3.040	3.040	2.193	2.193	2.193	2.581	—
20	水	m^3	866	12	12	12	12	12	12	12	—
21	中(粗)砂	m^3	899	4.90	5.00	5.00	4.79	4.79	4.79	5.61	—
22	片石	m^3	931	—	—	—	2.19	2.19	2.19	—	—
23	碎石(4cm)	m^3	952	8.47	8.57	8.57	—	—	—	—	—
24	碎石(8cm)	m^3	954	—	—	—	7.24	7.24	7.24	8.47	—
25	其他材料费	元	996	86.2	65.1	51.4	55.2	36.5	30.3	36.3	—
26	12t 以内汽车式起重机	台班	1451	0.29	0.29	0.29	0.43	—	0.32	0.35	—
27	20t 以内汽车式起重机	台班	1453	—	—	—	—	0.48	—	—	—
28	50kN 以内单筒慢动卷扬机	台班	1500	—	—	—	—	—	—	—	0.33
29	32kV·A 以内交流电弧焊机	台班	1726	—	—	—	—	—	—	—	0.70
30	小型机具使用费	元	1998	9.3	8.9	8.4	7.6	7.5	6.9	7.1	18.1
31	基价	元	1999	4024	3551	3334	3162	3117	2724	2898	4001

由表 5-7 可知，定额表中混凝土的需要量为 10.2m^3，但由于定额表中混凝土的强度等级为 C20，与实际设计的强度等级 C25 不相符，故应进行抽换。

由《预算定额》“附录二”，如表 5-8 所示，每立方米 C25 混凝土所需 32.5 级水泥 335kg，中(粗)砂 0.48m^3，碎石(4cm)0.83m^3，故 10.2m^3 混凝土所需水泥、砂、石的预算定额值为：

$$32.5\text{级水泥}=0.335\times10.2=3.417\text{t}$$

$$\text{中(粗)砂}=0.48\times10.2=4.90\text{m}^3$$

$$\text{碎石(4cm)}=0.83\times10.2=8.47\text{m}^3$$

混凝土配合比表(“基本定额”摘要)　　表 5-8

单位：1m^3 混凝土

顺序号	项目	单位	普通混凝土														
			碎(砾)石最大粒径(mm)														
			20		40												
			混凝土强度等级														
			C55	C60	C10	C15	C20	C25	C30		C35		C40			C45	
			水泥强度等级														
			52.5	52.5	32.5	32.5	32.5	32.5	32.5	42.5	32.5	42.5	32.5	42.5	52.5	42.5	52.5
			16	17	18	19	20	21	22	23	24	25	26	27	28	29	30
1	水泥	kg	516	539	225	267	298	335	377	355	418	372	461	415	359	440	399
2	中(粗)砂	m^3	0.42	0.41	0.51	0.5	0.49	0.48	0.46	0.46	0.45	0.46	0.43	0.44	0.46	0.44	0.44
3	碎(砾)石	m^3	0.74	0.71	0.87	0.85	0.84	0.83	0.83	0.84	0.82	0.83	0.81	0.83	0.84	0.81	0.84
4	片石	m^3	—	—	—	—	—	—	—	—	—	—	—	—	—	—	—

用上述定额值替代原定额[457—4—6—2—3]中相应的定额值(如表 5-7 所示：32.5 级水泥 3.040t，中(粗)砂 5.00m^3，4cm 碎石 8.57m^3)，即为定额抽换。

例 5-3　预制某矩形板，跨径为 8m，砂浆设计强度等级为 M15，试确定水泥混凝土及砂浆组成材料的预算定额。

解：由《预算定额》可知，该工程定额表号为[526—4—7—9—2]，如表 5-9 所示，同理，由于砂浆的设计强度等级 M15 与定额表中强度等级 M10 不符，故应抽换。

由《预算定额》附录二“砂浆基本定额”，如表 5-10 所示，故 M15 砂浆组成材料的预算定额为：

$$32.5\text{级水泥}=0.393\times0.37=0.145\text{t}$$

$$\text{中(粗)砂}=1.07\times0.37=0.15\text{m}^3$$

由于《预算定额》[526—4—7—9—2]定额表中(如表 5-9 所示)，32.5 级水泥 3.927t 及中(粗)砂 5.04m^3 是 C30 水泥混凝土(10.1m^3)及 M10 砂浆(0.37m^3)的共同消耗量，故将砂浆强度等级 M10 改为 M15 后，[526—4—7—9—2]定额表中水泥、中(粗)砂的定额值为：

$$32.5\text{级水泥}=0.377\times10.1+0.145=3.953\text{t}$$

$$\text{中(粗)砂}=0.46\times10.1+0.15=4.80\text{m}^3$$

式中 0.377 及 0.46 分别为每 m^3C30 水泥混凝土消耗 32.5 级水泥及中(粗)砂的用量，如

表5-8所示。10.1为C30水泥混凝土的消耗量,如表5-9所示。

用32.5级水泥3.953t,中(粗)砂4.80m³ 替换[526—4—7—9—2]定额表中相应定额值,(如表5-9所示:32.5级水泥3.92t,中砂5.04m³),即为定额抽换

4-7-9 预制矩形板、空心板、少筋微弯板 表5-9

工程内容 1)地底模制作、修理、铺塑料薄膜;2)组合钢模组拼拆及安装、拆除、修理、涂脱模剂、堆放;3)空心板端芯头封固;4)钢筋除锈、制作、绑扎、焊接;5)混凝土浇筑、捣固、养生。

I.矩形板 单位:10m³ 实体及1t钢筋

顺序号	项目	单位	代号	混凝土		钢筋
				跨径(m)		
				4以内	8以内	
				10m³		1t
				1	2	3
1	人工	工日	1	23.5	18.7	6.9
2	C30水泥混凝土	m³	20	(10.10)	(10.10)	—
3	M10水泥砂浆	m³	67	(0.59)	(0.37)	—
4	原木	m³	101	0.008	0.006	—
5	锯材	m³	102	0.031	0.025	—
6	光圆钢筋	t	111	—	—	0.269
7	带肋钢筋	t	112	—	—	0.756
8	型钢	t	182	0.012	0.010	—
9	电焊条	kg	231	—	—	0.9
10	组合钢模板	t	272	0.015	0.012	—
11	铁件	kg	651	5.4	4.3	—
12	20~22号铁丝	kg	656	—	—	4.4
13	32.5级水泥	t	832	3.998	3.927	—
14	水	m³	866	17	17	—
15	中(粗)砂	m³	899	5.28	5.04	—
16	碎石(4cm)	m³	952	8.38	8.38	—
17	其他材料费	元	996	59.5	43.5	—
18	32kV·A以内交流电弧焊机	台班	1726	—	—	0.18
19	小型机具使用费	元	1998	6.8	5.8	20.2
20	基价	元	1999	3493	3163	3869

砂浆配合比表(“附录三”摘要)　　表 5-10

单位:1m³ 矿浆及 1m³ 水泥砂浆

顺序号	项目	单位	水泥砂浆									
			砂浆强度等级									
			1	2	3	4	5	6	7	8	9	10
1	32.5 级水泥	kg	218	266	311	345	393	448	527	612	693	760
2	生石灰	kg	—	—	—	—	—	—	—	—	—	—
3	中(粗)砂	m^3	1.12	1.09	1.07	1.07	1.07	1.06	1.02	0.99	0.98	0.95

顺序号	项目	单位	水泥砂浆				混合砂浆				石灰砂浆	水泥浆
			砂浆强度等级									
			1:1	1:2	1:2.5	1:3	M2.5	M5	M7.5	M10	M1	
			11	12	13	14	15	16	17	18	19	20
1	32.5 级水泥	kg	780	553	472	403	165	210	253	290	—	1 348
2	生石灰	kg	—	—	—	—	127	94	61	29	207	—
3	中(粗)砂	m^3	0.67	0.95	1.01	1.04	1.04	1.04	1.04	1.04	1.1	—

注:表列用量已包括场内运输及操作损耗。

四、材料周转定额

在工程中使用的材料,按其使用的次数可以分为两类。一类是只能一次性使用的材料,如水泥、砂、石等;另一类是能够多次使用的材料,如模板、支架、拱盔等。对于这种能够多次使用的材料,我们称其为周转性材料。材料周转定额就是为周转性材料制定的,它规定了各种周转性材料(模板、拱盔、支架等),在施工中合理使用的周转或摊销的次数。其分类与组成如图5-3所示。

材料周转定额
- 混凝土和钢筋混凝土构件、块件模板材料周转及摊销次数
  - 现浇混凝土的模板及支架、拱盔、隧道支撑
  - 预制混凝土构件的木模板
  - 组合钢模板材料的周转次数
  - 定型钢模板材料的周转次数
- 脚手架、踏步、井字架、金属门式吊架、吊盘等摊销次数
- 临时轨道铺设材料摊销
- 基础及打桩工程材料摊销次数
- 吊装设备材料摊销
- 预制构件和块件的堆放、运输材料的摊销次数

图 5-3　材料周转与摊销分类及组成

在应用周转定额时,应着重注意以下问题。

(一)材料周转定额与定额用量

1. 材料周转定额

材料周转定额规定了周转性材料在施工中合理使用的周转或摊销的次数。该次数是在《预算定额》“附录三”中查取的,如表 5-11 所示。由该表可知每种材料正常使用或摊销的次数。

预制混凝土构件的木模板（“附录三”摘要） 表 5-11

顺序号	材料名称	单位	工料机代号	沉井、桁架梁、桁架拱、箱形拱、薄壳拱、箱涵、板拱、双曲拱肋	箱形梁、T形梁、I形梁	矩形板、连续板、空心板、微弯板、方桩、墩台管节、管桩、护筒、立柱	圆管涵、拱波、预制块、护栏杆、栏杆、人行道、里程碑及其他小型构件
				1	2	3	4
1	木料	次数	—	10	12	17	25
2	螺栓、拉杆	次数	—	20	20	20	25
3	铁件	次数	651	10	10	10	12
4	铁钉	次数	653	5	5	5	5
5	8～12号铁丝	次数	655	1	1	1	1

注：预制构件模板钉有铁皮者，木料周转次数应提高50%。

2. 定额用量

定额用量是指周转性材料每周转使用一次应承担的摊销数量。即：

$$\text{定额用量}=\frac{\text{图纸一次使用量}\times(1+\text{场内运输及操作损耗})}{\text{周转次数(或摊销次数)}} \tag{5-5}$$

由式(5-5)可知，定额用量不是周转性材料的实际使用量，而是每周转使用一次应分摊的消耗量。定额用量不是在《预算定额》“附录三”中查取，而是在《预算定额》[页—表—栏]中查取。例如《预算定额》[53—4—7—11—1]，如表5-12所示，表中组合钢模板，铁件的定额用量分别为0.041t及14.7kg。

（二）定额抽换

定额抽换是指周转性材料当其实际周转次数达不到规定周转次数时，应按照《预算定额》总说明第八条的规定，对定额用量进行抽换，抽换时应注意如下问题。

1. 抽换原则

按《预算定额》总说明八规定：“本定额中周转性的材料、模板、支撑、脚手杆、脚手板和挡土板等的数量，已考虑了材料的正常周转次数并计入定额内。其中就地浇筑钢筋混凝土梁用的支架及拱圈用的拱盔、支架，如确因施工安排达不到规定的周转次数时，可根据具体情况进行换算并按规定计算回收，其余工程一般不予抽换。”

由此可见，定额抽换不是对所有达不到规定周转次数的材料都可以进行定额抽换，而只限于就地浇筑钢筋混凝土梁用的支架及拱圈用的拱盔、支架，确因施工安排达不到规定的周转次数时，方可进行定额抽换，并计算回收，这一原则必须坚持。

2. 抽换方法

对于上述材料当其实际周转次数达不到规定的周转次数时，定额表中周转材料的定额用量应予抽换，即按照实际的周转次数重新计算其实际定额用量。即：

$$\text{实际定额用量}=\frac{\text{图纸一次用量}(1+\text{场内运输及操作损耗})}{\text{实际周转次数(或摊销次数)}} \tag{5-6}$$

4-7-11　预制、安装连续板

表 5-12

工程内容　预制：1）地底模制作、修理、铺塑料薄膜；2）组合钢模组拼拆及安装、安拆、修理、涂脱模剂、堆放；3）钢筋除锈、制作、绑扎、焊接；4）混凝土浇筑、捣固、养生。

安装：1）构件整修；2）埋设及拆除地笼；3）扒杆、起重机、单导梁、拐脚门架、托架纵移过墩；4）构件吊装。

单位：$10m^3$ 实体及 1t 钢筋

顺序号	项　目	单位	代号	预制		安装		
						安装方法		
				混凝土	钢筋	木扒杆	起重机	单导梁
				$10m^3$	1t	$10m^3$		
				1	2	3	4	5
1	人工	工日	1	29.6	7.8	12.5	3.8	8.5
2	预制构件	m^3	—	—	—	(10.00)	(10.00)	(10.00)
3	C25 水泥混凝土	m^3	19	(0.31)	—	—	—	—
4	C30 水泥混凝土	m^3	20	(10.10)	—	—	—	—
5	M10 水泥砂浆	m^3	67	(0.21)	—	—	—	—
6	原木	m^3	101	0.021	—	—	—	—
7	锯材	m^3	102	0.084	—	—	—	—
8	光圆钢筋	t	111	—	0.206	—	—	—
9	带肋钢筋	t	112	—	0.819	—	—	—
10	型钢	t	182	0.034	—	—	—	—
11	电焊条	kg	231	—	3.9	—	—	—
12	组合钢模板	t	272	0.041	—	—	—	—
13	铁件	kg	651	14.7	—	—	—	—
14	20～22 号铁丝	kg	656	—	3.2	—	—	—
15	32.5 级水泥	t	832	4.014	—	—	—	—
16	水	m^3	866	17	—	—	—	—
17	中(粗)砂	m^3	899	5.13	—	—	—	—
18	碎石(4cm)	m^3	952	8.64	—	—	—	—
19	其他材料费	元	996	75.5	—	—	—	—
20	20t 以内汽车式起重机	台班	1453	—	—	—	0.54	—
21	30kN 以内单筒慢动卷扬机	台班	1499	—	—	—	—	1.02
22	50kN 以内单筒慢动卷扬机	台班	1500	—	—	2.60	—	0.17
23	32kV·A 以内交流电弧焊机	台班	1726	—	0.69	—	—	—
24	小型机具使用费	元	1998	11.2	19.8	3.4	—	11.4
25	基价	元	1999	4181	3980	877	752	535

注：现浇企口混凝土及砂浆插缝采用桥面铺装定额计算。

对于同一工程，由于"图纸一次用量(1+场外运输及操作损耗率)"是固定不变的，因此，由式(5-5)及式(5-6)得

$$实际定额用量=\frac{周转次数}{实际周转次数}\times 定额用量 \tag{5-7}$$

例 5-4 某3孔现浇钢筋混凝土梁用满堂式木支架一套，墩台高10m。试确定其实际周转次数的实际定额用量。

解：由《预算定额》[633—4—9—3—2]如表5-13所示，查得每$10m^2$立面积周转性材料的定额用量及《预算定额》"附录二"(如表5-14所示)中的周转定额分别列入表5-15中，从而求得实际定额用量，如表5-15所示。

4-9-3 桥梁支架 表5-13

工程内容 木支架：1)支架制作、安装与拆除；2)桁构式包括踏步、工作台的制作、搭设与拆除，地锚埋设、拆除，缆风架设、拆除。

钢支架：1)地梁、轻型门式钢支架、钢管等安、拆；2)支架上帽梁的安装、拆除。

I. 木支架 单位：$10m^2$立面积及1孔

顺序号	项目	单位	代号	满堂式($10m^2$)		桁构式(1孔)			
				墩台高度(m)					
				6以内	12以内	3以内	6以内	9以内	12以内
				1	2	3	4	5	6
1	人工	工日	1	8.4	12.0	46.7	65.3	95.3	121.8
2	原木	m^3	101	0.486	0.687	1.008	1.646	3.176	4.572
3	锯材	m^3	102	0.049	0.069	0.889	1.373	1.598	1.718
4	钢丝绳	t	221	—	—	0.010	0.015	0.015	0.020
5	铁件	kg	651	6.6	10.0	37.6	75.2	97.5	127.8
6	铁钉	kg	653	0.1	0.1	0.9	1.1	1.8	2.2
7	8~12号铁丝	kg	655	0.3	0.5	19.1	19.1	35.4	56.2
8	ϕ500mm以内木工圆锯机	台班	1710	0.12	0.17	0.32	0.55	0.88	1.15
9	小型机具使用费	元	1998	1.5	1.9	6.3	9.2	12.9	15.8
10	基价	元	1999	1065	1514	5002	7500	11222	14565

材料周转及摊销("附录三"摘要)　　表 5-14

顺序号	材料名称	单位	工料机代号	空心墩及索塔钢模板	悬浇箱形梁钢模	悬浇箱形梁、T形梁、T形刚构、连续梁木模板	其他混凝土的木模板及支架、拱盔、隧道开挖衬砌用木支撑等	水泥混凝土路面
				1	2	3	4	5
1	木料	次数	—	—	—	8	5	20
2	螺栓、拉杆	次数	—	12	12	12	8	20
3	铁件	次数	651	10	10	10	5	20
4	铁钉	次数	653	4	4	4	4	4
5	8~12 号铁丝	次数	655	1	1	1	1	1
6	钢模	次数	271	100	80	—	—	—

注:模板钉有铁皮者,木料周转次数应提高50%。打入混凝土中不抽出的拉杆及预埋螺栓周转次数按1次计。

实际定额用量计算表　　表 5-15

材料名称	定额用量(表5-13 所示)	周转定额(表5-14 所示)	实际周转次数(例3已知)	实际定额用量
原木	0.687m³	5 次	3 次	$0.687\times\frac{5}{3}=1.145\text{m}^3$
锯材	0.069m³	5 次	3 次	$0.069\times\frac{5}{3}=0.115\text{m}^3$
铁件	10.0kg	5 次	3 次	$10.0\times\frac{5}{3}=16.66\text{kg}$
铁钉	0.1kg	4 次	3 次	$0.1\times\frac{4}{3}=0.133\text{kg}$

第四节　机械设备定额

根据公路工程概、预算编制要求,公路机械设备定额分为两大类,一类是机械台班消耗定额;另一类是机械台班费用定额。

一、机械台班消耗定额

机械台班消耗定额是指在正常施工条件下,合理组织和利用某种机械完成单位合格产品所必需机械台班消耗的标准,或在单位时间内机械完成的产品数量。因此,机械台班消耗定额也有时间定额和产量定额两种表达方式。

1. 时间定额

时间定额是指在正常施工条件和组织条件下，使用某种机械，完成单位合格产品所必须消耗的台班数量。

时间定额的单位是"台班"，1 个台班相当于 1 台机械工作 8h 的劳动量。其中潜水设备每台班按 6h 计算，变压器和配电设备每台班按 24h 计算。

2. 产量定额

产量定额是指在正常施工条件和劳动组织的条件下，某种机械在一个台班时间内必须完成合格产品的数量标准。因此，产量定额与时间定额是互为倒数关系。即：

$$时间定额 = \frac{1}{产量定额} \tag{5-8}$$

在编制概、预算时，台班消耗定额常用的表达方式是时间定额，即"台班"。"台班"的消耗量可直接在概、预算定额的[页—表—栏]中查取。

例如《预算定额》[40—1—1—18—1]，如表 5-16 所示，可知：每 1000m^3 压石方，需消耗 6-8t 光轮压路机 1.15 台班，12-15t 光轮压路机 5.69 台班。

1-1-8　机械碾压路基　　　　表 5-16

工程内容　填方路基：1）机械整平土方，人工解小并摊平石方；2）拖式羊足碾回转碾压；3）压路机前进、后退、往复碾压。零填及挖方路基：1）机械推松、整平土方；2）压路机前进、后退、往复碾压。

Ⅰ. 填 方 路 基　　　　单位：1000m^3 压实方

顺序号	项　目	单位	代号	碾 压 土 方											
				高速、一级公路					二级公路				三、四级公路		
				光轮压路机		振动压路机			光轮压路机		振动压路机		光轮压路机		振动压路机
				机械自身质量(t)											
				12～15	18～21	10 以内	15 以内	20 以内	12～15	18～21	10 以内	15 以内	6～8	10～12	10 以内
				1	2	3	4	5	6	7	8	9	10	11	12
1	人工	工日	1	3.0	3.0	3.0	3.0	3.0	3.0	3.0	3.0	3.0	3.0	3.0	3.0
2	75kW 以内履带式推土机	台班	1003	(1.70)	(1.70)	(1.70)	(1.70)	(1.70)	(1.70)	(1.70)	(1.70)	(1.70)	(1.70)	(1.70)	(1.70)
3	120kW 以内自行式平地机	台班	1057	1.63	1.63	1.63	1.63	1.63	1.63	1.63	1.63	1.63	1.63	1.63	1.63
4	6t 以内拖式羊足碾（含拖头）	台班	1073	—	—	—	—	—	—	—	—	—	—	—	—
5	6～8t 光轮压路机	台班	1075	1.55	1.55	1.55	1.55	1.55	1.24	1.24	1.24	1.24	5.27	—	—
6	10～12t 光轮压路机	台班	1077	—	—	—	—	—	—	—	—	—	—	4.01	—
7	12～15t 光轮压路机	台班	1078	5.69	—	—	—	—	4.01	—	—	—	—	—	—
8	18～21t 光轮压路机	台班	1080	—	4.29	—	—	—	—	2.93	—	—	—	—	—
9	10t 以内振动压路机	台班	1087	—	—	3.23	—	—	—	—	2.27	—	—	—	1.99
10	15t 以内振动压路机	台班	1088	—	—	—	2.41	—	—	—	—	1.65	—	—	—
11	20t 以内振动压路机	台班	1089	—	—	—	—	1.76	—	—	—	—	—	—	—
12	基价	元	1999	4362	4299	4039	3884	3786	3592	3498	3361	3218	2954	3078	2874

二、机械台班费用定额

《公路工程机械台班费用定额》（以下简称《台班费用定额》）已于 2008 年 1 月 1 日起由交通部颁布执行。

《台班费用定额》是以一个"台班"为单位，规定其所消耗的工时、燃料、费用等数量标准。

它是编制公路工程概、预算的依据,也是经济核算和结算的依据。

《台班费用定额》根据公路工程施工机械的类别,共分为11大类,即:土石方工程机械、路面工程机械,混凝土及灰浆机械,水平运输机械,起重及垂直运输机械,打桩、钻孔机械,泵类机械,金属、木、石料加工机械,动力机械,工程船舶,其他机械等。每一类机械按其型号,规格不同,又分为不同的子目,每一个子目对应一个代号,共746个子目。

《台班费用定额》如表5-17所示。其内容由以下部分组成:

1. 序号

机械名称的顺序号,起简化说明的作用。

2. 代号

计算机软件对各种不同规格、型号的施工机械的识别符号,每一个子目对应一个代号。如表5-17中代号1085,即为6t以内振动压路机。

3. 费用项目

机械台班费用是由不变费用和可变费用两大部分组成。

(1)不变费用

是指编制机械台班单价时,除青海、新疆、西藏等边远地区外,应直接采用的费用。对于边远地区因维修工资、配件材料等差价较大而需调整不变费用时,可根据具体情况,由省、自治区交通厅制定系数,并报交通部公路司备案后执行。不变费用由以下四项组成。

①折旧费:指机械设备在规定的使用期限内陆续收回其原值的费用。

②大修理费:指机械设备按规定的大修理间隔台班必须进行大修理,以恢复其正常功能所需的费用。

③经常修理费:指机械设备除大修理以外的各级保养(包括一、二、三级保养)及为排除临时故障所需的费用;为保障机械正常运转所需替换设备、随机使用工具、附具摊销和维护的费用;机械运转与日常保养所需的润滑油脂、擦拭材料(布及棉纱等)费用和机械在规定年工作台班以外的维护、保养费用等。

④安装拆卸及辅助设施费包括安置机械的基础、底座及固定锚桩等费用。打桩、钻孔机械在施工过程中的过墩、移位等所发生的安装及拆卸费包括在工程项目费用之内;稳定土厂拌和设备、沥青乳化设备、黑色粒料拌和机、沥青混合料拌和设备、混凝土搅拌站(楼)、塔式起重机、施工电梯的安装、拆卸以及拌和设备、大型发电机的混凝土基础、沉淀池、散热池等辅助设施和机械操作所需的轨道、工作台的设置费用不在此项费用内,在工程项目中另行计算。

(2)可变费用

可变费用是指其费用随当地物价水平而变化的费用。在可变费用中《台班费用定额》只给出了各种资源的耗量标准,即是数量指标。将这些数量指标乘以相应的单价,才能得到相应的费用。由于各地的物价水平不一样,因此,在相同的定额消耗量指标下,各地的费用数值是不同的。即定额值是不变量,而各地的物价是变量,由此,二者相乘的积则是可变量。

构成可变费用的资源主要有人工、燃料、水、电、养路费及车船使用税等。在计算台班单价时,随机操作人员数量及动力、物资消耗量应以定额中的数值为准,工资标准按《编制办法》的规定执行,工程船舶和潜水设备的工日单价按当地有关部门规定计算。动力燃料按当地动力物资的工地预算价格计算。养路费及车船使用税,如需缴纳时,就按各省、自治区、直辖市及国务院有关部门规定的标准,按机械的年工作台班(如表5-18)计入台班费中。

公路工程机械台班费用定额(摘要)

表 5-17

序号	代号	机械名称				主机型号	不变费用					可变费用									定额基价
							折旧费	大修理费	经常修理费	安拆及辅助设施费	小计	人工	汽油	柴油	重油	煤	电	水	木柴	养路费及车船使用税	
							元					工日	kg				kW·h	m^3	kg	元	
57	1068	拖拉机	履带式	功率(kW)	240 以内	NTA-85C	357.69	154.88	415.08	—	927.65	2	—	176.00	—	—	—	—	—	—	1888.45
58	1069	拖拉机	轮胎式	功率(kW)	21 以内		14.67	8.74	18.44	—	41.85	1	—	15.40	—	—	—	—	—	—	166.5
59	1070	拖拉机	轮胎式	功率(kW)	41 以内		26.01	15.50	32.71	—	74.22	1	—	29.33	—	—	—	—	—	—	267.14
60	1072	拖式羊足碾(含头)		机械自身质量(t)	3 以内	单筒	66.57	28.83	77.26	—	172.66	2	—	42.29	—	—	—	—	—	—	478.28
61	1073	拖式羊足碾(含头)		机械自身质量(t)	6 以内	双筒	69.96	30.29	81.18	—	181.43	2	—	50.74	—	—	—	—	—	—	528.46
62	1075	光轮压路机		机械自身质量(t)	6~8	2Y-6/8	47.62	14.24	45.71	—	107.57	1	—	19.33	—	—	—	—	—	—	251.49
63	1076	光轮压路机		机械自身质量(t)	8~10	2Y-8/10	52.03	15.55	49.92	—	117.50	1	—	23.20	—	—	—	—	—	—	280.38
64	1077	光轮压路机		机械自身质量(t)	10~12	3Y-10/12	65.03	19.44	62.40	—	146.87	1	—	33.71	—	—	—	—	—	—	361.25
65	1078	光轮压路机		机械自身质量(t)	12~15	3Y-12/15	72.75	21.75	69.82	—	164.32	1	—	40.46	—	—	—	—	—	—	411.77
66	1079	光轮压路机		机械自身质量(t)	15~18	3Y-15/18	77.60	23.20	74.47	—	175.27	1	—	50.74	—	—	—	—	—	—	473.10
67	1080	光轮压路机		机械自身质量(t)	18~21	3Y-18/21	85.10	25.44	81.66	—	192.20	1	—	59.20	—	—	—	—	—	—	531.48
68	1081	光轮压路机		机械自身质量(t)	21~25	3Y-21/25	96.12	28.74	92.26	—	217.12	1	—	70.40	—	—	—	—	—	—	611.28
69	1083	手扶式振动碾		机械自身质量(t)	0.6	YZS06B	10.64	5.65	21.81	—	38.10	1	—	2.96	—	—	—	—	—	—	101.80
70	1085	振动压路机		机械自身质量(t)	6 以内	YZC5	66.30	25.98	80.02	—	172.30	2	—	24.27	—	—	—	—	—	—	389.62
71	1086	振动压路机		机械自身质量(t)	8 以内	YZ8	84.88	33.25	102.41	—	220.54	2	—	41.07	—	—	—	—	—	—	520.18
72	1087	振动压路机		机械自身质量(t)	10 以内	YZJ10B	91.18	35.72	110.02	—	236.92	2	—	59.20	—	—	—	—	—	—	625.40
73	1088	振动压路机		机械自身质量(t)	15 以内	CA25PD	121.25	47.50	146.30	—	315.05	2	—	73.60	—	—	—	—	—	—	774.09
74	1089	振动压路机		机械自身质量(t)	20 以内	YZ18A,YZJ19A	149.38	58.52	180.24	—	388.14	2	—	105.60	—	—	—	—	—	—	1003.98
75	1092	拖式振动碾(含头)		机械自身质量(t)	15	YZT16(K)	252.20	104.00	291.20	0.74	648.14	2	—	130.40	—	—	—	—	—	—	1385.50

机械的年工作台班 表 5-18

机械项目	沥青洒布车、汽车式画线车	平板拖车组	液态沥青运输车、散装水泥运输车、混凝土搅拌运输车、混凝土输送泵车、自卸汽车、运油汽车、加油汽车、洒水汽车、拖拉机、汽车式起重机、轮胎式起重机、汽车式钻孔机、内燃拖轮、起重船	载货汽车、机动翻斗车	工程驳船、抛锚船、机动艇、泥浆船
年工作台班	150	160	200	220	230

4. 基价

基价是不变费用和可变费用的合计数，仅供参考比较之用，不作为编制公路工程基本建设项目概算、预算的依据。"基价中"不变费用是按定额规定编制的，可变费用中的人工费、动力燃料费按 5-19 表的预算价格计算。

可变费用预算价格 表 5-19

项目	工资(工日)	汽油(kg)	柴油(kg)	重油(kg)	煤(kg)	电(kW.h)	水(m^3)	木柴(kg)
预算价格(元)	49.20	5.20	4.90	2.80	0.265	0.55	0.5	0.49

机械台班费用定额的作用主要有：

(1)计算机械台班单价

台班单价是编概、预算必不可少的依据。《台班费用定额》是以一个台班为单位，规定了其不变费用及可变费用中各种资源的消耗量。根据这些并结合当地相应的物价，即可计算机械台班的单价。

例 5-5 已知柴油 4.8 元/kg，试计算 6—8t 光轮压路机的台班单价。

解：由表 5-17 得，该机械的代号为 1075，其中：

不变费用：107.57 元

可变费用：人工费 = 1 × 49.20 = 49.20 元

柴油费 = 4.8 × 19.33 = 92.78 元

台班单价 = 107.57 + 49.20 + 92.78 = 249.55 元/台班

(2)分析台班消耗的人工、燃料等实物量

在编制概预算时，不仅要计算费用而且还要统计施工机械所消耗的人工、燃料等各种资源的实物消耗数量，《台班费用定额》为此提供了计算依据。

例 5-6 某工程需 5t 载货汽车 15 台班，试求其所需资源的消耗数量。

解：由表 5-20 可知，该机械的代号为 1373，15 台班的资源消耗量为：

人工：1 × 15 = 15 工日

汽油：43.10 × 15 = 646.5kg

第五节 概、预算定额的应用

公路工程是一种呈线形分布的带状构造物，不仅几何形体庞大，结构复杂，而且技术等级、施工方案、自然环境等也复杂多样，千差万别。没有一个完全相同的建筑产品，也没有一个完全相同的工程造价。这种单件性和复杂性，就要求人们必须寻找一个最小的计量单位，以此来分析、测算这千差万别的建筑产品。而定额就是这样一个合格产品的"单元体"，它规定了在正常生产组织和管理条件下，完成单位合格产品所必须消耗的各种资源的数量标准。因此，定额不仅是科学管理的重要依据，更是科学、合理测定工程造价的重要依据。能否正确地应用定额是十分重要

表 5-20

机械台班费用定额(摘要)

序号	代号	机械名称			主机型号	不变费用					可变费用									定额基价
						折旧费	大修理费	经常修理费	安拆及辅助设施费	小计	人工	汽油	柴油	重油	煤	电	水	木柴	养路费及车船使用税	
						元					工日	kg				kW·h	m^3	kg	元	
260	1370	载货汽车	装载质量(t)	2 以内		23.42	4.61	25.86	—	53.89	1	20.08	—	—	—	—	—	—	—	207.51
261	1371			3 以内		24.96	4.92	27.60	—	57.48	1	25.96	—	—	—	—	—	—	—	241.67
262	1372			4 以内	CA10B	28.84	5.68	31.86	—	66.38	1	34.28	—	—	—	—	—	—	—	293.84
263	1373			5 以内		33.03	6.51	36.52	—	76.06	1	43.10	—	—	—	—	—	—	—	349.38
264	1374			6 以内	CA141K,CA1091K	39.69	7.82	43.87	—	91.38	1	—	39.24	—	—	—	—	—	—	332.86
265	1375			8 以内	JN150	63.79	12.56	70.46	—	146.81	1	—	44.95	—	—	—	—	—	—	416.27
266	1376			10 以内	JN161,JN162	77.09	15.18	85.16	—	177.43	1	—	50.29	—	—	—	—	—	—	473.05
267	1377			12 以内		122.59	24.14	135.43	—	282.16	1	—	27.14	—	—	—	—	—	—	611.35
268	1378			15 以内	SH161,Y815	144.77	28.51	159.94	—	333.22	1	—	61.72	—	—	—	—	—	—	684.85
269	1379			20 以内	CQ30290/38	172.57	33.99	190.68	—	397.24	1	—	81.14	—	—	—	—	—	—	844.03
270	1382	自卸汽车		3 以内		36.12	5.79	25.71	—	67.62	1	34.28	—	—	—	—	—	—	—	295.08
271	1383			5 以内	CA340	55.29	8.86	39.34	—	103.49	1	41.63	—	—	—	—	—	—	—	369.17
272	1384			6 以内	CA/CQ340X	73.96	11.85	52.61	—	138.42	1	—	44.00	—	—	—	—	—	—	403.22
273	1385			8 以内	QD351	114.97	18.42	61.52	—	238.21	1	—	49.45	—	—	—	—	—	—	486.42
274	1386			10 以内	QD361	140.52	22.51	75.18	—	238.21	1	—	55.32	—	—	—	—	—	—	558.48
275	1387			12 以内	T138,SX360	160.39	25.70	85.84	—	271.93	1	—	61.60	—	—	—	—	—	—	622.97
276	1388			15 以内	SH361,T815	178.84	28.65	95.69	—	303.18	1	—	67.89	—	—	—	—	—	—	685.04
277	1389			8 以内		208.65	33.43	111.66	—	353.74	1	—	72.92	—	—	—	—	—	—	760.25

的。本节将重点讲述公路工程《概算定额》、《预算定额》在公路工程造价中的应用。

一、概、预算定额在直接工程费中的应用

直接工程费是建筑安装工程费中费用最大,计算工作量也最大的一项费用。直接工程费是指施工过程中用于直接构成工程实体和有助于工程实体形成的各项费用。它是由人工费、材料费、机械使用费三大部分组成的。其中人工费、材料费、机械使用费的计算方法均可用一个通式来表达,如式5-9,即:

$$人工费(或材料费或机械使用费) = 定额 \times 工程数量 \times 单价 \tag{5-9}$$

式中“定额”分别是指概、预算定额中的人工定额,材料定额、机械设备定额。由于定额是按照实物量法编制的,具有很强的针对性,一个施工项目只对应一个定额。因此,正确地查用定额是正确计算直接工程费的基础。下面就查用定额中应注意的问题,以示例的形式阐述如下:

(一)准确确定定额编号

在概、预算定额中,定额编号一般是用[页—表—栏]表示的,每一个定额编号只对应一个工程细目。因此,在查用定额时,首先应将实际的工程内容与定额表中的工程内容相对照,鉴别该工程属于定额表中哪一类工程,特别是施工工艺相似,施工内容也类似的工程,切不能混淆,查用定额时应特别仔细。

例5-7 试确定下列工程预算定额的编号:

1. 干砌片石锥坡;
2. 干砌片石护脚。

解:上述两工程细目,虽然都是相同的干砌片石工艺,但由于其工程类别不同。其定额编号也不相同。其中前者为桥涵工程,定额编号为[439—4—5—1—2];后者为防护工程,定额编号为[750—5—1—16—1]

例5-8 试确定下列工程的预算定额编号:

(1)8t以内自卸汽车运路基土5km;

(2)8t以内自卸汽车运土5km;

(3)8t以内自卸汽车运输路面混合料5km;

(4)8t载货汽车运输预制构件5km。

解:上述各题虽都是汽车运输,但由于运输对象不同,故各自的定额编号亦不相同。

(1)汽车运土已明确是运路基土,因此,该工程属于“路基工程”中的一项。其定额编号为$\left[15—1—1—10\left\langle\begin{matrix}9\\10\end{matrix}\right.\right]$

(2)汽车运土因没有明确为何工程运土,因此,该土是当作材料来运输的,属于“材料运输”的中一项,其定额编号为$\left[981—9—1—6\left\langle\begin{matrix}37\\38\end{matrix}\right.\right]$

(3)汽车运路面混合料,属于“路面工程”中的一项,其定额编号为$\left[160—2—2—13\left\langle\begin{matrix}9\\10\end{matrix}\right.\right]$

(4)汽车运预制构件,由于运送对象是预制构件,故属于“桥涵工程”中的一项,其定额编号为$\left[618—4—8—3\left\langle\begin{matrix}5\\13\end{matrix}\right.\right]$

(二)仔细阅读定额中的各种说明

《概算定额》、《预算定额》编有许多说明,除总说明,章说明外,还有节说明,在定额表的下方有时还有注解。这些说明及注解对定额值的采用都有相应的规定或说明。因此,在查用前应全面、仔细地阅读、理解这些说明,并按规定对定额值做适当的调整。下面仅以示例形式,举例说明在应用概、预算定额时,章、节说明的有关规定。

1. 关于路基土、石方体积的计算

在路基工程中,设计图纸给出的土、石方数量,是按照几何尺寸计算出来的。其中挖方按"天然密实方"计算,填方按"压实方"计算。由于天然土、石方的种类,存在形式及天然密度各不相同,而且设计要求的填方密实度也不相同,所以,天然密实方与压实方之间必然存在一定的差异,并且相互间的换算系数也不是定值。为了取得换算的一致性,概、预算定额的章说明都有明确规定,即除定额中另有说明者外,土方挖方按天然密实体积计算,填方按压实后的体积计算;石方爆破按天然密实体积计算。当以填方压实体积为工程量,采用以天然密实方为计量单位的定额时,所采用的定额应乘以,如表 5-21 所示的系数。

表 5-21

土类 公路等级	土　方			石　方
	松　土	普通土	硬　土	
二级及以上公路	1.23	1.16	1.09	0.92
三、四级公路	1.11	1.05	1.0	0.84

其中推土机,铲运机施工土方的增运定额按普通土栏目的系数计算;人工挖运土方的增运定额和机械翻斗车、手扶拖拉机运输土方、自卸汽车运输土方定额在上表的基础上增加 0.03 的土方运输损耗,但弃方运输不用计算运输损耗。

另外,各类土、石方在进行路基土、石调配时,其定额、计量单位、计价等是按如下规定进行的:

(1)挖方　按土质分类分别套用相应的定额,定额单位为天然密实方。

(2)填方　套用相应的压实定额,定额单位为压实方。

(3)本桩利用　不参与费用的计算,其挖已在"挖方"内计算,其填已在"填方"内计算。

(4)远运利用　只计算其调配运输费用,其挖已在其他断面的"挖方"内计算,其填已在"填方"内计算。

(5)借方　计算其挖、装、运的费用,其填已在"填方"内计算。

(6)弃方　只计算其运输费用,其挖已在"挖方"内计算。

例 5-9　某二级公路路基工程需借普通土 6 000m³ 实体,试根据《概算定额》确定 6t 自卸汽车运土 4km 所需的台班数量。

解:①确定天然密实方数量。

根据《概算定额》第一章,第一节第一条规定,除应考虑表 5-21 系数外,还应增加 0.03 的土方运输损耗,故天然密实方的数量为:

$$6\,000(1.16+0.03)=7\,140\text{m}^3\ \text{天然密实方}$$

②计算 6t 自卸汽车台班数量。

由《概算定额》$\left[13—1—1—8\begin{matrix}5\\6\end{matrix}\right]$(如表 5-22 所示)可知,6t 自卸汽车运土 4km 所需的台班数为:

$$(13.79 + 2.04 \times 6) \times \frac{7\ 140}{1\ 000} = 185.85 \text{ 台班。}$$

1-1-8　自卸汽车运土、石方　　表 5-22

工程内容　1)装、运、卸；2)空回。

单位：1 000m^3 天然密实方

顺序号	项　目	单位	代号	土　方							
				自卸汽车装载质量(t)							
				3 以内				6 以内			
				第一个 1km	每增运 0.5km 平均运距(km)			第一个 1km	每增运 0.5km 平均运距(km)		
					5 以内	10 以内	15 以内		5 以内	10 以内	15 以内
				1	2	3	4	5	6	7	8
1	3t 以内自卸汽车	台班	1382	19.66	2.96	2.69	2.57	—	—	—	—
2	6t 以内自卸汽车	台班	1384	—	—	—	—	13.79	2.04	1.85	1.77
3	8t 以内自卸汽车	台班	1385	—	—	—	—	—	—	—	—
4	10t 以内自卸汽车	台班	1386	—	—	—	—	—	—	—	—
5	12t 以内自卸汽车	台班	1387	—	—	—	—	—	—	—	—
6	15t 以内自卸汽车	台班	1388	—	—	—	—	—	—	—	—
7	20t 以内自卸汽车	台班	1390	—	—	—	—	—	—	—	—
8	基价	元	1999	5801	873	794	758	5560	823	746	714

2. 路面工程的有关规定

在《概算定额》、《预算定额》中，第二章为“路面工程”，该章共分三节：第一节为路面基层及垫层；第二节为路面面层；第三节为路面附属工程；在学习章、节说明时应特别注意以下条款。

①各类稳定土基层，级配碎石、级配砾石路面的压实厚度在 15cm 以内，填隙碎石一层的压实厚度在 12cm 以内，垫层和其他种类的基层压实厚度在 20cm 以内，面层的压实厚度在 15cm 以内，拖拉机、平地机和压路机台班按定额数量计算，如超过以上压实厚度进行分层拌和、碾压时，拖拉机、平地机和压路机台班按定额数量加倍，每 1 000m^2 增加 3.0 工日。

②水泥、石灰稳定类基层定额中的水泥或石灰与其他材料系按一定配合比例编制的，当设计配合比与定额标明的配合比不同时，有关材料可分别按 5-10 式换算：

$$C_i = [C_d + B_d \times (H - H_0)] \times \frac{L_i}{L_d} \tag{5-10}$$

式中：C_i——按设计配合比换算后的材料数量；

C_d——定额中基本压实厚度的材料数量；

B_d——定额中压实厚度每增减 1cm 的材料数量；

H_0——定额的基本压实厚度；

H——设计的压实厚度；

L_d——定额标明的材料百分率；

L_i——设计配合比的材料百分率。

③压路机台班按行驶速度，分为：两轮光轮压路机为 2.0km/h，三轮光轮压路机为 2.5km/h，轮胎式压路机为 5.0km/h，振动压路机为 3.0km/h 计算编制。如设计为单车道路面宽度时，两轮光轮压路

机乘以1.14系数,三轮光轮压路机乘以1.33系数,轮胎式压路机和振动压路机乘以1.29系数。

例5-10 某稳定土拌和机拌和石灰粉煤灰砂砾基层,压实厚度为20cm,已知石灰、粉煤灰、砂砾设计配合比为:4∶12∶84,分层拌和,试确定其预算定额。

解:由《预算定额》可知,该定额号为 $\left[93—2—1—4\left\langle\begin{matrix}33\\34\end{matrix}\right.\right]$ 如表5-23所示。根据上述规定,故该工程的预算定额值为:

人工 $=20.8+1.1\times5+3=29.3$ 工日

生石灰 $=(15.311+1.021\times5)\times4/5=16.333\text{t}$

砂砾 $=(147.03+9.8\times5)\times\dfrac{84}{80}=205.83\text{m}^3$

粉煤灰 $=(61.24+4.08\times5)\times\dfrac{12}{15}=65.312\text{m}^3$

120kW以内自行式平地机 $=0.51\times2=1.02$ 台班

6~8t光轮压路机 $=0.41\times2=0.82$ 台班

12~15t光轮压路机 $=1.27\times2=2.54$ 台班

235kW以内稳定土拌和机 $=0.29$ 台班

6000L以内洒水汽车 $=1.03$ 台班

基价:(略)

2-1-4 路拌法石灰、粉煤灰稳定土基层 表5-23

工程内容 1)清扫整理下承层;2)消解石灰;3)铺料,铺灰,洒水,拌和;4)整形,碾压,找补;5)初期养护。

III. 稳定土拌和机拌和 单位:1000m²

顺序号	项目	单位	代号	石灰粉煤灰		石灰粉煤灰土		石灰粉煤灰砂		石灰粉煤灰砂砾	
				石灰:粉煤灰 20:80		石灰:粉煤灰:土 12:35:53		石灰:粉煤灰:砂 10:20:70		石灰:粉煤灰:砂砾 5:15:80	
				压实厚度15cm	每增减1cm	压实厚度15cm	每增减1cm	压实厚度15cm	每增减1cm	压实厚度15cm	每增减1cm
				27	28	29	30	31	32	33	34
1	人工	工日	1	41.6	2.4	33.3	1.9	31.3	1.8	20.8	1.1
2	生石灰	t	891	36.153	2.410	27.884	1.859	25.956	1.730	15.311	1.021
3	土	m³	895	—	—	100.28	6.69	—	—	—	—
4	砂	m³	897	—	—	—	—	121.49	8.10	—	—
5	砂砾	m³	902	—	—	—	—	—	—	147.03	9.80
6	煤矸石	m³	936	—	—	—	—	—	—	—	—
7	矿渣	m³	938	—	—	—	—	—	—	—	—
8	粉煤灰	m³	945	192.82	12.85	108.44	7.23	69.22	4.61	61.24	4.08
9	碎石	m³	958	—	—	—	—	—	—	—	—
10	120kW以内自行式平地机	台班	1057	0.37	—	0.51	—	0.51	—	0.51	—
11	6~8t光轮压路机	台班	1075	0.27	—	0.41	—	0.41	—	0.41	—
12	12~15t光轮压路机	台班	1078	1.27	—	1.27	—	1.27	—	1.27	—
13	235kW以内稳定土拌和机	台班	1155	0.29	0.02	0.29	0.02	0.29	0.02	0.29	0.02
14	6000L以内洒水汽车	台班	1405	1.32	0.07	1.16	0.06	1.03	0.05	1.03	0.05
15	基价	元	1999	11999	712	9835	560	13917	833	10599	611

在查用定额时，当定额值调整后，其基价也应做相应的调整。

例 5-11 某人工沿路拌和石灰煤渣稳定土基层厚 20cm，筛拌法分层拌和，石灰: 煤渣为 18: 82，试确定其预算定额值。

解:该项目的定额编号为$\left[99—2—1—5<\begin{matrix}1\\2\end{matrix}\right]$，如表 5-24 所示。

根据章、节说明规定，当厚度大于 15cm，采用分层拌和时，拖拉机、平地机和压路机台班消耗按定额数量加倍计算，且第 1000m^2 增加 3 个工日，故该定额值为：

人工 = 96.8 + 5.8 × 5 + 3 = 128.8 工日

水 = 54 + 3 × 5 = 69m^3

生石灰 = 35.597 + 2.373 × 5 = 47.462t

煤渣 = 200.74 + 13.38 × 5 = 267.64m^3

6 ~ 8t 光轮压路机 = 0.27 × 2 = 0.54 台班

12 ~ 15t 光轮压路机 = 1.27 × 2 = 2.54 台班

基价 = 12330 + 750 × 5 + 3 × 49.2 + 0.27 × 251.49(元/台班) + 1.27 × 411.77(元/台班) = 16 818 元。

2-1-5 路拌法石灰、煤渣稳定土基层 表 5-24

工程内容 1)清扫整理下承层; 2)消解石灰; 3)铺料，铺灰，洒水，拌和; 4)整形，碾压，找补; 5)初期养护。

I. 人工沿路拌和 单位:1000m^2

顺序号	项目	单位	代号	筛拌法				翻拌法			
				石灰煤渣		石灰煤渣土		石灰煤渣		石灰煤渣土	
				石灰: 煤渣 18:82		石灰:煤渣:土 15:30:55		石灰: 煤渣 18:82		石灰:煤渣:土 15:30:55	
				压实厚度 15cm	每增减 1cm	压实厚度 15cm	每增减 1cm	压实厚度 15cm	每增减 1cm	压实厚度 15cm	每增减 1cm
				1	2	3	4	5	6	7	8
1	人工	工日	1	96.8	5.8	126.4	7.7	102.5	6.1	132.1	8.1
2	水	m^3	866	54	3	63	3	54	3	63	3
3	生石灰	t	891	35.597	2.373	34.299	2.287	35.597	2.373	34.299	2.287
4	土	m^3	895	—	—	102.41	6.83	—	—	102.41	6.83
5	煤渣	m^3	937	200.74	13.38	84.92	5.66	200.74	13.38	84.92	5.66
6	6 ~ 8t 光轮压路机	台班	1 075	0.27	—	0.41	—	0.27	—	0.41	—
7	12 ~ 15t 光轮压路机	台班	1 078	1.27	—	1.27	—	1.27	—	1.27	—
8	基价	元	1999	12 330	750	12 656	766	12 610	765	12 936	785

3. 桥涵工程的有关规定

桥涵工程是概、预算定额中内容最多，结构最复杂，施工方法也最多的工程。在《预算定额》中，桥梁、涵洞合并在同一章中，即第四章为"桥涵工程"。而在《概算定额》中，桥梁、涵洞则是分开的，即第四章为"涵洞工程"，第五章为"桥梁工程"。现以《预算定额》为例，介绍相关章、节说明的有关规定。

例 5-12 某桥预制构件重 40t，采用轨道平车运输，卷扬机牵引，龙门架装车运 80m，载重升坡 0.8%，试确定其预算定额：

解:(1)由《预算定额》可知，该工程的定额编号为$\left[614—4—8—2\begin{matrix}5\\14\end{matrix}\right]$，如表 5-25 所示。

4-8-2 轨道平车运输

表 5-25

工程内容 第一个 50m：1）挂钩、起吊、装车、固定构件；2）等待装卸；3）起运 50m 及空回；4）安拆卷扬机。

每增运 50m：运走 50m 及空回。

I. 卷扬机牵引

单位：$100m^3$ 实体

顺序号	项目	单位	代号	第一个 50m									每增运 50m					
				龙门架装车						起重机装车								
				构件质量(t)									构件质量(t)					
				5 以内	10 以内	15 以内	25 以内	50 以内	80 以内	5 以内	10 以内	15 以内	5 以内	10 以内	15 以内	25 以内	50 以内	80 以内
				1	2	3	4	5	6	7	8	9	10	11	12	13	14	15
1	人工	工日	1	15.9	9.9	7.7	5.3	3.1	2.2	7.5	4.8	3.7	0.8	0.8	0.5	0.4	0.4	0.3
2	锯材	m^3	102	0.309	0.285	0.235	0.161	0.158	0.128	0.309	0.285	0.235	—	—	—	—	—	—
3	钢丝绳	t	221	—	—	—	—	—	—	—	—	—	0.017	0.010	0.007	0.005	0.003	0.002
4	铁件	kg	651	—	4.2	3.0	1.7	1.4	0.8	—	4.2	3.0		—	—	—	—	—
5	其他材料费	元	996	32.3	20.6	16.7	13.3	9.5	7.7	32.3	20.6	16.7	—	—	—	—	—	—
6	8t 以内轮胎式起重机	台班	1 440	—	—	—	—	—	—	2.61	—	—	—	—	—	—	—	—
7	20t 以内轮胎式起重机	台班	1 442	—	—	—	—	—	—	—	1.57	—	—	—	—	—	—	—
8	25t 以内轮胎式起重机	台班	1 443	—	—	—	—	—	—	—	—	1.24	—	—	—	—	—	—
9	30kN 以内单筒慢动卷扬机	台班	1499	6.27	3.91	3.02	2.11	—	—	0.33	0.30	0.20	0.33	0.30	0.20	0.18	—	
10	50kN 以内单筒慢动卷扬机	台班	1500	—	—	—	—	1.23	0.86	—	—	—	—	—	—	—	0.16	0.11
11	小型机具使用费	元	1998	31.1	30.9	33.2	36.8	41.8	45.9	16.5	20.7	23.7	2.8	4.4	4.2	5.9	10.5	11.3
12	基价	元	1999	1809	1282	1022	719	546	424	2050	2146	1782	170	128	87	71	64	49

(2)根据节说明(第612页)第①条和第④条规定:①本节的各种运输距离以10m、50m、1km为计算单位,不足第一个10m、50m、1km者,均按10m、50m、1km计;超过第一个定额运距单位时,其运距尾数不足一个增运定额单位的半数时不计,等于或超过半数时按一个定额运距单位计算。④凡以手摇卷扬机和电动卷扬机配合运输的构件重载升坡时,第一个定额运距单位不增加人工及机械,每增加定额单位运距按以下规定乘换算系数。

①手推车运输每增运10m定额的人工,乘以下表所示换算系数。

坡度(%)	1以内	5以内	10以内
系 数	1.0	1.5	2.5

②垫滚子绞运每增运10m定额的人工和小型机具使用费,乘以下表所示换算系数。

坡度(%)	0.4以内	0.7以内	1.0以内	1.5以内	2.0以内	2.5以内
系 数	1.0	1.1	1.3	1.9	2.5	3.0

③轻轨平车运输配电动卷扬机每增运50m定额的人工及电动卷扬机台班,乘以下表所示换算系数。

坡度(%)	0.7以内	1.0以内	1.5以内	2.0以内	3.0以内
系 数	1.00	1.05	1.10	1.15	1.25

该例题运80m,应按增运50m计。故该工程的定额值为:

人工 $=3.1+0.4\times1.05=3.52$ 工日

锯材 $=0.158\text{m}^3$

铁件 $=1.4\text{kg}$

其他材料费 $=9.5$ 元

钢丝绳 $=0.003\text{t}$。

50kN以内单筒慢动卷扬机 $1.23+0.16\times1.05=1.40$ 台班

小型机具使用费 $=41.8+10.5=52.3$ 元

例5-13 某拱桥宽20m,净跨径为40m,矢拱度为1/5,求制备1孔满堂式木拱盔的立面积及预算定额值。

解:(1)由《预算定额》可知,该工程定额表号为[631-4-9-2-3]如表5-26所示。

(2)根据《预算定额》第628页节说明第①条及第⑨条规定:①桥梁拱盔、木支架及简单支架均有效宽度8.5m计,钢支架按有效宽度12.0m计,如实际宽度与定额不同时可按比例换算。⑨桥梁拱盔定额单位的立面积系指起拱线以上的弓形侧面积,其工程量按下式(表)计算:$F=K\times(\text{净跨径})^2$

拱 矢 度	$\frac{1}{2}$	$\frac{1}{2.5}$	$\frac{1}{3}$	$\frac{1}{3.5}$	$\frac{1}{4}$	$\frac{1}{4.5}$	$\frac{1}{5}$	$\frac{1}{5.5}$
K	0.393	0.298	0.241	0.203	0.172	0.154	0.138	0.125

拱 矢 度	$\frac{1}{6}$	$\frac{1}{6.5}$	$\frac{1}{7}$	$\frac{1}{7.5}$	$\frac{1}{8}$	$\frac{1}{9}$	$\frac{1}{10}$
K	0.113	0.104	0.096	0.090	0.084	0.076	0.067

得该工程木拱盔立面积为:$0.138\times40^2=220.8\text{m}^2$

该工程的预算定额值为:

人工 $=37.9+\frac{20}{8.5}=89.2$ 工日

原木 $=0.94\times\frac{20}{8.5}=2.245\text{m}^3$

$$锯材 = 0.566 \times \frac{20}{8.5} = 1.332m^3$$

$$铁件 = 35 \times \frac{20}{8.5} = 8.2kg$$

$$铁钉 = 0.9 \times \frac{20}{8.5} = 2.1kg$$

$$\phi 500mm 以内木工圆锯机 = 0.83 \times \frac{20}{8.5} = 1.95 台班$$

$$小型机具使用费用 = 18.4 \times \frac{20}{8.5} = 43.3 元$$

$$基价 = 3933 \times \frac{20}{8.5} = 9254 元$$

4-9-2 桥梁拱盔

表 5-26

工程内容 木拱盔：1）拱盔制作、安装与拆除；2）工作台的搭设与拆除；3）桁构式拱盔，包括扒杆移动、吊装、拆除，架设及拆除缆风，地锚埋设与拆除。

钢拱架：1）全套金属设备的安装、拆除；2）脚手架、工作台、铁梯等附属设备的制作、安装、拆除；3）混凝土枕块的预制、安装；4）安装设备用的扒杆移动。

单位：$10m^2$ 立面积及 10t 钢拱架

顺序号	项目	单位	代号	木拱盔							钢拱架
				满堂式			桁构式		拱上空腹拱盔及支架		
				跨径(m)							
				10 以内	20 以内	50 以内	20 以内	50 以内	2 以内	4 以内	
				$10m^2$							10t
				1	2	3	4	5	6	7	8
1	人工	工日	1	94.5	50.4	37.9	53.4	38.9	17.3	10.8	50.4
2	原木	m^3	101	1.115	0.471	0.954	0.975	0.554	1.185	0.588	—
3	锯材	m^3	102	2.791	1.625	0.566	0.995	0.948	0.658	0.375	0.470
4	光圆钢筋	t	111	—	—	—	—	—	—	—	0.016
5	钢丝绳	t	221	—	—	—	0.006	0.003	—	—	—
6	铁件	kg	651	76.5	41.8	35.0	96.6	51.3	29.9	10.5	72.5
7	铁钉	kg	653	2.1	1.1	0.9	2.1	1.9	1.2	0.5	0.9
8	32.5 级水泥	t	832	—	—	—	—	—	—	—	0.143
9	石油沥青	t	851	—	—	—	—	—	—	—	0.001
10	水	m^3	866	—	—	—	—	—	—	—	1

续上表

顺序号	项目	单位	代号	木拱盔							钢拱架
				满堂式			桁构式		拱上空腹拱盔及支架		
				跨径(m)							
				10 以内	20 以内	50 以内	20 以内	50 以内	2 以内	4 以内	
				$10m^2$							10t
				1	2	3	4	5	6	7	8
11	中(粗)砂	m^3	899	—	—	—	—	—	—	—	0.34
12	碎石(4cm)	m^3	952	—	—	—	—	—	—	—	0.32
13	设备摊销费	元	997	—	—	—	—	—	—	—	3600.0
14	50kN 以内单筒慢动卷扬机	台班	1500	—	—	—	2.44	1.14	—	—	1.05
15	ϕ500mm 以内木工圆锯机	台班	1710	2.08	1.11	0.83	1.07	0.81	0.30	0.19	—
16	小型机具使用费	元	1998	45.9	24.5	18.4	27.3	19.6	6.6	4.2	7.5
17	基价	元	1999	10206	5493	3933	5881	4259	3234	1763	7292

注:1. 就地浇筑混凝土双曲拱桥采用本定额时,按相应项目乘以 0.73 系数;

2. 钢拱架安拆所需设备未包括在定额中,需要时另行计算;

3. 钢拱架全套设备参考质量如下:

标准跨径(m)	30		40		50		60	
拱矢度	1/3	1/5	1/3	1/5	1/3	1/5	1/3	1/5
全套设备质量(t)	131.0	117.6	237.8	222.1	358.1	320.6	410.4	372.7

4. 本定额的设备摊销费按每 t 每月 90 元,并按使用 4 个月编制,如施工工期不同时,可以调整。

例 5-14 某预制厂预制 T 梁,梁长 19.96m,梁肋底宽 0.18m,翼板宽 1.6m,共 12 个底座,求:(1)12 片梁底座的总面积。

(2)12 片梁所需蒸汽养生室的建筑面积及所需 32.5 级水泥的数量。

解:根据《预算定额》可知该定额表号为[693 - 4 - 11 - 8 - 1]如表 5-27 所示。

(1)由《预算定额》679 页节说明②规定:②大型预制构件底座定额分为平面底座和曲面底座两项。

平面底座定额适用于 T 形梁、I 形梁、等截面箱梁,每根梁底面积的工程量按下式计算:

$$底座面积=(梁长+2.00m)\times(梁宽+1.00m)$$

曲面底座定额适用于梁底为曲面的箱形梁(如T形钢构等),每块梁底座的工程量按下式计算:

$$底座面积=构件下弧长\times底座实际修建宽度$$

平面底座的梁宽指预制梁的顶面宽度。

每片梁底面积 $=(19.96+2)\times(0.18+1)=25.91m^2$

12 片梁底座总面积 $=25.91\times12=310.92m^2$

(2)根据预算定额第679页说明④规定:蒸汽养生室面积按有效面积计算,其工程量按每一养生室安置两片梁,其梁间距离为0.8m,并按长度每端增加1.5m,宽度每边增加1.0m考虑。故:

每2片梁养生室面积 $=(19.96+2\times1.5)\times(2\times1.6+0.8+2\times1.0)=137.76m^2$

12 片梁养生室面积 $=137.76m^2\times6=826.56m^2$

由表5-27可知:

32.5 级水泥需要量 $=0.554\times\dfrac{826.56}{10}=45.791t$

4-11-8　蒸汽养生室建筑及蒸汽养生　　表5-27

工程内容　蒸汽养生室建筑:挖填坑体土方,坑底及坑壁砌筑、勾缝、抹平、养生,坑盖及保温门制作、安装、拆除,管道安装、拆除及保养。

蒸汽养生:卷扬机揭、盖坑盖,用草袋覆盖坑盖缝隙,按时测温、测湿、喷水、检查管道部件等全部操作。

单位:表列单位

顺序号	项　目	单位	代号	蒸汽养生室建筑	混凝土构件蒸汽养生
				$10m^2$	$10m^3$
				1	2
1	人工	工日	1	51.6	8.1
2	M5 水泥砂浆	m^3	65	(2.29)	—
3	M10 水泥砂浆	m^3	67	(0.17)	—
4	原木	m^3	101	0.007	—
5	锯材	m^3	102	0.141	—
6	型钢	t	182	0.002	—
7	钢管	t	191	0.025	—
8	铁件	kg	651	1.1	—
9	铁钉	kg	653	1.1	—
10	油毛毡	m^2	825	63.5	—
11	32.5 级水泥	t	832	0.554	—
12	水	m^3	866	13	—

续上表

顺序号	项　　目	单位	代号	蒸汽养生室建筑	混凝土构件蒸汽养生
				$10m^2$	$10m^3$
				1	2
13	青(红)砖	千块	877	2.16	—
14	中(粗)砂	m^3	899	2.75	—
15	片石	m^3	931	4.32	—
16	其他材料费	元	996	18.2	18.8
17	30kN 以内单筒慢动卷扬机	台班	1499	—	0.71
18	1t/h 以内工业锅炉	台班	1848	—	1.70
19	基价	元	1999	4014	951

注:本定额未包括混凝土预制构件底座。

由以上例题可以看出定额是计算人工费、材料费、机械使用费的依据,是正确计算直接工程费的基础。定额中 80% 以上内容是为直接工程费服务的,各章、节说明也最多。因此,在应用定额时,必须熟悉定额,仔细阅读各种说明。正确查用定额是概、预算编制人员的一个基本技能。

二、预算定额在自采材料原价计算中的应用

在概、预算中,材料的预算单价是由原价、运杂费、场外运输损耗率、采购及保管费率,包装品回收价值等五部分组成的(详见第六章)。其中原价是购买材料时的第一手价格,由于供应渠道不同,材料原价可分为三种,即外购材料、地方性材料、自采材料。其中自采材料是指由料场开采加工的砂、石、黏土等材料。自采材料的原价亦称为“料场价格”。《预算定额》第八章“材料采集及加工”是专门用于计算自采材料原价的。按《编制办法》规定,自采材料原价除应按第八章定额计算开采单价外,还应加计辅助生产间接费和矿产资源税(如有)。其中辅助生产间接费按人工费的 5% 计。即:

$$自采材料原价 = 人工费(1+5\%) + 材料费 + 机械使用费 \tag{5-11}$$

例 5-15　某料场机械轧碎石(未筛分),碎石规格为 4cm,已知人工 49.00 元/工日,片石 35.00 元/m^3,250×400 电动碎石机 150 元/台班,试求碎石的料场价格。

解:由《预算定额》可知,该定额表号为[964—8—1—9—5],如表 5-28 所示。每 $100m^3$ 堆方碎石 4cm 的定额值为:

人工　45 工日;

片石　114.90m^3;

250×400 电动碎石机　3.42 台班。

碎石(4cm)料场价格 = 45×49.00(1+5%) + 114.90×35.00 + 3.42×150

= 6849.75 元/$100m^3$ = 68.50 元/m^3

8-1-9　机械轧碎石　　　　表 5-28

工程内容　1)取运片石；2)机械轧、筛分碎石；3)接运碎石；4)成品堆方。

单位：$100m^3$ 堆方

顺序号	项　目	单位	代号	未筛分								
				碎石机装料口径（mm×mm）								
				250×150				400×250				
				碎石规格（最大粒径 cm）								
				1.0	1.5	2.0	2.5	4.0	5.0	6.0	7.0	8.0
				1	2	3	4	5	6	7	8	9
1	人工	工日	1	52.3	49.7	48.3	45.9	45.0	42.5	41.7	41.2	40.9
2	片石	m^3	931	119.05	117.60	116.90	115.30	114.90	113.00	111.10	110.50	109.90
3	150mm×250mm 电动颚式破碎机	台班	1 756	7.91	7.01	6.49	4.80	—	—	—	—	—
4	250mm×400mm 电动颚式破碎机	台班	1757	—	—	—	—	3.42	2.89	2.71	2.58	2.45
5	滚筒式筛分机	台班	1 775	—	—	—	—	—	—	—	—	—
6	基价	元	1999	5 105	4 853	4 715	4 381	4 291	4 063	3 971	3 919	3 876

三、预算定额在材料运杂费计算中的应用

材料运杂费是指材料自供应地点至工地仓库（施工现场存放材料的地方）的运杂费用，包括装卸费、运费，有时还应计囤存费及其他杂费（如过磅、标签、支撑加固等费用）。按照《编制办法》规定，对于施工单位自办运输，单程运距小于 5km 的汽车运输及人力场外运输，应按预算定额计算运费，其中人力装卸和运输另按人工费的 5% 加计辅助生产间接费。《预算定额》第九章“材料运输”是专门用于计算单程运距小于 5km 的运费及装卸费的。

例 5-16　人工挑抬运石屑 60m，已知人工 48.00 元/工日，求石屑的运、杂费。

解：由《预算定额》可知，该定额编号为 $\left[970—9—1—1\left\langle\begin{matrix}1\\2\end{matrix}\right.\right]$，如表 5-29 所示，每 $100m^3$ 预算定额值为：

人工：$9.1+1.9\times6=20.5$ 工日

每 m^3 的运杂费为：$20.5\times48\times(1+5\%)=1033.2$ 元/$100m^3$ $=10.33$ 元/m^3

9-1-1　人工挑抬运输　　　　表 5-29

工程内容　1)装料；2)挑（抬）运；3)卸料；4)空回。

单位：$100m^3$ 及 100t

顺序号	项目	单位	代号	土、砂、石屑		黏土		砂砾、碎（砾）石、碎（砾）石土		片石、大卵石		块石	
				$100m^3$									
				装卸	挑运 10m	装卸	挑运 10m	装卸	挑运 10m	装卸	挑运 10m	装卸	挑运 10m
				1	2	3	4	5	6	7	8	9	10
1	人工	工日	1	9.1	1.9	11.2	1.8	13.1	2.0	15.8	2.5	18.2	3.4
2	基价	元	1999	448	93	551	89	645	98	777	123	895	167

顺序号	项目	单位	代号	料石、盖板石		原木		锯材		煤渣、矿渣		水泥、矿粉	
				$100m^3$								100t	
				装卸	挑运 10m	装卸	挑运 10m	装卸	挑运 10m	装卸	挑运 10m	装卸	挑运 10m
				11	12	13	14	15	16	17	18	19	20
1	人工	工日	1	23.7	4.7	7.8	1.6	6.7	1.4	6.7	1.4	10.0	1.5
2	基价	元	1999	1166	231	384	79	330	69	330	69	492	74

在《预算定额》第九章“材料运输”中,其运输定额与装卸定额有时不在同一定额表中,如定额表号 9-1-3 ~9-1-6 为运输定额表,而定额表号 9-1-7 ~9-1-10 为装卸定额表。故在计算运杂费时,应按相应定额表分别计算其运费和装卸费。

例 5-17 人工装卸手扶拖拉机运片石 400m,已知人工 48.00 元/工日,手扶拖拉机 130 元/台班,求片石的运杂费。

解: 由《预算定额》可知,运输片石的定额编号为 $\left[975—9—1—4\begin{matrix}7\\8\end{matrix}\right]$,如表 5-30 所示,装卸片石的定额编号为[988—9—1—8—4]如表 5-31 所示。

每 $100m^3$ 手扶拖拉机:$5.36+0.37\times3=6.47$ 台班

人工装卸:11.0 工日。

每 m^3 片石的运杂费为:

$$6.47\times130+11.0\times48\times(1+5\%)=1395.5\ 元/100m^3=13.96\ 元/m^3$$

9-1-4 手扶拖拉机运输(配合人工装车) 表 5-30

工程内容 1)等待装料;2)运走;3)卸料;4)空回。

单位:$100m^3$ 及 100t

顺序号	项目	单位	代号	土、砂、石屑		黏土		砂砾、碎(砾)石、碎(砾)石土		片石、大卵石	
				$100m^3$							
				第一个100m	每增运100m	第一个100m	每增运100m	第一个100m	每增运100m	第一个100m	每增运100m
				1	2	3	4	5	6	7	8
1	手扶式拖拉机(带拖斗)	台班	1415	3.46	0.33	3.70	0.31	4.27	0.35	5.36	0.37
2	基价	元	1999	455	43	486	41	561	46	704	49

顺序号	项目	单位	代号	块石		煤渣、矿渣		粉煤灰		生石灰	
				$100m^3$						100t	
				第一个100m	每增运100m	第一个100m	每增运100m	第一个100m	每增运100m	第一个100m	每增运100m
				9	10	11	12	13	14	15	16
1	手扶式拖拉机(带拖斗)	台班	1415	6.08	0.41	2.70	0.29	2.62	0.29	4.25	0.29
2	基价	元	1999	799	54	355	38	344	38	559	38

9-1-8 人工装卸手扶拖拉机 表 5-31

工程内容 1)装车;2)卸车堆放。

单位:$100m^3$ 及 100t

顺序号	项目	单位	代号	土、砂、石屑	黏土	砂砾、碎(砾)石、碎(砾)石土	片石、大卵石	块石	煤渣、矿渣	粉煤灰	生石灰
				$100m^3$							100t
				1	2	3	4	5	6	7	8
1	人工	工日	1	6.1	6.9	8.3	11.0	12.7	4.6	4.4	8.8
2	基价	元	1999	300	339	408	541	625	226	216	433

例 5-18 $1m^3$ 轮胎式装载机装生石灰,3t 自卸汽车运 4km,已知装载机 400 元/台班,3t 自卸汽车 295 元/台班,求生石灰的运杂费。

解:由《预算定额》可知,生石灰的运输定额编号为$\left[981-9-1-6<\frac{15}{16}\right]$,如表5-32所示,生石灰的装卸定额编号为[990-9-1-10-4],如表5-33所示。

每100t生石灰:3t自卸汽车:$1.11+0.28\times3=1.95$台班

$1m^3$以内轮胎式装载机:0.29台班。

每t生石灰的运杂费为:

$$1.95\times295+0.29\times400=691.25\text{元}/100t=6.91\text{元}/t$$

9-1-6　自卸汽车运输(配合装载机装车)　　表5-32

工程内容　1)等待装料;2)运走;3)卸料;4)空回。

I.3t以内自卸汽车　　单位:100^3及100t

顺序号	项　目	单位	代号	土、砂、石屑		黏土		砂砾、碎(砾)石、碎(砾)石土		片石、大卵石	
				100m³							
				第一个1km	每增运1km	第一个1km	每增运1km	第一个1km	每增运1km	第一个1km	每增运1km
				1	2	3	4	5	6	7	8
1	3t以内自卸汽车	台班	1382	1.33	0.38	1.26	0.36	1.45	0.41	1.56	0.41
2	基价	元	1999	392	112	372	106	428	121	460	121

顺序号	项　目	单位	代号	块石		煤渣、矿渣		粉煤灰		生石灰		煤	
				100m³						100t			
				第一个1km	每增运1km	第一个1km	每增运1km	第一个1km	每增运1km	第一个1km	每增运1km	第一个1km	每增运1km
				9	10	11	12	13	14	15	16	17	18
1	3t以内自卸汽车	台班	1382	1.71	0.45	1.03	0.28	1.09	0.29	1.11	0.28	1.05	0.28
2	基价	元	1999	505	133	304	83	322	86	328	83	310	83

9-1-10　装载机装汽车　　表5-33

工程内容　1)铲料;2)装车。

I.1m³以内轮式装载机　　单位:100m³及100t

顺序号	项目	单位	代号	土、砂、石屑、黏土、碎(砾)石、碎(砾)石土、煤渣、矿渣、粉煤灰	片石、大卵石	块石	生石灰	煤
				100m³			100t	
				1	2	3	4	5
1	1.0m³以内轮胎式装载机	台班	1048	0.26	0.31	0.38	0.29	0.26
2	基价	元	1999	105	125	153	117	105

第六章　公路基本建设概、预算各项费用的计算

公路基本建设概预算费用是由建筑安装工程费、设备、工具、器具及家具购置费、工程建设其他费用、预备费等四部分组成的，如图 6-1 所示。

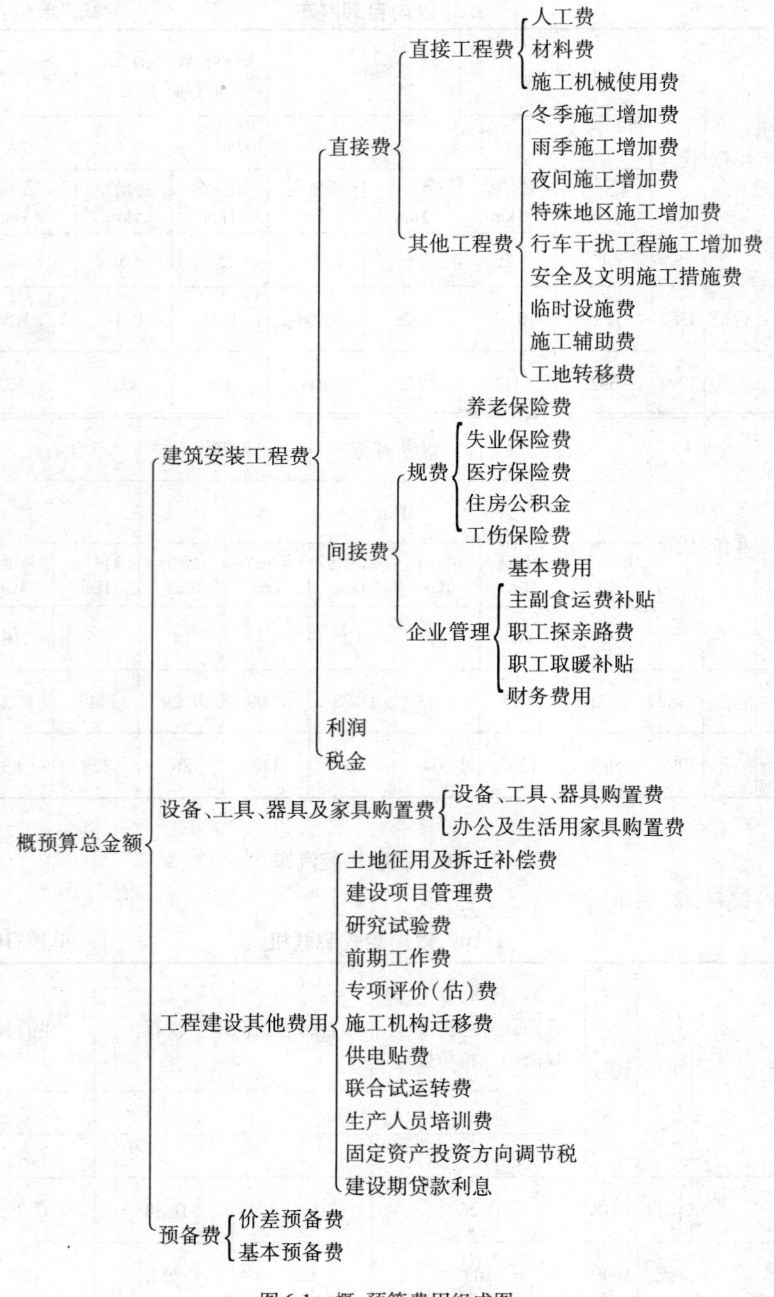

图 6-1　概、预算费用组成图

第一节 直 接 费

直接费是指直接使生产资料发生转移而形成预定使用功能所投入的费用。它由直接工程费和其他工程费组成。

一、直接工程费

直接工程费是指施工过程中用于构成工程实体和有助于工程形成的各项费用。由人工费、材料费和施工机械使用费三部分组成。

(一)基本概念

1. 人工费

它是指列入概、预算定额的直接从事建筑安装工程施工的生产工人开支的各项费用。

2. 材料费

它是指施工过程中耗用的构成工程实体的原材料、辅助材料、构(配)件、零件、半成品、成品的用量和周转材料的摊销量,按工程所在地的材料预算价格计算的费用。

3. 施工机械使用费

它是指列入概、预算定额的施工机械台班数量,按相应的机械台班费用定额计算的施工机械使用费和小型机具使用费。

(二)直接工程费计算方法

在直接工程费中,人工费、材料费、施工机械使用费的计算方法均可用一个通式来表示,即:

人工费(或材料费、或施工机械使用费)=定额×工程数量×单价 (6-1)

式中:定额——是指概、预算定额中的人工、材料、机械设备的定额值。详见第五章第五节;

工程数量——是指按定额规定计算的实际工程数量,具体计算方法详见第三章,这里的工程数量应是定额单位的倍数;

单价——是指人工单价、材料预算单价、施工机械台班单价。

由式(6-1)可知,在直接工程费中,无论是人工费还是材料费、施工机械使用费,均为定额、工程数量、单价三个数的乘积。其中定额的应用已在第五章第五节中讲述,工程数量的计量方法已在第三章中讲述,本节主要阐述人工、材料、机械台班单价的计算方法。

(三)单价计算方法

1. 人工单价

人工单价是由基本工资、工资性补贴、生产工人辅助工资、职工福利费等四部分组成的。具体内容如下:

(1)基本工资。是指发放给生产工人的基本工资、流动施工津贴和生产工人劳动保护费,以及为职工缴纳的养老、失业、医疗保险费和住房公积金等。

生产工人劳动保护费系指按国家有关部门规定标准发放的劳动保护用品的购置费及修理费,徒工服装补贴,防暑降温费,在有碍身体健康环境中施工的保健费用等。

(2)工资性补贴。系指按规定标准发放的物价补贴,煤、燃气补贴,交通补贴,住房补贴,地区津贴等。

(3)生产工人辅助工资。系指生产工人年有效施工天数以外非作业天数的工资,包括开会和执行必要的社会义务时间的工资,女工哺乳时间的工资,病假在六个月以内的工资及产、婚、丧假期的工资。

(4)职工福利费。系指按国家规定标准计提的职工福利费。

人工单价的单位是元/工日,计算方法有两种,一是按当地规定;另一是按式(6-2)计算。即:

人工单价(元/工日)=[基本工资(元/月)+地区生活补贴(元/月)+工资性津贴(元/月)]
×(1+14%)×12月÷240(工日) (6-2)

式中:基本工资——按不低于工程所在地政府主管部门发布的最低工资标准的1.2倍计算;
地区生活补贴——指国家规定的边远地区生活补贴、特区补贴;
工资性津贴——指物价补贴、煤、燃气补贴、交通费补贴等。

另外,值得注意的是无论人工单价以哪种方式确定,它仅作为编制概、预算的依据,而不作为施工企业实发工资的依据。

例6-1 某地区已知生产工人的基本工资为800元/月,副食、粮煤价格补贴50元/月,交通补贴30元/月,试确定其人工单价。

解:由式(6-2)得:

人工单价(元/工日)=[800+50+30](1+14%)×12÷240=50.16元/工日

2.材料预算单价

材料的预算单价是指材料由供应点运至工地后的单价。材料预算单价是由原价、运杂费、场外运输损耗率、采购及保管率、包装品回收价值等五部分组成的。材料预算单价的计算方法亦有两种,一种是按当地的合同价格计算;另一种是按式(6-3)计算。

材料预算单价=(材料原价+运杂费)×(1+场外运输损耗率)
×(1+采购及保管费率)-包装品回收价值 (6-3)

(1)材料原价。各种材料的原价按以下规定计算:

①外购材料。国家或地方的工业产品,按工业产品出厂价格或供销部门的供应价格计算,并根据情况加计供销部门手续费和包装费。如供应情况、交货条件不明确时,可采用当地规定的价格计算。

②地方性材料。地方性材料包括外购的砂、石材料等,按实际调查价格或当地主管部门规定的预算价格计算。

③自采材料。自采的砂、石、黏土等材料按定额中开采单价加辅助生产间接费和矿产资源税(如有)计算。具体计算方法,详见第五章第五节。

(2)运杂费。运杂费系指材料自供应地点至工地仓库(施工地点存放材料的地方)的运杂费用,包括装卸费、运费,如果发生,还应计囤存费及其他杂费(如过磅、标签、支撑加固、路桥通行等费用)。

在材料预算单价中"运杂费"确切地说应是"材料单位运杂费",是指每单位数量的材料(如每t,m^3,kg),从供应点运到工地所发生的全部运杂费用。

材料单位运杂费按式(6-4)计算:

材料单位运杂费=单位运费+单位装卸费+单位杂费 (6-4)

下面分别介绍式(6-4)中各项费用的内容及计算方法。

①单位运费。它是指每单位材料自供应点运至工地仓库所发生的运输费用。

当通过铁路、水路和公路部门运输的材料,按铁路、航运和当地交通部门的运价计算运费。

当施工单位自办运输时，按如下三种情况计算

a. 单程运距 15km 以上时：

$$单位运费 = 运价率 \times 运距 \times 单位毛重$$

式中：运价率——是指每吨货物每运输 1km 所需的运费（元/t·km），按当地运输部门规定采用；

运距——材料供应点到工地仓库的距离。当一种材料有两个以上供应地点时，根据不同的运距、运量、运价采用加权平均的方法计算运费；

单位毛重——单位毛重 = 单位重 × 毛重系数。其中单位重根据《预算定额》附录四（本教材附录Ⅴ）采用。毛重系数按表 6-1 确定。

材料毛重系数及单位毛重表 表 6-1

材料名称	单位	毛重系统	单位毛重
爆破材料	t	1.35	—
水泥、块状沥青	t	1.01	—
铁钉、铁件、焊条	t	1.10	—
液体沥青、液体燃料、水	t	桶装 1.17，油罐车装 1.00	—
木料	m^3	—	1.000t
草袋	个	—	0.004t

b. 单程运距 5～15km 时：

单位运费按当地交通部门规定的统一运价计算运费，当工程所在地交通不便，社会运输力量缺乏时，如边远地区和某些山岭区，允许按当地交通部门规定的统一运价加 50% 计算运费。即：

$$单位运费 = 1.5 \times 运价率 \times 运距 \times 单位毛重 \tag{6-5}$$

c. 单程运距小于 5km 时：

单位运费按《预算定额》第 9 章“材料运输”定额计算，其中人力装卸和运输另按人工费的 5% 加计辅助生产间接费。其具体计算方法已在第五章第五节讲述，本节不再赘述。

一种材料如有两个以上的供应点时，都应根据不同的运距、运量、运价采用加权平均的方法计算运费。

在运费计算中由于预算定额的汽车运输台班已考虑工地便道特点，以及定额中已计入了“工地小搬运”项目，因此，平均运距中汽车运输便道里程不得乘调整系数，也不得在工地仓库或堆料场之外再加场内运距或二次倒运的运距。

②单位装卸费。它是指装卸每单位材料（如每 m^3，t，kg）所发生的费用。

单位装卸费的计算方法有两种，一种是按当地合同价计算，并应考虑毛重系数；另一种是按《预算定额》第九章“材料运输”定额计算，当采取人工装卸时应另按人工费的 5% 加计辅助生产间接费。详见第五章第五节。

③单位杂费。它是指单位材料（如每 m^3，t，kg）在运输途中所发生的囤存费、过磅费、支撑加固费等。单位杂费是按当地规定计算的。

（3）场外运输损耗。场外运输损耗是指有些材料在正常的运输过程中发生的损耗，如松散材料砂、石、散装水泥等，在运输时都易发生损耗。故这部分损耗都应摊入材料预算单价

内。材料场外运输损耗率见表 6-2 所示。

材料场外运输操作损耗率表(%) 表 6-2

材料名称		场外运输(包括一次装卸)	每增加一次装卸
块状沥青		0.5	0.2
石屑、碎砾石、砂砾、煤渣、工业废渣、煤		1.0	0.4
砖、瓦、桶装沥青、石灰、黏土		3.0	1.0
草皮		7.0	3.0
水泥	袋装	1.0	0.4
	散装	1.0	0.4
砂	一般地区	2.5	1.0
	多风地区	5.0	2.0

注:汽车运水泥如运距超过 500km 时,增加损耗率:袋装 0.5%。

(4)采购及保管费率。它是指材料供应部门(包括工地仓库以及各级材料管理部门)在组织采购、供应、保管材料过程中,所发生的费用以及材料在存储过程中发生的储存损耗。采购及保管费率按如下三种情况选用:

①外购的构件、成品及半成品的采购及保管费率为 1%。

②除上述材料之外的所有材料,采购及保管费率为 2.5%。

③商品混凝土的采购保管费率为 0%。

(5)包装品回收价值。在公路建筑材料中,回收包装品的情况很少,如有则应按规定计算回收。桶装沥青、汽油、柴油按每吨摊销一个旧汽油桶计算包装费(不计回收)。

例 6-2 人工开采盖板石,人工装卸 4t 载货汽车运 4km,已知人工 50.00 元/工日,载货汽车 290 元/台班,求盖板石预算单价。

解:(1)原价。盖板石为自采材料,其原价应查定额计算,《预算定额》编号为[962-8-1-7-3],如表 6-3 所示。

8-1-7 人工开采料石、盖板石 表 6-3

工程内容 1)清除风化层;2)画线;3)钻线;4)打槽子;5)打锲眼;6)宰石;7)钻边;8)清面;9)堆放。

单位:100m³ 实方

顺序号	项目	单位	代号	粗料石	细料石	盖板石
				1	2	3
1	人工	工日	1	699.6	864.0	412.8
2	基价	元	1999	34420	42509	20310

每 $100m^3$ 需人工:412.8 工日

$$原价 = 412.8 \times 50 \times (1 + 5\%) = 21672\ 元/100m^3 = 216.72\ 元/m^3$$

(2)运杂费

①运费。由于运距 < 5km,运费应查定额计算,《预算定额》编号为 $\left[976-9-1-5\left\langle{}^{1}_{2}\right.\right]$ 如表 6-4 所示。

9-1-5　载货汽车运输(配合人工装卸)　　表 6-4

工程内容　1)等待装料；2)运走；3)卸料；4)空回。

1.4t 以内载货汽车　　单位:$100m^3$ 及 100t

顺序号	项目	单位	代号	料石、盖板石		木材		钢材	
				$100m^3$				100t	
				第一个 1km	每增运 1km	第一个 1km	每增运 1km	第一个 1km	每增运 1km
				1	2	3	4	5	6
1	4t 以内载货汽车	台班	1372	6.97	0.53	2.69	0.25	2.39	0.21
2	基价	元	1999	2048	156	790	73	702	62

顺序号	项目	单位	代号	水泥、矿粉		爆破材料		沥青、油料	
				100t					
				第一个 1km	每增运 1km	第一个 1km	每增运 1km	第一个 1km	每增运 1km
				7	8	9	10	11	12
1	4t 以内载货汽车	台班	1372	2.87	0.21	3.35	0.21	4.12	0.21
2	基价	元	1999	843	62	984	62	1211	62

每 $100m^3$ 需 4t 汽车:$6.97+0.53\times3=8.56$ 台班

$$运费=8.56\times290=2482.4\ 元/100m^3=24.82\ 元/m^3$$

②装卸费。由《预算定额》[989－9－1－9－1]如表 6-5 所示。

9-1-9　人工装卸汽车　　表 6-5

工程内容　1)装车；2)捆绑；3)解绳；4)卸车堆放。

单位:$100m^3$ 及 100t

顺序号	项目	单位	代号	料石、盖板石	木材	钢材	水泥、矿粉	爆破材料	沥青、油料
				$100m^3$		100t			
				1	2	3	4	5	6
1	人工	工日	1	33.5	9.2	8.3	10.5	12.7	16.2
2	基价	元	1999	1648	453	408	517	625	797

每 $100m^3$ 需人工:33.5 工日

$$装卸费=33.5\times50(1+5\%)=1758.75\ 元/100m^3=17.59\ 元/m^3$$

$$运杂费=运费+装卸费=24.82+17.59=42.41\ 元/m^3$$

③场外运输损耗率为 0%。

④采购保管率为 2.5%。

$$盖板石预算单价=(216.72+42.41)(1+0\%)(1+2.5\%)=265.61\ 元/m^3$$

例 6-3　已知砾石的料场价格为 28.60 元/m^3,用 $1m^3$ 轮胎式装载机装(406.50 元/台班),汽车运输 8km,运价率 0.6 元/t·km,允许另加 50% 计算运费,求砾石的预算单价。

解:(1)原价＝28.60 元/m^3

(2)运杂费

①$运费=1.5\times0.6\times8\times\frac{1.65t}{m^3}\times1=11.88\ 元/m^3$

②装卸费:由《预算定额》可知,定额编号为[990－9－1－10－1]如表 6-6 所示。每 $100m^3$:轮式装载机 0.26 台班

$$装卸费=0.26\times406.50=105.69\ 元/100m^3=1.06\ 元/m^3$$

$$运杂费=11.88+1.06=12.94\ 元/m^3$$

(3)场外运输损耗率 1%(如表 6-2 所示)

(4)采购保管率 2.5%

$$砾石预算单价=(28.60+12.94)(1+1\%)(1+2.5\%)=43.00\ 元/m^3$$

9-1-10 装载机装汽车 表 6-6

工程内容 1)铲料;2)装车。

I. 1m³ 以内轮式装载机 单位:100m³ 及 100t

顺序号	项目	单位	代号	土、砂、石屑、黏土、碎(砾)石、碎(砾)石土、煤渣、矿渣、粉煤灰	片石、大卵石	块石	生石灰	煤
				100m³				100t
				1	2	3	4	5
1	1.0m³ 以内轮胎式装载机	台班	1048	0.26	0.31	0.38	0.29	0.26
2	基价	元	1999	105	125	153	117	105

3. 施工机械台班单价

施工机械台班单价是根据交通部《公路工程机械台班费用定额》计算的,由不变费用和可变费用两部分组成。该费用的计算方法详见第五章第四节中讲述。

在计算出人工、材料、施工机械台班单价后,即可根据分项工程的定额和工程数量计算直接工程费。

例 6-4 北京某石灰稳定土基层,长 10km,宽 20m,厚 14cm,采用翻拌法人工沿路拌和,石灰剂量为 10%。已知人工 48.00 元/工日,水 1.20 元/m³,生石灰 110.00 元/t,土 8.60 元/m³,柴油 4.80 元/kg,试预算直接工程费。

解:由《预算定额》可知,该工程定额编号为$\left[87-2-1-3\begin{matrix}3\\4\end{matrix}\right]$如表 6-7 所示。

2-1-3 路拌法石灰稳定土基层 表 6-7

工程内容 1)清扫整理下承层;2)消解石灰;3)铺料,铺灰,洒水,拌和;4)整形,碾压,找补;5)初期养护。

I. 人工沿路拌和 单位:1000m²

顺序号	项目	单位	代号	石灰土			
				筛拌法		翻拌法	
				石灰剂量 10%			
				压实厚度 15cm	每增减 1cm	压实厚度 15cm	每增减 1cm
				1	2	3	4
1	人工	工日	1	143.1	8.9	148.7	9.2
2	水	m³	866	49	2	49	2
3	生石灰	t	891	24.046	1.603	24.046	1.603
4	土	m³	895	195.80	13.05	195.80	13.05
5	6~8t 光轮压路机	台班	1075	0.27	—	0.27	—
6	12~15t 光轮压路机	台班	1078	1.27	—	1.27	—
7	基价	元	1999	11747	712	12023	726

工程数量为:$20\times10\,000=200\,000\text{m}^2$

人工费 $=(148.7-9.2)\times\dfrac{200\,000}{1\,000}\times48.00=1\,339\,200$ 元

材料费:水 $=(49-2)\times200\times1.2=11\,280$ 元

生石灰 $=(24.046-1.603)\times200\times110.00=493\,746$ 元

土 $=(195.80-13.05)\times200\times8.60=314\,330$ 元

材料费 $=11\,280+493\,746+314\,330=819\,356$ 元

机械使用费:机械台班费用定额见表 6-8。

表 5-17

公路工程机械台班费用定额(摘要)

序号	代号	机械名称			主机型号	不变费用					可变费用									定额基价
						折旧费	大修理费	经常修理费	安拆及辅助设施费	小计	人工	汽油	柴油	重油	煤	电	水	木柴	养路费及车船使用税	
						元					工日	kg				kW·h	m^3	kg	元	
57	1068	拖拉机	履带式	功率(kW) 240 以内	NTA-85C	357.69	154.88	415.08	—	927.65	2	—	176.00	—	—	—	—	—	—	1888.45
58	1069	拖拉机	轮胎式	功率(kW) 21 以内		14.67	8.74	18.44	—	41.85	1	—	15.40	—	—	—	—	—	—	166.5
59	1070	拖拉机	轮胎式	功率(kW) 41 以内		26.01	15.50	32.71	—	74.22	1	—	29.33	—	—	—	—	—	—	267.14
60	1072	拖式羊足碾(含头)		机械自身质量(t) 3 以内	单筒	66.57	28.83	77.26	—	172.66	2	—	42.29	—	—	—	—	—	—	478.28
61	1073	拖式羊足碾(含头)		机械自身质量(t) 6 以内	双筒	69.96	30.29	81.18	—	181.43	2	—	50.74	—	—	—	—	—	—	528.46
62	1075	光轮压路机		机械自身质量(t) 6~8	2Y-6/8	47.62	14.24	45.71	—	107.57	1	—	19.33	—	—	—	—	—	—	251.49
63	1076	光轮压路机		机械自身质量(t) 8~10	2Y-8/10	52.03	15.55	49.92	—	117.50	1	—	23.20	—	—	—	—	—	—	280.38
64	1077	光轮压路机		机械自身质量(t) 10~12	3Y-10/12	65.03	19.44	62.40	—	146.87	1	—	33.71	—	—	—	—	—	—	361.25
65	1078	光轮压路机		机械自身质量(t) 12~15	3Y-12/15	72.75	21.75	69.82	—	164.32	1	—	40.46	—	—	—	—	—	—	411.77
66	1079	光轮压路机		机械自身质量(t) 15~18	3Y-15/18	77.60	23.20	74.47	—	175.27	1	—	50.74	—	—	—	—	—	—	473.10
67	1080	光轮压路机		机械自身质量(t) 18~21	3Y-18/21	85.10	25.44	81.66	—	192.20	1	—	59.20	—	—	—	—	—	—	531.48
68	1081	光轮压路机		机械自身质量(t) 21~25	3Y-21/25	96.12	28.74	92.26	—	217.12	1	—	70.40	—	—	—	—	—	—	611.28
69	1083	手扶式振动碾		机械自身质量(t) 0.6	YZS06B	10.64	5.65	21.81	—	38.10	1	—	2.96	—	—	—	—	—	—	101.80
70	1085	振动压路机		机械自身质量(t) 6 以内	YZC5	66.30	25.98	80.02	—	172.30	2	—	24.27	—	—	—	—	—	—	389.62
71	1086	振动压路机		机械自身质量(t) 8 以内	YZ8	84.88	33.25	102.41	—	220.54	2	—	41.07	—	—	—	—	—	—	520.18
72	1087	振动压路机		机械自身质量(t) 10 以内	YZJ10B	91.18	35.72	110.02	—	236.92	2	—	59.20	—	—	—	—	—	—	625.40
73	1088	振动压路机		机械自身质量(t) 15 以内	CA25PD	121.25	47.50	146.30	—	315.05	2	—	73.60	—	—	—	—	—	—	774.09
74	1089	振动压路机		机械自身质量(t) 20 以内	YZ18A,YZJ19A	149.38	58.52	180.24	—	388.14	2	—	105.60	—	—	—	—	—	—	1003.98
75	1092	拖式振动碾(含头)		机械自身质量(t) 15	YZT16(K)	252.20	104.00	291.20	0.74	648.14	2	—	130.40	—	—	—	—	—	—	1385.50

6 － 8t 光轮压路机 —— 台班单价 ＝ 107.57 ＋ 48.00 ＋ 19.33 × 4.8 ＝ 248.35 元／台班

机械使用费 ＝ 0.27 × 200 × 248.35 ＝ 13 411 元

12 － 15t 光轮压路机 —— 台班单价 ＝ 164.32 ＋ 48.00 ＋ 40.46 × 4.8 ＝ 406.53 元／台班

机械使用费 ＝ 1.27 × 200 × 406.53 ＝ 103 259 元

机械使用费＝13 411＋103 259＋ ＝116 670 元

直接工程费＝1 339 200＋819 356＋116 670＝2 275 226 元

二、其他工程费

其他工程费是指直接工程费以外施工过程中发生的直接用于工程的费用。内容包括冬季施工增加费、雨季施工增加费、夜间施工增加费、特殊地区施工增加费、行车干扰工程施工增加费、安全及文明施工措施费、临时设施费、施工辅助费、工地转移费等九项。公路工程中的水、电费及因场地狭小等特殊情况而发生的材料二次搬运等其他工程费已包括在概、预算定额中，不再另计。

（一）冬季施工增加费

1. 费用内容

冬季施工增加费系指按照公路工程施工及验收规范所规定的冬季施工要求，为保证工程质量和安全生产所需采取的防寒保温设施、工效降低和机械作业率降低以及技术操作过程的改变等所增加的有关费用。

冬季施工增加费的内容包括：

(1)因冬季施工所需增加的一切人工、机械与材料的支出；

(2)施工机具所需修建的暖棚(包括拆、移)，增加油脂及其他保温设备费用；

(3)因施工组织设计确定，需增加的一切保温、加温及照明等有关支出；

(4)与冬季施工有关的其他各项费用，如清除工作地点的冰雪等费用。

冬季气温区的划分是根据气象部门提供的满 15 年以上的气温资料确定的。每年秋冬第一次连续 5 天出现室外日平均温度在 5℃以下、日最低温度在 －3℃以下的第一天算起，至第二年春夏最后一次连续 5 天出现同样温度的最末一天为冬季期。冬季期内平均气温在 －1℃以上者为冬一区，－1 ～ －4℃者为冬二区，－4 ～ －7℃者为冬三区，－7 ～ －10℃者为冬四区，－10 ～ －14℃者为冬五区，－14℃以下者为冬六区。冬一区内平均气温低于 0℃的连续天数在 70 天以内的为Ⅰ副区，70 天以上的为Ⅱ副区；冬二区内平均气温低于 0℃的连续天数在 100 天以内的为Ⅰ副区，100 天以上的为Ⅱ副区。

气温高于冬一区，但砖石、混凝土工程施工须采取一定措施的地区为准冬季区。准冬季区分两个副区，简称准一区和准二区。凡一年内日最低气温在 0℃以下的天数多于 20 天，日平均气温在 0℃以下的天数少于 15 天的为准一区，多于 15 天的为准二区。

全国冬季施工气温区划分见附录Ⅱ。若当地气温资料与附录Ⅱ中划定的冬季气温区划分有较大出入时，可按当地气温资料及上述划分标准确定工程所在地的冬季气温区。

2. 计算方法

冬季施工增加费的计算方法，是根据各类工程的特点，规定各气温区的取费标准。为了简化计算手续,采用全年平均摊销的方法,即不论是否在冬季施工,均按规定的取费标准计取冬季施工增加费。当一条路线穿过两个以上的气温区时,可分段计算或按各区的工程量比例求得全线的平均增加率,计算冬季施工增加费。

冬季施工增加费以各类工程的直接工程费之和为基数,按工程所在地的气温区选用表6-9的费率计算。

$$\text{冬季施工增加费} = \sum \text{直接工程费} \times \text{费率} \tag{6-6}$$

冬季施工增加费费率表(%)　　表6-9

气温区 / 工程类别	冬季期平均气温(℃)								准一区	准二区
	-1以上		-1~-4		-4~-7	-7~-10	-10~-14	-14以下		
	冬一区		冬二区		冬三区	冬四区	冬五区	冬六区		
	Ⅰ	Ⅱ	Ⅰ	Ⅱ						
人工土方	0.28	0.44	0.59	0.76	1.44	2.05	3.07	4.61	—	—
机械土方	0.43	0.67	0.93	1.17	2.21	3.14	4.71	7.07	—	—
汽车运输	0.08	0.12	0.17	0.21	0.40	0.56	0.84	1.27	—	—
人工石方	0.06	0.10	0.13	0.15	0.30	0.44	0.65	0.98	—	—
机械石方	0.08	0.13	0.18	0.21	0.42	0.61	0.91	1.37	—	—
高级路面	0.37	0.52	0.72	0.81	1.48	2.00	3.00	4.50	0.06	0.16
其他路面	0.11	0.20	0.29	0.37	0.62	0.80	1.20	1.80	—	—
构造物Ⅰ	0.34	0.49	0.66	0.75	1.36	1.84	2.76	4.14	0.06	0.15
构造物Ⅱ	0.42	0.60	0.81	0.92	1.67	2.27	3.40	5.10	0.08	0.19
构造物Ⅲ	0.83	1.18	1.60	1.81	3.29	4.46	6.69	10.03	0.15	0.37
技术复杂大桥	0.48	0.68	0.93	1.05	1.91	2.58	3.87	5.81	0.08	0.21
隧道	0.10	0.19	0.27	0.35	0.58	0.75	1.12	1.69	—	—
钢材及钢结构	0.02	0.05	0.07	0.09	0.15	0.19	0.29	0.43	—	—

表6-9中工程类别是按如下规定划分的:

(1)人工土方。系指人工施工的路基、改河等土方工程,以及人工施工的砍树、挖根、除草、平整场地、挖盖山土等工程项目,并适用于无路面的便道工程。

(2)机械土方。系指机械施工的路基、改河等土方工程,以及机械施工的砍树、挖根、除草等工程项目。

(3)汽车运输。系指汽车、拖拉机、机动翻斗车等运送的路基、改河土(石)方、路面基层和面层混合料、水泥混凝土及预制构件、绿化苗木等。

(4)人工石方。系指人工施工的路基、改河等石方工程,以及人工施工的挖盖山石项目。

(5)机械石方。系指机械施工的路基、改河等石方工程(机械打眼即属机械施工)。

(6)高级路面。系指沥青混凝土路面、厂拌沥青碎石路面和水泥混凝土路面的面层。

(7)其他路面。系指除高级路面以外的其他路面面层,各等级路面的基层、底基层、垫层、透层、黏层、封层,采用结合料稳定的路基和软土等特殊路基处理等工程,以及有路面的便道工程。

(8)构造物Ⅰ。系指无夜间施工的桥梁、涵洞、防护(包括绿化)及其他工程,交通工程及沿线设施工程[设备安装及金属标志牌、防撞钢护栏、防眩板(网)、隔离栅、防护网除外],以及临时工程中的便桥、电力电信线路、轨道铺设等工程项目。

(9)构造物Ⅱ。系指有夜间施工的桥梁工程。

(10)构造物Ⅲ。系指商品混凝土(包括沥青混凝土和水泥混凝土)的浇筑和外购构件及设备的安装工程。商品混凝土和外购构件及设备的费用不作为其他工程费和间接费的计算基数。

(11)技术复杂大桥。系指单孔跨径在120m以上(含120m)和基础水深在10m以上(含10m)的大桥主桥部分的基础、下部和上部工程。

(12)隧道。系指隧道工程的洞门及洞内土建工程。

(13)钢材及钢结构。系指钢桥及钢索吊桥的上部构造,钢沉井、钢围堰、钢套箱及钢护筒等基础工程,钢索塔,钢锚箱,钢筋及预应力钢材,模数式及橡胶板式伸缩缝,钢盆式橡胶支座,四氟板式橡胶支座,金属标志牌、防撞钢护栏、防眩板(网)、隔离栅、防护网等工程项目。

(二)雨季施工增加费

1. 费用内容

雨季施工增加费是指雨季期间施工为保证工程质量和安全生产所需采取的防雨、排水、防潮和防护措施,工效降低和机械作业率降低以及技术作业过程的改变等,所需增加的有关费用。

雨季施工增加费的内容包括:

(1)因雨季施工所需增加的工、料、机费用的支出,包括工作效率的降低及易被雨水冲毁的工程所增加的工作内容等(如基坑坍塌和排水沟等堵塞的清理、路基边坡冲沟的填补等)。

(2)路基土方工程的开挖和运输,因雨季施工(非土壤中水影响)而引起的黏附工具,降低工效所增加的费用。

(3)因防止雨水必须采取的防护措施的费用,如挖临时排水沟,防止基坑坍塌所需的支撑、挡板等费用。

(4)材料因受潮、受湿的耗损费用。

(5)增加防雨、防潮设备的费用。

(6)其他有关雨季施工所需增加的费用,如因河水高涨致使工作困难而增加的费用等。

雨量区和雨季期的划分,是根据气象部门提供的满15年以上的降雨资料确定的。凡月平均降雨天数在10天以上,月平均日降雨量在3.5~5mm之间者为Ⅰ区,月平均日降雨量在5mm以上者为Ⅱ区。全国雨季施工雨量区及雨季期的划分见附录Ⅲ。若当地气象资料与附录Ⅲ所划定的雨量区及雨季期出入较大时,可按当地气象资料及上述划分标准确定工程所在地的雨量区及雨季期。室内管道及设备安装工程不计雨季施工增加费。

2. 计算方法

雨季施工增加费的计算方法,是将全国划分为若干雨量区和雨季期,并根据各类工程的特点规定各雨量区和雨季期的取费标准,采用全年平均摊销的方法,即不论是否在雨季施工,均按规定的取费标准计取雨季施工增加费。

当一条路线通过不同的雨量区和雨季期时,应分别计算雨季施工增加费或按工程量比例求得平均的增加率,计算全线雨季施工增加费。

雨季施工增加费以各类工程的直接工程费之和为基数,按工程所在地的雨量区、雨季期选用表6-10的费率计算。即:

$$雨季施工增加费 = \sum 直接工程费 \times 费率 \qquad (6\text{-}7)$$

雨季施工增加费费率表(%)　　表 6-10

雨季期(月数) / 雨量区 / 工程类别	1	1.5	2		2.5		3		3.5		4		4.5		5		6		7	8
	Ⅰ	Ⅰ	Ⅰ	Ⅱ	Ⅰ	Ⅱ	Ⅰ	Ⅱ	Ⅰ	Ⅱ	Ⅰ	Ⅱ	Ⅰ	Ⅱ	Ⅰ	Ⅱ	Ⅰ	Ⅱ	Ⅱ	Ⅱ
人工土方	0.04	0.05	0.07	0.11	0.09	0.13	0.11	0.15	0.13	0.17	0.15	0.20	0.17	0.23	0.19	0.26	0.21	0.31	0.36	0.42
机械土方	0.04	0.05	0.07	0.11	0.09	0.13	0.11	0.15	0.13	0.17	0.15	0.20	0.17	0.23	0.19	0.27	0.22	0.32	0.37	0.43
汽车运输	0.04	0.05	0.07	0.11	0.09	0.13	0.11	0.16	0.13	0.19	0.15	0.22	0.17	0.25	0.19	0.27	0.22	0.32	0.37	0.43
人工石方	0.02	0.03	0.05	0.07	0.06	0.09	0.07	0.11	0.08	0.13	0.09	0.15	0.10	0.17	0.12	0.19	0.15	0.23	0.27	0.32
机械石方	0.03	0.04	0.06	0.10	0.08	0.12	0.10	0.14	0.12	0.16	0.14	0.19	0.16	0.22	0.18	0.25	0.20	0.29	0.34	0.39
高级路面	0.03	0.04	0.06	0.10	0.08	0.13	0.10	0.15	0.12	0.17	0.14	0.19	0.16	0.22	0.18	0.25	0.20	0.29	0.34	0.39
其他路面	0.03	0.04	0.06	0.09	0.08	0.12	0.09	0.14	0.10	0.16	0.12	0.18	0.14	0.21	0.16	0.24	0.19	0.28	0.32	0.37
构造物Ⅰ	0.03	0.04	0.05	0.08	0.06	0.09	0.07	0.11	0.08	0.13	0.10	0.15	0.12	0.17	0.14	0.19	0.16	0.23	0.27	0.31
构造物Ⅱ	0.03	0.04	0.05	0.08	0.07	0.10	0.08	0.12	0.09	0.14	0.11	0.16	0.13	0.18	0.15	0.21	0.17	0.25	0.30	0.34
构造物Ⅲ	0.06	0.08	0.11	0.17	0.14	0.21	0.17	0.25	0.20	0.30	0.23	0.35	0.27	0.40	0.31	0.45	0.35	0.52	0.60	0.69
技术复杂大桥	0.03	0.05	0.07	0.10	0.08	0.12	0.10	0.14	0.12	0.16	0.14	0.19	0.16	0.22	0.18	0.25	0.20	0.29	0.34	0.39
隧道	—	—	—	—	—	—	—	—	—	—	—	—	—	—	—	—	—	—	—	—
钢材及钢结构	—	—	—	—	—	—	—	—	—	—	—	—	—	—	—	—	—	—	—	—

(三)夜间施工增加费

1. 费用内容

夜间施工增加费系指根据设计、施工的技术要求和合理的施工进度要求,必须在夜间连续施工而发生的工效降低、夜班津贴以及有关照明设施(包括所需照明设施的安拆、摊销、维修及油燃料、电)等增加的费用。

2. 计算方法

夜间施工增加费按夜间施工工程项目(如桥梁工程项目包括上、下部构造全部工程)的直接工程费之和为基数,按表 6-11 的费率计算。即:

$$夜间施工增加费 = \sum 夜间施工项目的直接工程费 \times 费率 \tag{6-8}$$

夜间施工增加费费率表(%)　　表 6-11

工 程 类 别	费　率	工 程 类 别	费　率
构造物Ⅱ	0.35	技术复杂大桥	0.35
构造物Ⅲ	0.70	钢材及钢结构	0.35

注:设备安装工程及金属标志牌、防撞钢护栏、防眩板(网)、隔离栅、防护网等不计夜间施工增加费。

在编制概、预算中,除了计算冬季、雨季、夜间的施工增加费外,还应计算因冬季、雨季、夜间施工而增的人工数量。增工数量是按表 6-12 的增工百分率计算的。具体计算方法如下:

冬雨季施工增工百分率　　表 6-12

项　目	雨季施工		冬 季 施 工							
	(雨量区)		冬一区		冬二区		冬三区	冬四区	冬五区	冬六区
	Ⅰ	Ⅱ	Ⅰ	Ⅱ	Ⅰ	Ⅱ				
路线	0.30	0.45	0.70	1.00	1.40	1.80	2.40	3.00	4.05	6.75
独立大中桥	0.30	0.45	0.30	0.40	0.50	0.60	0.80	1.00	1.50	2.25

(1)冬季施工增工数量

冬季施工增工数量＝概、预算工日数之和×冬季施工增工百分率

(2)雨季施工增工数量

雨季施工增工数量＝概、预算工日数之和×雨季施工增工百分率×雨季期的月数

(3)夜间施工增工数量

夜间施工增工数量＝概、预算夜间施工的工日数×4%

值得注意的是，以上增工数量只统计其实物量(人工工日数量)，其增工费用已在冬季、雨季、夜间施工增加费中计算了，故这里只统计增工数量，目的是为施工组织设计中的用工计划提供依据。

(四)特殊地区施工增加费

特殊地区施工增加费包括高原地区施工增加费、风沙地区施工增加费和沿海地区施工增加费三项。

(1)高原地区施工增加费

高原地区施工增加费系指在海拔高度1500m以上地区施工，由于受气候、气压的影响，致使人工、机械效率降低而增加的费用。该费用以各类工程人工费和机械使用费之和为基数，按表6-13的费率计算。即：

$$\text{高原地区施工增加费}=\sum(\text{人工费}+\text{机械使用费})\times\text{费率} \tag{6-9}$$

当一条路线通过两个以上(含两个)不同的海拔高度分区时，应分别计算高原地区施工增加费或按工程量比例求得平均的增加率，计算全线高原地区施工增加费。

高原地区施工增加费费率表(%) 表6-13

工程类别	海拔高度(m)							
	1501～2000	2001～2500	2501～3000	3001～3500	3501～4000	4001～4500	4501～5000	5000以上
人工土方	7.00	13.25	19.75	29.75	43.25	60.00	80.00	110.00
机械土方	6.56	12.60	18.66	25.60	36.05	49.08	64.72	83.80
汽车运输	6.50	12.50	18.50	25.00	35.00	47.50	62.50	80.00
人工石方	7.00	13.25	19.75	29.75	43.25	60.00	80.00	110.00
机械石方	6.71	12.82	19.03	27.01	38.50	52.80	69.92	92.72
高级路面	6.58	12.61	18.69	25.72	36.26	49.41	65.17	84.58
其他路面	6.73	12.84	19.07	27.15	38.74	53.17	70.44	93.60
构造物Ⅰ	6.87	13.06	19.44	28.56	41.18	56.86	75.61	102.47
构造物Ⅱ	6.77	12.90	19.17	27.54	39.41	54.18	71.85	96.03
构造物Ⅲ	6.73	12.85	19.08	27.19	38.81	53.27	70.57	93.84
技术复杂大桥	6.70	12.81	19.01	26.94	38.37	52.61	69.65	92.27
隧道	6.76	12.90	19.16	27.50	39.35	54.09	71.72	95.81
钢材及钢结构	6.78	12.92	19.20	27.66	39.62	54.50	72.30	96.80

(2)风沙地区施工增加费

风沙地区施工增加费系指在沙漠地区施工时，由于受风沙影响，按照施工及验收规范的要求，为保证工程质量和安全生产而增加的有关费用。内容包括防风、防沙及气候影响的措施费，材料费，人工、机械效率降低增加的费用，以及积沙、风蚀的清理修复等费用。

风沙地区的划分，根据《公路自然区划标准》、《沙漠地区公路建设成套技术研究报告》的公路自然区划和沙漠公路区划，结合风沙地区的气候状况将风沙地区分为三区九类：半干旱、半湿润沙地为风沙一区；干旱、极干旱寒冷沙漠地区为风沙二区；极干旱炎热沙漠地区为风沙三区。根据覆盖度（沙漠中植被、戈壁等覆盖程度）又将每区分为固定沙漠（覆盖度 >50%）、半固定沙漠（覆盖度 10% ~50%）、流动沙漠（覆盖度 <10%）三类，覆盖度由工程勘察设计人员在公路工程勘察设计时确定。

全国风沙地区公路施工区划见附录Ⅳ。若当地气象资料及自然特征与附录Ⅳ中的风沙地区划分有较大出入时，由工程所在省、自治区、直辖市公路（交通）工程造价（定额）管理站按当地气象资料和自然特征及上述划分标准确定工程所在地的风沙区划，并抄送交通部公路司备案。

当一条路线穿过两个以上（含两个）不同风沙区时，按路线长度经过不同的风沙区加权计算项目全线风沙地区施工增加费。

风沙地区施工增加费以各类工程的人工费和机械使用费之和为基数，根据工程所在地的风沙区划及类别，按表 6-14 的费率计算。即：

$$风沙地区施工增加费 = \sum(人工费 + 机械使用费) \times 费率 \quad (6\text{-}10)$$

风沙地区施工增加费费率表（%） 表 6-14

工程类别 \ 风沙区划	风沙一区			风沙二区			风沙三区		
	沙漠类型								
	固定	半固定	流动	固定	半固定	流动	固定	半固定	流动
人工土方	6.00	11.00	18.00	7.00	17.00	26.00	11.00	24.00	37.00
机械土方	4.00	7.00	12.00	5.00	11.00	17.00	7.00	15.00	24.00
汽车运输	4.00	8.00	13.00	5.00	12.00	18.00	8.00	17.00	26.00
人工石方	—	—	—	—	—	—	—	—	—
机械石方	—	—	—	—	—	—	—	—	—
高级路面	0.50	1.00	2.00	1.00	2.00	3.00	2.00	3.00	5.00
其他路面	2.00	4.00	7.00	3.00	7.00	10.00	4.00	10.00	15.00
构造物Ⅰ	4.00	7.00	12.00	5.00	11.00	17.00	7.00	16.00	24.00
构造物Ⅱ	—	—	—	—	—	—	—	—	—
构造物Ⅲ	—	—	—	—	—	—	—	—	—
技术复杂大桥	—	—	—	—	—	—	—	—	—
隧道	—	—	—	—	—	—	—	—	—
钢材及钢结构	1.00	2.00	4.00	1.00	3.00	5.00	2.00	5.00	7.00

（3）沿海地区工程施工增加费

沿海地区工程施工增加费系指工程项目在沿海地区施工受海风、海浪和潮汐的影响，致使人工、机械效率降低等所需增加的费用。本项费用由沿海各省、自治区、直辖市交通厅（局）制定具体的适用范围（地区），并抄送交通部公路司备案。

沿海地区工程施工增加费以各类工程的直接工程费之和为基数，按表 6-15 的费率计算。即：

$$沿海地区工程施工增加费 = \sum 直接工程费 \times 费率 \quad (6\text{-}11)$$

沿海地区工程施工增加费费率表(%) 表 6-15

工程类别	费率	工程类别	费率
构造物Ⅱ	0.15	技术复杂大桥	0.15
构造物Ⅲ	0.15	钢材及钢结构	0.15

(五)行车干扰工程施工增加费

1. 费用内容

行车干扰工程施工增加费是指由于边施工边维持通车,受行车干扰的影响,致使人工、机械效率降低而增加的费用。

2. 计算方法

该费用以受行车影响部分的工程项目的人工费和机械使用费之和为基数,按表 6-16 的费率计算。即:

$$行车干扰工程施工增加费 = \sum(人工费 + 机械使用费) \times 费率 \tag{6-12}$$

行车干扰工程施工增加费费率表(%) 表 6-16

工程类别	施工期间平均每昼夜双向行车次数(汽车、畜力车合计)							
	51 ~ 100	101 ~ 500	501 ~ 1000	1001 ~ 2000	2001 ~ 3000	3001 ~ 4000	4001 ~ 5000	5000 以上
人工土方	1.64	2.46	3.28	4.10	4.76	5.29	5.86	6.44
机械土方	1.39	2.19	3.00	3.89	4.51	5.02	5.56	6.11
汽车运输	1.36	2.09	2.85	3.75	4.35	4.84	5.36	5.89
人工石方	1.66	2.40	3.33	4.06	4.71	5.24	5.81	6.37
机械石方	1.16	1.71	2.38	3.19	3.70	4.12	4.56	5.01
高级路面	1.24	1.87	2.50	3.11	3.61	4.01	4.45	4.88
其他路面	1.17	1.77	2.36	2.94	3.41	3.79	4.20	4.62
构造物Ⅰ	0.94	1.41	1.89	2.36	2.74	3.04	3.37	3.71
构造物Ⅱ	0.95	1.43	1.90	2.37	2.75	3.06	3.39	3.72
构造物Ⅲ	0.95	1.42	1.90	2.37	2.75	3.05	3.38	3.72
技术复杂大桥	—	—	—	—	—	—	—	—
隧道	—	—	—	—	—	—	—	—
钢材及钢结构	—	—	—	—	—	—	—	—

(六)安全及文明施工措施费

1. 费用内容

安全及文明施工措施费是指工程施工期间为满足安全生产、文明施工、职工健康生活所发生的费用。该费用不包括施工期间为保证交通安全而设置的临时安全设施和标志、标牌的费用,需要时应根据设计要求计算。

2. 计算方法

安全及文明施工措施费以各类工程的直接工程费之和为基数,按表 6-17 的费率计算。即:

$$安全及文明施工措施费 = \sum 直接工程费 \times 费率 \tag{6-13}$$

安全及文明施工措施费费率表(%) 表 6-17

工程类别	费率	工程类别	费率
人工土方	0.59	构造物Ⅰ	0.72
机械土方	0.59	构造物Ⅱ	0.78
汽车运输	0.21	构造物Ⅲ	1.57
人工石方	0.59	技术复杂大桥	0.86
机械石方	0.59	隧道	0.73
高级路面	1.00	钢材及钢结构	0.53
其他路面	1.02		

注:设备安装工程按表中费率的50%计算。

(七)临时设施费

1.费用内容

临时设施费是指施工企业为进行建筑安装工程施工所必需的生活和生产用的临时建筑物、构筑物和其他临时设施的费用等,但不包括概、预算定额中临时工程在内。

临时设施包括:临时生活及居住房屋(包括职工家属房屋及探亲房屋)、文化福利及公用房屋(如广播室、文体活动室等)和生产、办公房屋(如仓库、加工厂、加工棚、发电站、变电站、空压机站、停机棚等),工地范围内的各种临时的工作便道(包括汽车、畜力车、人力车道)、人行便道,工地临时用水、用电的水管支线和电线支线,临时构筑物(如水井、水塔等)以及其他小型临时设施。

临时设施费用内容包括:临时设施的搭设、维修、拆除费或摊销费。

2.计算方法

(1)临时设施费计算

临时设施费以各类工程的直接工程费之和为基数,按表6-18的费率计算。即:

$$临时设施费 = \sum 直接工程费 \times 费率 \tag{6-14}$$

临时设施费费率表(%) 表 6-18

工程类别	费率	工程类别	费率
人工土方	1.57	构造物Ⅰ	2.65
机械土方	1.42	构造物Ⅱ	3.14
汽车运输	0.92	构造物Ⅲ	5.81
人工石方	1.60	技术复杂大桥	2.92
机械石方	1.97	隧道	2.57
高级路面	1.92	钢材及钢结构	2.48
其他路面	1.87		

(2)临时设施用工数量的计算

在计算临时设施费的同时,还应计算临时设施的用工数量,这部分用工数量不再计价(其费用已计入临时设施费内),只作为编制施工组织设计用工计划的依据。

用工指标按表6-19规定计算。

临时设施用工指标 表 6-19

项目	路线 (1km)					独立大中桥 (100m² 桥面)
	公路等级					
	高速公路	一级公路	二级公路	三级公路	四级公路	
工日	2 340	1 160	340	160	100	60

(八)施工辅助费

1. 费用内容

施工辅助费包括生产工具用具使用费、检验试验费和工程定位复测、工程点交、场地清理等费用。

生产工具用具使用费系指施工所需不属于固定资产的生产工具、检验用具、试验用具及仪器、仪表等的购置、摊销和维修费,以及支付给生产工人自备工具的补贴费。

检验试验费系指施工企业对建筑材料、构件和建筑安装工程进行一般鉴定、检查所发生的费用,包括自设试验室进行试验所耗用的材料和化学药品的费用,以及技术革新和研究试验费,但不包括新结构、新材料的试验费和建设单位要求对具有出厂合格证明的材料进行检验、对构件进行破坏性试验及其他特殊要求检验的费用。

2. 计算方法

施工辅助费以各类工程的直接工程费之和为基数,按表 6-20 的费率计算。即:

$$施工辅助费 = \sum 直接工程费 \times 费率 \tag{6-15}$$

施工辅助费费率表(%) 表 6-20

工程类别	费率	工程类别	费率
人工土方	0.89	构造物Ⅰ	1.30
机械土方	0.49	构造物Ⅱ	1.56
汽车运输	0.16	构造物Ⅲ	3.03
人工石方	0.85	技术复杂大桥	1.68
机械石方	0.46	隧道	1.23
高级路面	0.80	钢材及钢结构	0.56
其他路面	0.74		

(九)工地转移费

1. 费用内容

工地转移费是指施工企业根据建设任务的需要,由已竣工的工地或后方基地迁至新工地的搬迁费用。其内容包括:

(1)施工单位全体职工及随职工迁移的家属向新工地转移的车费、家具行李运费、途中住宿费、行程补助费、杂费及工资与工资附加费等。

(2)公物、工具、施工设备器材、施工机械的运杂费,以及外租机械的往返费及本工程内部各工地之间施工机械、设备、公物、工具的转移费等。

(3)非固定工人进退场及一条路线中各工地转移的费用。

转移距离以工程承包单位(如工程处、工程公司等)转移前后驻地距离或两路线中点的距离为准;编制概、预算时,如施工单位不明确时,高速、一级公路及独立大桥、隧道按省会(自治区首府)至工地的里程,二级及以下公路按地区(市、盟)至工地的里程计算工地转移费;工地转移里程数在表列里程之间时,费率可内插计算。工地转移距离在 50km 以内的工程不计取本项费用。

2. 计算方法

工地转移费以各类工程的直接工程费之和为基数,按表6-21的费率计算。即:

$$工地转移费 = \sum 直接工程费 \times 费率 \tag{6-16}$$

工地转移费费率表(%)

表6-21

工程类别	工地转移距离(km)					
	50	100	300	500	1000	每增加100
人工土方	0.15	0.21	0.32	0.43	0.56	0.03
机械土方	0.50	0.67	1.05	1.37	1.82	0.08
汽车运输	0.31	0.40	0.62	0.82	1.07	0.05
人工石方	0.16	0.22	0.33	0.45	0.58	0.03
机械石方	0.36	0.43	0.74	0.97	1.28	0.06
高级路面	0.61	0.83	1.30	1.70	2.27	0.12
其他路面	0.56	0.75	1.18	1.54	2.06	0.10
构造物Ⅰ	0.56	0.75	1.18	1.54	2.06	0.11
构造物Ⅱ	0.66	0.89	1.40	1.83	2.45	0.13
构造物Ⅲ	1.31	1.77	2.77	3.62	4.85	0.25
技术复杂大桥	0.75	1.01	1.58	2.06	2.76	0.14
隧道	0.52	0.71	1.11	1.45	1.94	0.10
钢材及钢结构	0.72	0.97	1.51	1.97	2.64	0.13

综上所述,其他工程费共有9项费用,其计算方法都是以“基数×费率”的方式计算的,但值得注意的是9项费用的计算基数并不相同,其中高原地区施工增加费、风沙地区施工增加费、行车干扰工程施工增加费的计算基数为“各类工程的人工费和机械使用费之和”,而冬季施工增加费、雨季施工增加费、夜间施工增加费、安全及文明施工措施费、临时设施费、施工辅助费、工地转移费、沿海地区工程施工增加费的计算基数是“各类工程的直接工程费之和”。

例6-5 已知工地转移距离为100km,试根据例6-4已知条件及计算结果,试计算该工程的其他工程费。

解:由附录ⅡⅢⅣ可知,北京地属冬二(Ⅰ),雨Ⅱ(2),工程类别为其他路面。依题意,该工程的夜间施工增加费,特殊地区施工增加费、行车干扰工程施工增加费均为零。其余费率如下:

冬季施工增加费率为0.29%

雨季施工增加费率为0.09%

安全及文明施工措施费费率为1.02%

临时设施费费率为1.87%

施工辅助费费率为0.74%

工地转移费费率为0.75%

其他工程费 = 2 275 226 × (0.29 + 0.09 + 1.02 + 1.87 + 0.74 + 0.75)% = 108 301元

第二节 间接费

间接费是指直接费以外,施工企业必须缴纳的费用和企业管理费用。由规费和企业管理费两项费用组成。即:

间接费 = 规费 + 企业管理费用

一、规　　费

1. 费用内容

规费系指法律、法规、规章、规程规定施工企业必须缴纳的费用(简称规费),包括:

(1)养老保险费。是指施工企业按规定标准为职工缴纳的基本养老保险费。

(2)失业保险费。是指施工企业按国家规定标准为职工缴纳的失业保险费。

(3)医疗保险费。是指施工企业按规定标准为职工缴纳的基本医疗保险费和生育保险费。

(4)住房公积金。是指施工企业按规定标准为职工缴纳的住房公积金。

(5)工伤保险费。是指施工企业按规定标准为职工缴纳的工伤保险费。

2. 计算方法

规费是以各类工程的人工费之和为基数,按国家或工程所在地法律、法规、规章、规程规定的标准计算。即:

$$规费 = 各类工程的人工数之和 \times 规定的标准 \quad (6\text{-}17)$$

二、企业管理费

1. 费用内容

企业管理费由基本费用、主副食运费补贴、职工探亲路费、职工取暖补贴和财务费用五项组成。

(1)基本费用

企业管理费基本费用系指施工企业为组织施工生产和经营管理所需的费用,内容包括:

①管理人员工资。系指管理人员的基本工资、工资性补贴、职工福利费、劳动保护费以及缴纳的养老、失业、医疗、生育、工伤保险费和住房公积金等。

②办公费。系指企业办公用的文具、纸张、账表、印刷、邮电、书报、会议、水、电、烧水和集体取暖(包括现场临时宿舍取暖)用煤(气)等费用。

③差旅交通费。系指职工因公出差和工作调动(包括随行家属的旅费)的差旅费、住宿补助费,市内交通费和误餐补助费,职工探亲路费,劳动力招募费,职工离退休、退职一次性路费,工伤人员就医路费,以及管理部门使用的交通工具的油料、燃料、养路费及牌照费。

④固定资产使用费。系指管理和试验部门及附属生产单位使用的属于固定资产的房屋、设备、仪器等的折旧、大修、维修或租赁费等。

⑤工具用具使用费。系指管理使用的不属于固定资产的生产工具、器具、家具、交通工具和检验、试验、测绘、消防用具等的购置、维修和摊销费。

⑥劳动保险费。是指企业支付离退休职工的易地安家补助费、职工退职金、六个月以上的病假人员工资、职工死亡丧葬补助费、抚恤费、按规定支付给离休干部的各项经费。

⑦工会经费。是指企业按职工工资总额计提的工会经费。

⑧职工教育经费。是指企业为职工学习先进技术和提高文化水平,按职工工资总额计提的费用。

⑨保险费。是指企业财产保险、管理用车辆等保险费用。

⑩工程保修费。是指工程竣工交付使用后,在规定保修期以内的修理费用。

⑪工程排污费。是指施工现场按规定缴纳的排污费用。

⑫税金。是指企业按规定缴纳的房产税、车船使用税、土地使用税、印花税等。

⑬其他。是指上述项目以外的其他必要的费用支出，包括技术转让费、技术开发费、业务招待费、绿化费、广告费、投标费、公证费、定额测定费、法律顾问费、审计费、咨询费等。

(2)主副食运费补贴

主副食运费补贴是指施工企业在远离城镇及乡村的野外施工购买生活必需品所需增加的费用。

(3)职工探亲路费

职工探亲路费是指按照有关规定施工企业职工在探亲期间发生的往返车船费、市内交通费和途中住宿费等费用。

(4)职工取暖补贴

职工取暖补贴是指按规定发放给职工的冬季取暖费或在施工现场设置的临时取暖设施的费用。

(5)财务费用

财务费用是指施工企业为筹集资金而发生的各项费用，包括企业经营期间发生的短期贷款利息净支出、汇兑净损失、调剂外汇手续费、金融机构手续费，以及企业筹集资金发生的其他财务费用。

2. 计算方法

企业管理费以各类工程的直接费之和为基数，按表6-22～表6-26各项费率计算的。即

$$企业管理费 = \sum 直接费 \times 费率 \tag{6-18}$$

基本费用费率表(%) 表6-22

工程类别	费率	工程类别	费率
人工土方	3.36	构造物Ⅰ	4.44
机械土方	3.26	构造物Ⅱ	5.53
汽车运输	1.44	构造物Ⅲ	9.79
人工石方	3.45	技术复杂大桥	4.72
机械石方	3.28	隧道	4.22
高级路面	1.91	钢材及钢结构	2.42
其他路面	3.28		

主副食运费补贴费率表(%) 表6-23

工程类别	综合里程(km)											
	1	3	5	8	10	15	20	25	30	40	50	每增加10
人工土方	0.17	0.25	0.31	0.39	0.45	0.56	0.67	0.76	0.89	1.06	1.22	0.16
机械土方	0.13	0.19	0.24	0.30	0.35	0.43	0.52	0.59	0.69	0.81	0.95	0.13
汽车运输	0.14	0.20	0.25	0.32	0.37	0.45	0.55	0.62	0.73	0.86	1.00	0.14
人工石方	0.13	0.19	0.24	0.30	0.34	0.42	0.51	0.58	0.67	0.80	0.92	0.12
机械石方	0.12	0.18	0.22	0.28	0.33	0.41	0.49	0.55	0.65	0.76	0.89	0.12

续上表

工程类别	综合里程（km）										
	1	3	5	8	10	15	20	25	30	40	50	每增加10
高级路面	0.08	0.12	0.15	0.20	0.22	0.28	0.33	0.38	0.44	0.52	0.60	0.08
其他路面	0.09	0.12	0.15	0.20	0.22	0.28	0.33	0.38	0.44	0.52	0.61	0.09
构造物Ⅰ	0.13	0.18	0.23	0.28	0.32	0.40	0.49	0.55	0.65	0.76	0.89	0.12
构造物Ⅱ	0.14	0.20	0.25	0.30	0.35	0.43	0.52	0.60	0.70	0.83	0.96	0.13
构造物Ⅲ	0.25	0.36	0.45	0.55	0.64	0.79	0.96	1.09	1.28	1.51	1.76	0.24
技术复杂大桥	0.11	0.16	0.20	0.25	0.29	0.36	0.43	0.49	0.57	0.68	0.79	0.11
隧道	0.11	0.16	0.19	0.24	0.28	0.34	0.42	0.48	0.56	0.66	0.77	0.10
钢材及钢结构	0.11	0.16	0.20	0.26	0.30	0.37	0.44	0.50	0.59	0.69	0.80	0.11

注：综合里程 = 粮食运距 ×0.06 + 燃料运距 ×0.09 + 蔬菜运距 ×0.15 + 水运距 ×0.70

粮食、燃料、蔬菜、水的运距均为全线平均运距；综合里程数在表列里程之间时，费率可内插；综合里程在1km以内的工程不计取本项费用。

职工探亲路费费率表（%） 表6-24

工程类别	费率	工程类别	费率
人工土方	0.10	构造物Ⅰ	0.29
机械土方	0.22	构造物Ⅱ	0.34
汽车运输	0.14	构造物Ⅲ	0.55
人工石方	0.10	技术复杂大桥	0.20
机械石方	0.22	隧道	0.27
高级路面	0.14	钢材及钢结构	0.16
其他路面	0.16		

职工取暖补贴费率表（%） 表6-25

工程类别	气温区						
	准二区	冬一区	冬二区	冬三区	冬四区	冬五区	冬六区
人工土方	0.03	0.06	0.10	0.15	0.17	0.26	0.31
机械土方	0.06	0.13	0.22	0.33	0.44	0.55	0.66
汽车运输	0.06	0.12	0.21	0.31	0.41	0.51	0.62
人工石方	0.03	0.06	0.10	0.15	0.17	0.25	0.31
机械石方	0.05	0.11	0.17	0.26	0.35	0.44	0.53
高级路面	0.04	0.07	0.13	0.19	0.25	0.31	0.38
其他路面	0.04	0.07	0.12	0.18	0.24	0.30	0.36
构造物Ⅰ	0.06	0.12	0.19	0.28	0.36	0.46	0.56

续上表

工程类别	气温区						
	准二区	冬一区	冬二区	冬三区	冬四区	冬五区	冬六区
构造物Ⅱ	0.06	0.13	0.20	0.30	0.41	0.51	0.62
构造物Ⅲ	0.11	0.23	0.37	0.56	0.74	0.93	1.13
技术复杂大桥	0.05	0.10	0.17	0.26	0.34	0.42	0.51
隧道	0.04	0.08	0.14	0.22	0.28	0.36	0.43
钢材及钢结构	0.04	0.07	0.12	0.19	0.25	0.31	0.37

财务费用费率表(%) 表6-26

工程类别	费率	工程类别	费率
人工土方	0.23	构造物Ⅰ	0.37
机械土方	0.21	构造物Ⅱ	0.40
汽车运输	0.21	构造物Ⅲ	0.82
人工石方	0.22	技术复杂大桥	0.46
机械石方	0.20	隧道	0.39
高级路面	0.27	钢材及钢结构	0.48
其他路面	0.30		

3. 辅助生产间接费

辅助生产间接费是指由施工单位自行开采加工的砂、石等材料及施工单位自办的人工装卸和运输的间接费。

辅助生产间接费按人工费的5%计。该项费用并入材料预算单价内构成材料费，不直接出现在概、预算中。

高原地区施工单位的辅助生产，可按其他工程费中高原地区施工增加费费率，以直接工程费为基数计算高原地区施工增加费(其中：人工采集、加工材料，人工装卸、运输材料按人工土方费率计算；机械采集、加工材料按机械石方费率计算；机械装、运输材料按汽车运输费率计算)。辅助生产高原地区施工增加费不作为辅助生产间接费的计算基数。

例6-6 已知主副食运距8km，煤运距20km，试根据例4已知条件及计算结果，计算该工程的企业管理费用。

解：由例4可知，该工程属冬二区，工程类别为其他路面，直接费为2159139元。

(1)主副食综合里程 $=8\times0.06+20\times0.09+8\times0.15=3.48\text{km}$

$$\text{内插费率}=0.12+\frac{0.15-0.12}{5-3}\times0.48=0.13$$

(2)其他各项费率查取结果如下：

基本费用费率 3.28%

主副食运费补贴费率 0.13%

职工探亲路费费率 0.16%

职工取暖补贴费率 0.12%

财务费用费率 0.3%

(3)计算企业管理费

企业管理费 = 2 383 527 × (3.28 + 0.13 + 0.16 + 0.12 + 0.3)% = 95 103 元

第三节　利润和税金

一、利　　润

1. 费用内容

利润是指企业完成所承包工程应取得的盈利。该利润是计划利润仅作为编制概、预算的依据,不是企业的实际获取的利润。

2. 计算方法

利润按直接费与间接费之和扣除规费的7%计算。即:

$$利润 = (直接费 + 间接费 - 规费) \times 7\% \tag{6-19}$$

二、税　　金

1. 费用内容

税金是指按国家税法规定应计入建筑安装工程造价内的营业税、城市维护建设税及教育附加费等。

2. 计算方法

税金是根据纳税人所在地不同,按综合税金计算的。即:

$$综合税金额 = (直接费 + 间接费 + 利润) \times 综合税率 \tag{6-20}$$

式中:综合税率根据纳税地点是否在城区,按以下三种情况计算。

(1)纳税地点在市区的企业,综合税率为:

$$综合税率(\%) = \left(\frac{1}{1 - 3\% - 3\% \times 7\% - 3\% \times 3\%} - 1\right) \times 100 = 3.41(\%)$$

(2)纳税地点在县城、乡镇的企业,综合税率为:

$$综合税率(\%) = \left(\frac{1}{1 - 3\% - 3\% \times 5\% - 3\% \times 3\%} - 1\right) \times 100 = 3.35(\%)$$

(3)纳税地点不在市区、县城、乡镇的企业,综合税率为:

$$综合税率(\%) = \left(\frac{1}{1 - 3\% - 3\% \times 1\% - 3\% \times 3\%} - 1\right) \times 100 = 3.22(\%)$$

第四节　设备、工具、器具及家具购置费

一、设备购置费

1. 费用内容

设备购置费系指为满足公路的营运、管理、养护需要,购置的达到固定资产标准的设备和虽低于固定资产标准但属于设计明确列入设备清单的设备的费用,包括渡口设备,隧道照明、消防、通风的动力设备,高等级公路的收费、监控、通信、供电设备,养护用的机械、设备和工具、

器具等的购置费用。

2. 计算方法

设备购置费应由设计单位列出计划购置的清单（包括设备的规格、型号、数量），以设备原价加综合业务费和运杂费按以下公式计算：

$$设备购置费 = 设备原价 + 运杂费（运输费 + 装卸费 + 搬运费）+ 运输保险费 + 采购及保管费 \tag{6-21}$$

（1）国产设备原价的构成及计算

国产设备的原价一般是指设备制造厂的交货价，即出厂价或订货合同价。它一般根据生产厂或供应商的询价、报价、合同价确定，或采用一定的方法计算确定。其内容包括按专业标准规定的在运输过程中不受损失的一般包装费，及按产品设计规定配备的工具、附件和易损件的费用。即：

$$设备原价 = 出厂价（或供货地点价）+ 包装费 + 手续费 \tag{6-22}$$

（2）进口设备原价的构成及计算

进口设备的原价是指进口设备的抵岸价，即抵达买方边境港口或边境车站，且交完关税为止形成的价格。即：

$$进口设备原价 = 货价 + 国际运费 + 运输保险费 + 银行财务费 + 外贸手续费 + 关税 + 增值税 + 消费税 + 商检费 + 检疫费 + 车辆购置附加费 \tag{6-23}$$

①货价：一般指装运港船上交货价（FOB，习惯称离岸价）。设备货价分为原币货价和人民币货价。原币货价一律折算为美元表示，人民币货价按原币货价乘以外汇市场美元兑换人民币的中间价确定。进口设备货价按有关生产厂商询价、报价、订货合同价计算。

②国际运费：即从装运港（站）到达我国抵达港（站）的运费。即：

$$国际运费 = 原币货价（FOB 价）\times 运费费率 \tag{6-24}$$

我国进口设备大多采用海洋运输，小部分采用铁路运输，个别采用航空运输。运费费率参照有关部门或进出口公司的规定执行，海运费费率一般为6%。

③运输保险费：对外贸易货物运输保险是由保险人（保险公司）与被保险人（出口人或进口人）订立保险契约，在被保险人交付议定的保险费后，保险人根据保险契约的规定对货物在运输过程中发生的承保责任范围内的损失给予经济上的补偿。这是一种财产保险。计算公式为：

$$运输保险费 = [原币货价（FOB 价）+ 国际运费] \div (1 - 保险费费率) \times 保险费费率 \tag{6-25}$$

保险费费率按保险公司规定的进口货物保险费费率计算，一般为0.35%。

④银行财务费：一般指中国银行手续费。其可按下式简化计算：

$$银行财务费 = 人民币货价（FOB 价）\times 银行财务费费率 \tag{6-26}$$

银行财务费费率一般为0.4%～0.5%。

⑤外贸手续费：指按规定计取的外贸手续费。其计算公式为：

$$外贸手续费 = [人民币货价（FOB 价）+ 国际运费 + 运输保险费] \times 外贸手续费费率 \tag{6-27}$$

外贸手续费费率一般为1%～1.5%。

⑥关税：指海关对进出国境或关境的货物和物品征收的一种税。其计算公式为：

$$关税 = [人民币货价(FOB价) + 国际运费 + 运输保险费] \times 进口关税税率 \quad (6\text{-}28)$$

进口关税税率按我国海关总署发布的进口关税税率计算。

⑦增值税:是对从事进口贸易的单位和个人,在进口商品报关进口后征收的税种。按《中华人民共和国增值税条例》的规定,进口应税产品均按组成计税价格和增值税税率直接计算应纳税额。即:

$$增值税 = [人民币货价(FOB价) + 国际运费 + 运输保险费 + 关税 + 消费税] \times 增值税税率 \quad (6\text{-}29)$$

增值税税率根据规定的税率计算,目前进口设备适用的税率为17%。

⑧消费税:对部分进口设备(如轿车、摩托车等)征收的税费。其计算公式为:

$$应纳消费税额 = [人民币货价(FOB价) + 国际运费 + 运输保险费 + 关税] \div (1 - 消费税税率) \times 消费税税率 \quad (6\text{-}30)$$

消费税税率根据规定的税率计算。

⑨商检费:指进口设备按规定付给商品检查部门的进口设备检验鉴定费。其计算公式为:

$$商检费 = [人民币货价(FOB价) + 国际运费 + 运输保险费] \times 商检费费率 \quad (6\text{-}31)$$

商检费费率一般为0.8%。

⑩检疫费:指进口设备按规定付给商品检疫部门的进口设备检验鉴定费。其计算公式为:

$$检疫费 = [人民币货价(FOB价) + 国际运费 + 运输保险费] \times 检疫费费率 \quad (6\text{-}32)$$

检疫费费率一般为0.17%。

⑪车辆购置附加费:指进口车辆需缴纳的进口车辆购置附加费。其计算公式为:

$$进口车辆购置附加费 = [人民币货价(FOB价) + 国际运费 + 运输保险费 + 关税 + 消费税 + 增值税] \times 进口车辆购置附加费费率 \quad (6\text{-}33)$$

在计算进口设备原价时,应注意工程项目的性质,有无按国家有关规定减免进口环节税的可能。

3)设备运杂费的构成及计算

国产设备运杂费指由设备制造厂交货地点起至工地仓库(或施工组织设计指定的需要安装设备的堆放地点)止所发生的运费和装卸费;进口设备运杂费指由我国到岸港口或边境车站起至工地仓库(或施工组织设计指定的需要安装设备的堆放地点)止所发生的运费和装卸费。其计算公式为:

$$运杂费 = 设备原价 \times 运杂费费率 \quad (6\text{-}34)$$

设备运杂费费率见表6-27。

设备运杂费费率表(%) 表6-27

运输里程(km)	100以内	101~200	201~300	301~400	401~500	501~750	751~1 000	1 001~1 250	1 251~1 500	1 501~1 750	1 751~2 000	2 000以上每增250
费率(%)	0.8	0.9	1.0	1.1	1.2	1.5	1.7	2.0	2.2	2.4	2.6	0.2

4)设备运输保险费的构成及计算

设备运输保险费指国内运输保险费。其计算公式为:

$$运输保险费 = 设备原价 \times 保险费费率 \quad (6\text{-}35)$$

设备运输保险费费率一般为1%。

5)设备采购及保管费的构成及计算

设备采购及保管费指采购、验收、保管和收发设备所发生的各种费用，包括设备采购人员、保管人员和管理人员的工资、工资附加费、办公费、差旅交通费，设备供应部门办公和仓库所占固定资产使用费、工具用具使用费、劳动保护费、检验试验费等。其计算公式为：

$$采购及保管费 = 设备原价 \times 采购及保管费费率 \tag{6-36}$$

需要安装的设备的采购保管费费率为 2.4%，不需要安装的设备的采购保管费费率为1.2%。

二、工器具及生产家具购置费

1. 费用内容

工器具购置费系指建设项目交付使用后，为满足初期正常营运必须购置的第一套不构成固定资产的设备、仪器、仪表、工卡模具、器具、工作台（框、架、柜）等的费用。该费用不包括构成固定资产的设备、工器具和备品、备件，及已列入设备购置费中的专用工具和备品、备件。

2. 计算方法

对于工器具的购置，应由设计单位列出计划购置的清单（包括规格、型号、数量），购置费的计算方法同设备购置费。

三、办公及生活用家具购置费

1. 费用内容

办公和生活用家具购置费系指为保证新建、改建项目初期正常生产、使用和管理所必须购置的办公和生活用家具、用具的费用。

范围包括：行政、生产部门的办公室、会议室、资料档案室、阅览室、单身宿舍及生活福利设施等家具、用具。

2. 计算方法

办公和生活用家具购置费按表 6-28 的规定计算。

办公和生活用家具购置费标准表 表 6-28

工程所在地	路线（元/公路公里）				有看桥房的独立大桥（元/座）	
	高速公路	一级公路	二级公路	三、四级公路	一般大桥	技术复杂大桥
内蒙古、黑龙江、青海、新疆、西藏	21 500	15 600	7 800	4 000	24 000	60 000
其他省、自治区、直辖市	17 500	14 600	5 800	2 900	19 800	49 000

注：改建工程按表列数 80% 计。

第五节 工程建设其他费用

工程建设其他费用是由土地征用及拆迁补偿费、建设项目管理费、研究试验费、前期工作费、专项评价（估）费、施工机构迁移费、供电贴费、联合试运转费、生产人员培训费、固定资产投资方向调节税、建设期贷款利息等十一项费用组成。

一、土地征用及拆迁补偿费

土地征用及拆迁补偿费系指按照《中华人民共和国土地管理法》及《中华人民共和国土地管理法实施条例》、《中华人民共和国基本农田保护条例》等法律、法规的规定,为进行公路建设需征用土地所支付的土地征用及拆迁补偿费等费用。

1. 费用内容

(1)土地补偿费:指被征用土地地上、地下附着物及青苗补偿费,征用城市郊区的菜地等缴纳的菜地开发建设基金,租用土地费,耕地占用税,用地图编制费及勘界费,征地管理费等。

(2)征用耕地安置补助费:指征用耕地需要安置农业人口的补助费。

(3)拆迁补偿费:指被征用或占用土地上的房屋及附属构筑物、城市公用设施等拆除、迁建补偿费,拆迁管理费等。

(4)复耕费:指临时占用的耕地、鱼塘等,待工程竣工后将其恢复到原有标准所发生的费用。

(5)耕地开垦费:指公路建设项目占用耕地的,应由建设项目法人(业主)负责补充耕地所发生的费用;没有条件开垦或者开垦的耕地不符合要求的,按规定缴纳的耕地开垦费。

(6)森林植被恢复费:指公路建设项目需要占用、征用或者临时占用林地的,经县级以上林业主管部门审核同意或批准,建设项目法人(业主)单位按照有关规定向县级以上林业主管部门预缴的森林植被恢复费。

2. 计算方法

土地征用及拆迁补偿费应根据审批单位批准的建设工程用地和临时用地面积及其附着物的情况,以及实际发生的费用项目,按国家有关规定及工程所在地的省(自治区、直辖市)人民政府颁发的有关规定和标准计算。

森林植被恢复费应根据审批单位批准的建设工程占用林地的类型及面积,按国家有关规定及工程所在地的省(自治区、直辖市)人民政府颁发的有关规定和标准计算。

当与原有的电力电信设施、水利工程、铁路及铁路设施互相干扰时,应与有关部门联系,商定合理的解决方案和补偿金额,也可由这些部门按规定编制费用以确定补偿金额。

二、建设项目管理费

建设项目管理费包括建设单位(业主)管理费、工程质量监督费、工程监理费、工程定额测定费、设计文件审查费和竣(交)工验收试验检测费。

(一)建设单位(业主)管理费

1. 费用内容

建设单位(业主)管理费系指建设单位(业主)为建设项目的立项、筹建、建设、竣(交)工验收、总结等工作所发生的费用,不包括应计入设备、材料预算价格的建设单位采购及保管设备、材料所需的费用。

费用内容包括:工作人员的工资、工资性补贴、施工现场津贴、社会保障费用(基本养老、基本医疗、失业、工伤保险)、住房公积金、职工福利费、工会经费、劳动保护费;办公费、会议费、差旅交通费、固定资产使用费(包括办公及生活房屋折旧、维修或租赁费,车辆折旧、维修、使用或租赁费,通信设备购置、使用费,测量、试验设备仪器折旧、维修或租赁费,其他设备折旧、维修或租赁费等)、零星固定资产购置费、招募生产工人费;技术图书资料费、职工教育经费、工程招标费(不含招标文件及标底或造价控制值编制费);合同契约公证费、法律顾问费、咨询费;建设单位的临时设施费、完工清理费、竣(交)工验收费(含其他行业或部门要求的竣工验收费用)、各种税费(包括房产税、车船使用税、印花税等);建设项目审计费、境内外融资费用(不含建设期贷款利息)、业务招待费、安全生产管理费和其他管理性开支。

由施工企业代建设单位(业主)办理"土地、青苗等补偿费"的工作人员所发生的费用,应在建设单位(业主)管理费项目中支付。当建设单位(业主)委托有资质的单位代理招标时,其代理费应在建设单位(业主)管理费中支出。

2. 计算方法

建设单位(业主)管理费以建筑安装工程费总额为基数,按表6-29的费率,以累进办法计算。即:

$$建设单位管理费 = 建筑安装工程费 \times 费率 \quad (6\text{-}37)$$

建设单位管理费费率表 表6-29

第一部分 建筑安装工程费(万元)	费率(%)	算 例 (万元)	
		建筑安装工程费	建设单位(业主)管理费
500 以下	3.48	500	500 × 3.48% = 17.4
501 ~ 1 000	2.73	1 000	17.4 + 500 × 2.73% = 31.05
1 001 ~ 5 000	2.18	5 000	31.05 + 4 000 × 2.18% = 118.25
5 001 ~ 10 000	1.84	10 000	118.25 + 5000 × 1.84% = 210.25
10 001 ~ 30 000	1.52	30 000	210.25 + 20 000 × 1.52% = 514.25
30 001 ~ 50 000	1.27	50 000	514.25 + 20 000 × 1.27% = 768.25
50 001 ~ 100 000	0.94	100 000	768.25 + 50 000 × 0.94% = 1238.25
100 001 ~ 150 000	0.76	150 000	1 238.25 + 50 000 × 0.76% = 1 618.25
150 001 ~ 200 000	0.59	200 000	1 618.25 + 50 000 × 0.59% = 1913.25
200 001 ~ 300 000	0.43	300 000	1 913.25 + 100 000 × 0.43% = 2 343.25
300 000 以上	0.32	310 000	2 343.25 + 10 000 × 0.32% = 2 375.25

水深>15m、跨度≥400m的斜拉桥和跨度≥800m的悬索桥等独立特大型桥梁工程的建设单位(业主)管理费按表6-29中的费率乘以1.0~1.2的系数计算;海上工程[指由于风浪影响,工程施工期(不包括封冻期)全年月平均工作日少于15天的工程]的建设单位(业主)管理费按表6-29中的费率乘以1.0~1.3的系数计算。

(二)工程质量监督费

1. 费用内容

工程质量监督费系指根据国家有关部门规定,各级公路工程质量监督机构对工程建设质量和安全生产实施监督应收取的管理费用。

2. 计算方法

工程质量监督费以建筑安装工程费总额为基数,按0.15%计算。即

$$工程质量监督费 = 建筑安装工程费 \times 0.15\% \quad (6\text{-}38)$$

(三)工程监理费

1. 费用内容

工程监理费系指建设单位(业主)委托具有公路工程监理资格的单位,按施工监理规范进

行全面的监督和管理所发生的费用。

费用内容包括:工作人员的基本工资、工资性津贴、社会保障费用(基本养老、基本医疗、失业、工伤保险)、住房公积金、职工福利费、工会经费、劳动保护费;办公费、会议费、差旅交通费、固定资产使用费(包括办公及生活房屋折旧、维修或租赁费,车辆折旧、维修、使用或租赁费,通信设备购置、使用费,测量、试验、检测设备仪器折旧、维修或租赁费,其他设备折旧、维修或租赁费等)、零星固定资产购置费、招募生产工人费;技术图书资料费、职工教育经费、投标费用;合同契约公证费、咨询费、业务招待费;财务费用、监理单位的临时设施费、各种税费和其他管理性开支。

2. 计算方法

工程监理费以建筑安装工程费总额为基数,按表6-30的费率计算。即:

$$工程监理费 = 建筑安装工程费 \times 费率 \tag{6-39}$$

工程监理费费率表 表6-30

工程类别	高速公路	一级及二级公路	三级及四级公路	桥梁及隧道
费率(%)	2.0	2.5	3.0	2.5

表6-30中的桥梁指水深大于15m、斜拉桥和悬索桥等独立特大型桥梁工程;隧道指水下隧道工程。

建设单位(业主)管理费和工程监理费均为实施建设项目管理的费用,执行时根据建设单位(业主)和施工监理单位所实际承担的工作内容和工作量,在保证监理费用的前提下,可统筹使用。

(四)工程定额测定费

1. 费用内容

工程定额测定费系指各级公路(交通)工程定额(造价管理)站为测定劳动定额、搜集定额资料、编制工程定额及定额管理所需要的工作经费。

2. 计算方法

工程定额测定费以建筑安装工程费总额为基数,按0.12%计算。即:

$$工程定额测定费 = 建筑安装工程费 \times 0.12\% \tag{6-40}$$

(五)设计文件审查费

1. 费用内容

设计文件审查费系指国家和省级交通主管部门在项目审批前,为保证勘察设计工作的质量,组织有关专家或委托有资质的单位,对设计单位提交的建设项目可行性研究报告和勘察设计文件以及对设计变更、调整概算进行审查所需要的相关费用。

2. 计算方法

设计文件审查费以建筑安装工程费总额为基数,按0.1%计算。即:

$$设计文件审查费 = 建筑安装工程费 \times 0.1\% \tag{6-41}$$

(六)竣(交)工验收试验检测费

1. 费用内容

竣(交)工验收试验检测费系指在公路建设项目交工验收和竣工验收前,由建设单位(业主)或工程质量监督机构委托有资质的公路工程质量检测单位按照有关规定对建设项目的工程质量进行检测,并出具检测意见所需要的相关费用。

2. 计算方法

竣(交)工验收试验检测费按表 6-31 的规定计算。

竣(交)工验收试验检测费标准表 表 6-31

项　　目	路线(元/公路公里)				独立大桥(元/座)	
	高速公路	一级公路	二级公路	三、四级公路	一般大桥	技术复杂大桥
试验检测费	15 000	12 000	10 000	5 000	30 000	100 000

关于竣(交)工验收试验检测费,高速公路、一级公路按四车道计算,二级及以下等级公路按双车道计算,每增加一条车道,按表 6-31 的费用增加 10%。

三、研究试验费

1. 费用内容

研究试验费系指为本建设项目提供或验证设计数据、资料进行必要的研究试验和按照设计规定在施工过程中必须进行试验、验证所需的费用,以及支付科技成果、先进技术的一次性技术转让费。该费用不包括:

(1)应由科技三项费用(即新产品试制费、中间试验费和重要科学研究补助费)开支的项目。

(2)应由施工辅助费开支的施工企业对建筑材料、构件和建筑物进行一般鉴定、检查所发生的费用及技术革新研究试验费。

(3)应由勘察设计费或建筑安装工程费用中开支的项目。

2. 计算方法

按照设计提出的研究试验内容和要求进行编制,不需验证设计基础资料的不计本项费用。

四、前期工作费

1. 费用内容

前期工作费系指委托勘察设计、咨询单位对建设项目进行可行性研究、工程勘察设计,以及设计、监理、施工招标文件及招标标底或造价控制值文件编制时,按规定应支付的费用。该费用包括:

(1)编制项目建议书(或预可行性研究报告)、可行性研究报告、投资估算,以及相应的勘察、设计、专题研究等所需的费用。

(2)初步设计和施工图设计的勘察费(包括测量、水文调查、地质勘探等)、设计费概、预算及调整概算编制费等。

(3)设计、监理、施工招标文件及招标标底(或造价控制值或清单预算)文件编制费等。

2. 计算方法

依据委托合同计列,或按国家颁发的收费标准和有关规定进行编制。

五、专项评价(估)费

1. 费用内容

专项评价(估)费系指依据国家法律、法规规定须进行评价(评估)、咨询,按规定应支付的费用。该费用包括环境影响评价费、水土保持评估费、地震安全性评价费、地质灾害危险性评价费、压覆重要矿床评估费、文物勘察费、通航论证费、行洪论证(评估)费、使用林地可行性研究报告编制费、用地预审报告编制费等费用。

2. 计算方法

按国家颁发的收费标准和有关规定进行编制。

六、施工机构迁移费

1. 费用内容

施工机构迁移费系指施工机构根据建设任务的需要,经有关部门决定成建制地(指工程处等)由原驻地迁移到另一地区所发生的一次性搬迁费用。该费用不包括:

(1)应由施工企业自行负担的,在规定距离范围内调动施工力量以及内部平衡施工力量所发生的迁移费用。

(2)由于违反基建程序,盲目调迁队伍所发生的迁移费。

(3)因中标而引起施工机构迁移所发生的迁移费。

费用内容包括:职工及随同家属的差旅费,调迁期间的工资,施工机械、设备、工具、用具和周转性材料的搬运费。

2. 计算方法

施工机构迁移费应经建设项目的主管部门同意按实计算。但计算施工机构迁移费后,如迁移地点即新工地地点(如独立大桥),则其他工程费内的工地转移费应不再计算;如施工机构迁移地点至新工地地点尚有部分距离,则工地转移费的距离,应以施工机构新地点为计算起点。

七、供电贴费

1. 费用内容

供电贴费系指按照国家规定,建设项目应交付的供电工程贴费、施工临时用电贴费。

2. 计算方法

按国家有关规定计列(目前停止征收)。

八、联合试运转费

1. 费用内容

联合试运转费系指新建、改(扩)建工程项目,在竣工验收前按照设计规定的工程质量标准,进行动(静)载荷载实验所需的费用,或进行整套设备带负荷联合试运转期间所需的全部费用抵扣试车期间收入的差额。包括联合试运转期间所需的材料、油燃料和动力的消耗,机械和检测设备使用费,工具用具和低值易耗品费,参加联合试运转人员工资及其他费用等。该费用不包括应由设备安装工程项下开支的调试费的费用。

2. 计算方法

联合试运转费以建筑安装工程费总额为基数,独立特大型桥梁按 0.075%、其他工程按 0.05% 计算。

九、生产人员培训费

1. 费用内容

生产人员培训费系指新建、改(扩)建公路工程项目,为保证生产的正常运行,在工程竣工验收交付使用前对运营部门生产人员和管理人员进行培训所必需的费用。包括培训人员的工资、工资性补贴、职工福利费、差旅交通费、劳动保护费、培训及教学实习费等。

2. 计算方法

生产人员培训费按设计定员和2000元/人的标准计算。

十、固定资产投资方向调节税

1. 费用内容

固定资产投资方向调节税系指为了贯彻国家产业政策,控制投资规模,引导投资方向,调整投资结构,加强重点建设,促进国民经济持续稳定协调发展,依照《中华人民共和国固定资产投资方向调节税暂行条例》规定,公路建设项目应缴纳的固定资产投资方向调节税。

2. 计算方法

按国家有关规定计算(目前暂停征收)。

十一、建设期贷款利息

1. 费用内容

建设期贷款利息系指建设项目中分年度使用国内贷款或国外贷款部分,在建设期内应归还的贷款利息。费用内容包括各种金融机构贷款、企业集资、建设债券和外汇贷款等利息。

2. 计算方法

根据不同的资金来源按需付息的分年度投资计算。

计算公式如下:

建设期贷款利息 = Σ(上年末付息贷款本息累计 + 本年度付息贷款额 ÷ 2) × 年利率

即:

$$S = \sum_{n=1}^{N} (F_{n-1} + b_n \div 2) \times i \tag{6-42}$$

式中:S——建设期贷款利息(元);

N——项目建设期(年);

n——施工年度;

F_{n-1}——建设期第($n-1$)年末需付息贷款本息累计(元);

b_n——建设期第 n 年度付息贷款额(元);

i——建设期贷款年利率(%)。

第六节　预　备　费

预备费由价差预备费及基本预备费两部分组成。在公路工程建设期限内,凡需动用预备费时,属于公路交通部门投资的项目,需经建设单位提出,按建设项目隶属关系,报交通部或交通厅(局、委)基建主管部门核定批准;属于其他部门投资的建设项目,按其隶属关系报有关部门核定批准。

一、价差预备费

1. 费用内容

价差预备费系指设计文件编制年至工程竣工年期间,第一部分费用的人工费、材料费、机械使用费、其他工程费、间接费等以及第二、三部分费用由于政策、价格变化可能发生上浮而预留的费用及外资贷款汇率变动部分的费用。

2. 计算方法

价差预备费以概(预)算或修正概算第一部分建筑安装工程费总额为基数,按设计文件编制年始至建设项目工程竣工年终的年数和年工程造价增涨率计算。

计算公式如下:

$$价差预备费 = P \times [(1+i)^{n-1} - 1] \tag{6-43}$$

式中:P——建筑安装工程费总额(元);

i——年工程造价增涨率(%);

n——设计文件编制年至建设项目开工年 + 建设项目建设期限(年)。

年工程造价增涨率按有关部门公布的工程投资价格指数计算,或由设计单位会同建设单位根据该工程人工费、材料费、施工机械使用费、其他工程费、间接费以及第二、三部分费用可能发生的上浮等因素,以第一部分建安费为基数进行综合分析预测。

设计文件编制至工程完工在一年以内的工程,不列此项费用。

二、基本预备费

基本预备费系指在初步设计和概算中难以预料的工程和费用。

1. 费用内容

(1)在进行技术设计、施工图设计和施工过程中,在批准的初步设计和概算范围内所增加的工程费用。

(2)在设备订货时,由于规格、型号改变的价差;材料货源变更、运输距离或方式的改变以及因规格不同而代换使用等原因发生的价差。

(3)由于一般自然灾害所造成的损失和预防自然灾害所采取的措施费用。

(4)在项目主管部门组织竣(交)工验收时,验收委员会(或小组)为鉴定工程质量必须开挖和修复隐蔽工程的费用。

(5)投保的工程根据工程特点和保险合同发生的工程保险费用。

2. 计算方法

该费用计算可用两种方法:

(1)不采用施工图预算加系数包干承包的工程:以第一、二、三部分费用之和(扣除固定资产投资方向调节税和建设期贷款利息两项费用)为基数按下列费率计算:

设计概算按5%计列;

修正概算按4%计列;

施工图预算按3%计列。

(2)采用施工图预算加系数包干承包的工程:包干系数为施工图预算中直接费与间接费之和的3%。施工图预算包干费用由施工单位包干使用。即

$$基本预备费 = (直接费 + 间接费) \times 3\% \tag{6-44}$$

该包干费用的内容为:

(1)在施工过程中,设计单位对分部分项工程修改设计而增加的费用,但不包括因水文地质条件变化造成的基础变更、结构变更、标准提高、工程规模改变而增加的费用。

(2)预算审定后,施工单位负责采购的材料由于货源变更、运输距离或方式的改变以及因规格不同而代换使用等原因发生的价差。

(3)由于一般自然灾害所造成的损失和预防自然灾害所采取的措施的费用(例如一般防台风、防洪的费用)等。

第七节 公路交工前养护费及绿化补助费

公路交工前养护费及绿化工程费是建筑安装工程费中的工程项目,该项费用是按照《编制办法》中的规定进行计算的。

一、公路交工前养护费

公路交工前养护费,是指对路线工程陆续交工的路段,养护至交工初验时止,以路面为主包括路基、构造物在内的养护费用。

1. 养护费指标

公路交工前养护费指标,按工程的全线里程及平均养护月数,按下列标准计算:

(1)三、四级公路按60工日/月·km;

(2)二级及以上公路按30工日/月·km;

2. 养护费用计算

另按路面工程类别计算其他工程费和间接费。

本项费用应在08表立项计算,然后转入03表计算其建安费。

3. 养护用工计算

公路交工前养护用工,也需要在概、预算中反映,但不再计入单价(因已按指标形式计算)。

公路交工前养护用工数量,按上述指标标准,以路线里程及平均养护月数之乘积计算。公路交工前养护用工数量应在02表中单列分项计算。

二、绿化补助费

对于无绿化设计的二级以下等级的新建公路,应由施工单位负责在适宜的气候条件下完成绿化施工,绿化工程费是按路线总里程以下列绿化补助费指标计算的。

(1)平原微丘区为5 000元/km;

(2)山岭重丘区为1 000元/km。

以上费用指标已包括其他工程费和间接费。

第七章　公路工程概、预算的编制

第一节　公路工程概、预算的编制原则及依据

公路工程概、预算是反映建设项目设计内容全部费用的经济文件。它不仅为控制工程造价、办理工程价款的拨付和结算提供依据，而且更重要的是促进设计部门提高设计水平，改进设计方案，促进施工企业搞好经济核算和企业管理。因此，概、预算的编制是工程造价管理工作的重要环节。不断提高概、预算的编制质量，对加强公路基本建设管理、核算和监督都具有十分重要的意义。

在编制概、预算时，首先要掌握概、预算的编制原则、依据及国家有关规定。

一、概、预算的编制原则

1. 概、预算的编制必须严格执行党和国家的方针、政策及有关规定

具体地说就是必须严格执行《编制办法》中的各项规定，现行的《编制办法》是 JTG B06—2007，自 2008 年 1 月 1 日起施行。《编制办法》具有法令性，要注意其适用范围，不可滥用。

2. 编制人员应具备本专业的业务能力

公路工程概、预算应由具备造价工程师任职资格的工程技术人员编制。编制前，应全面了解工程所在地的建设条件，掌握设计、施工情况，做好设计文件方案的经济比较，正确引用定额、取费标准、工资单价和材料设备价格，把技术工作和经济工作结合起来，全面、有效地提高编制质量。

3. 设计单位应对概、预算的编制质量负责

概、预算文件应由有相应资格的设计或工程（造价）咨询单位编制。概、预算文件应达到的质量要求是：符合规定，结合实际，经济合理，提交及时，不重不漏，计算正确，字迹打印清晰，装订整齐完善。设计单位应配备和充实工程经济专业人员，切实做好概、预算的编制工作。当一个建设项目有几个设计单位共同承担设计时，各设计单位应负责编制所承担设计的单项或单位工程的概、预算，主管部门应指定主体设计单位负责统一概、预算编制原则和依据，汇编总概、预算，并对全部概、预算编制质量负责。

4. 概、预算编制工作要符合市场经济规律

概、预算要切实反映设计内容的实际，资金要打足，不留缺口，并且做到估算要包住概算，概算要包住预算，预算要包住决算。

二、概、预算的编制依据

1. 建设项目立项依据及有关文号

在编制概、预算时，首先要了解建设项目是否有可行性研究报告的批准文号，或初步设计概算的批准文号。因为只有立项的建设项目才有编制概、预算的必要。

2. 设计图纸和施工组织设计资料

设计图纸和施工组织设计资料是指导施工的指令性文件。图纸全面反映了工程项目的形式、内容、地质状况、结构尺寸和施工技术要求,是确定工程数量的主要依据。施工组织设计资料确定了工程项目的施工方案、施工期限和施工方法,是计算有关费用,套用相应定额的依据。

3.《编制办法》与定额

《编制办法》是编制概、预算的总则。各项费用的计算方法及各项费率的取用标准,都必须执行《编制办法》的规定。

《概算定额》、《预算定额》、《机械台班费用定额》都是计算直接工程费的依据。

4. 与概、预算有关的合同、协议、委托书等有关文件

凡与编制概、预算有关的文件和规定,以及在外业调查中签订的各种协议和合同都是编制概、预算的重要依据。

第二节　概、预算编制程序与方法

一、概、预算各项费用的计算程序

概、预算的总金额是由以下四大部分组成的:

(1)建筑安装工程费

(2)设备、工具、器具及家具购置费

(3)工程建设其他费用

(4)预备费

在上述各项费用中,每项费用都有其具体的费用内容和计算方法,并按照一定的规则和程序进行。现将各项费用的计算程序和方法归纳如表 7-1 所示。

公路工程建设各项费用的计算程序及计算方式　　表 7-1

代　号	项　　目	说　明　及　计　算　式
(一)	直接工程费(即工、料、机费)	按编制年工程所在地的预算价格计算
(二)	其他工程费	(一)×其他工程费综合费率或各类工程人工费和机械费之和×其他工程费综合费率
(三)	直接费	(一)+(二)
(四)	间接费	各类工程人工费×规费综合费率+(三)×企业管理费综合费率
(五)	利润	[(三)+(四)-规费]×利润率
(六)	税金	[(三)+(四)+(五)]×综合税率
(七)	建筑安装工程费	(三)+(四)+(五)+(六)
(八)	设备、工具、器具购置费(包括备品备件)	Σ(设备、工具、器具购置数量×单价+运杂费)×(1+采购保管费率)
	办公及生活用家具购置费	按有关规定计算
(九)	工程建设其他费用	
	土地征用及拆迁补偿费	按有关规定计算
	建设单位(业主)管理费	(七)×费率
	工程质量监督费	(七)×费率
	工程监理费	(七)×费率
	工程定额测定费	(七)×费率
	设计文件审查费	(七)×费率

续上表

代号	项目	说明及计算式
	竣(交)工验收试验检测费	按有关规定计算
	研究试验费	按批准的计划编制
	前期工作费	按有关规定计算
	专项评价(估)费	按有关规定计算
	施工机构迁移费	按实计算
	供电贴费	按有关规定计算
	联合试运转费	(七)×费率
	生产人员培训费	按有关规定计算
	固定资产投资方向调节税	按有关规定计算
	建设期贷款利息	按实际贷款数及利率计算
(十)	预备费	包括价差预备费和基本预备费两项
	价差预备费	按规定的公式计算
	基本预备费	[(七)+(八)+(九)-固定资产投资方向调节税-建设期贷款利息]×费率
	预备费中施工图预算包干系数	[(三)+(四)]×费率
(十一)	建设项目总费用	(七)+(八)+(九)+(十)

二、概、预算的编制步骤

如上所述,概、预算中的各项费用计算都是按照一定的程序、方法进行的。目前,概、预算的编制一般都用计算机进行。即具体计算、填表都由计算机完成。然而,需要指出的是计算机做概、预算,是在手算的基础上进行的。因此,只有通过手算才能更深刻地理解概、预算的编制过程,才能真正掌握各种数据和表格之间的相互关系,下面我们按照手算的具体操作程序,介绍概、预算的编制过程(概算与预算的编制除采用的定额不同外,其编制过程基本相同)。

在编制概、预算文件之前,应全面掌握设计文件、设计图纸、施工组织设计及概、预算调查资料。然后,按下述步骤进行。

1. 列项

列项是根据工程设计的内容,按“概、预算项目表”(见表4-1)的要求,将一个复杂的建设项目分解成若干个分项工程,并以项、目、节、细目的顺序依次列出。然后按定额项目表的要求,将分项后的每一工程与相应的定额表号一一对应。

列项是一项非常重要的基础工作。编制人员不仅要精通工程项目的全部设计内容,而且要有科学、严谨的工作态度,既不能漏列、重列,更不能巧立名目。在列项时最好先列在草稿上,待复核无误后,再正式填入08表。

2. 初编08表

概、预算的所有计算过程都是通过表格的形式来表示的。一套概、预计算表格共有12种,如附录I所示。

08表是“分项工程概(预)算表”。概、预算的总金额是以分项工程概(预)算表为基础,计算、汇总而来的。初编08表是指只能按照列项中项、目、节的逻辑关系,将各项费用名称、定额表号、定额值等列入08表内。由于人、料、机的单价及各种费率尚未知,故08表只能初编,尚不能计算。

3. 初编10表

10表是“自采材料料场价格计算表”。根据初编08表中所发生的自采材料的规格名称、相应的定额表号及所消耗的外购材料名称、定额值等填入相应栏内,由于外购材料的单价尚未知,故10表也只能是初编,其料场价格要待09表中相应的材料预算单价转入后,方能计算。

4.编制09表

09表是“材料预算单价计算表”。根据08表中出现的各种材料,将其名称、来源及运输方式等填入相应的栏内。填表时应按照材料代号的顺序依次进行登记、计算材料的预算单价,并将其值分别转入08表、10表、11表相应的材料预算单价栏中。

5.编制11表

11表是“机械台班单价计算表”。编制时应根据08表,10表中出现的机械名称,按《机械台班费用定额》的内容及09表中相应的材料预算单价填入相应栏内,并按代号的顺序依次登记、计算机械台班单价,并将其值分别转入08表、10表相应的机械台班单价栏中。

6.编制07表

07表是“人工、材料、机械台班单价汇总表”。将人工单价、09表中材料预算单价、11表中机械台班单价,按人工、材料、机械的代号顺序依次汇总于07表中。

7.编制04表

04表是“其他工程费及间接费综合费率计算表”。编制时,应根据工程所处的自然环境、施工条件等具体情况,按工程类别的顺序依次计算各项费率,并将其值转入08表相应费率栏内。

8.编制05表

05表是“设备、工具、器具购置费计算表”编制时,应根据工程实际购买的设备、工具、器具计算各项费用。

9.补编08表

在完成07表、04表的计算后,初编08表中的人、料、机单价及各项费率均为已知,这样08表的计算即可完成了。

10.编制03表

03表是“建筑安装工程费计算表”。编制时应将08表中各分项工程的直接工程费、其他工程费及间接费等各项费用填入相应栏内,并在表中计算相应的建筑安装工程费,核算各分项工程的建筑安装工程费。

11.编制06表

06表是“工程建设其他费用及回收金额计算表”。将建设项目中所发生的其他费用,按照《编制办法》中的费用内容和外业调查资料,包括协议书、委托书、合同等编制各项费用。此外,预备费及回收金额的计算也在该表进行。

12.编制01表及01-1表

01表是“总概、预算表”。根据“概、预算项目表”的格式,将工程项目中实际发生的费用,按项、目、节的顺序填入相应栏内。当实际出现的工程费用与项目表的内容不完全相符时,“部分”和“项”的序号保留不变,“目”和“节”和“细节”的序号可以根据需要增减,即按实际出现的“目”、“节”和“细节”依次排列。然后根据工程数量和概、预算金额,计算技术经济指标及各项费用比重。

01-1表为“总概、预算汇总表”。根据建设项目的要求,当分段或分部分编制01表时,应将各分段(或分部)01表汇总到01-1表中。

根据01或01-1表中提供的概、预算总金额,各单位工程或分项工程的费用比值和各项技术经济指标,我们可以从经济角度对设计是否合理予以评价,并找出挖潜措施。

13.编制12表

12表为“辅助生产工、料、机械台班单位数量表”。将10表中所列的各自采材料规格名称及其他辅助生产项目列入“规格名称”栏内，将每生产单位合格产品所消耗的各种资源及定额值列入表中。供02表计算辅助生产工、料、机备用。

14. 编制02表及02-1表

02表是“人工、主要材料、机械台班数量汇总表”。将工程项目中所消耗的人工、主要材料、机械台班等规格名称按代号的顺序列入“规格名称”栏内。然后以“项”为单位，分别统计各实物的消耗量及总数量。

02-1表为“总概、预算人工、主要材料、机械台班数量汇总表”。当分段编制概、预算时，应将各段的02表汇总到02-1表中。

至此，概、预算的12种表格全部编制完毕。

15. 撰写编制说明

在编完概、预算全部计算表格后，应根据编制的全过程，阐述概、预算的编制内容、编制依据和编制成果，即工程总造价、各实物量消耗指标等。对编制中存在的问题以及与概、预算有关，但又不能在表格中反映的事项均应在“编制说明”中以文字的形式表述清楚。

16. 复核、印刷、装订、报批

当全面复核，确认无误后，参编人员应签字并加盖资格印章，待设计单位各级负责人签字审批后，即可印刷，并按甲、乙组文件分别装订成册，上报待批。

综上所述，概、预算的编制是一项烦琐的系统工程，各种计算表格环环相扣，相互利用，相互补充，并交叉进行。其计算过程及相互关系如图7-1所示。

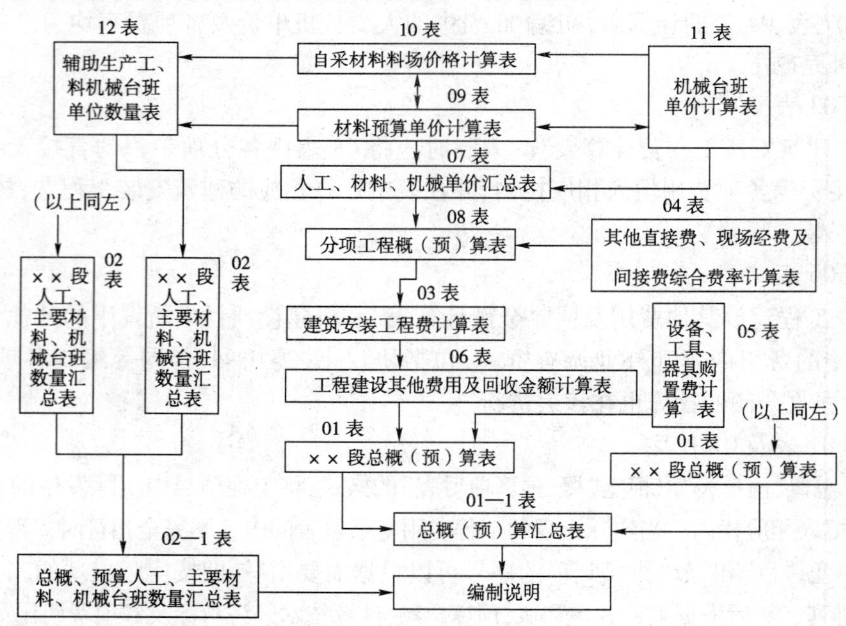

图7-1 各种表格的计算顺序和相互关系

为提高概、预算的编制质量，除掌握上述编制程序外，还必须注意如下问题。

(1)正确引用定额值

在引用定额值时，必须瞻前顾后，注意章、节说明和表下小注。特别是在每次编制之前都要查询是否有新的定额或文件下达，切不可墨守成规。

(2)正确计算工程量

正确计算工程量是编好概、预算至关重要的一环。在设计文件中,设计人员提供的工程数量与概、预算中的工程数量含义往往不尽相同。如路基填方的工程量,概算的填方量应该是填方的设计断面方+预计的沉降方+表土清除和耕地填前压实后的回填量+路基填方两边加宽以保证路肩压实的增加方。而设计人员提供的填方数量通常只是"设计断面方",即按照设计的几何尺寸计算的填方量。而漏计了后面三项,即为保证"设计断面方"的质量而附加的填方数量。类似这种例子很多,因此,在计算工程量时,应与设计人员密切配合,理顺和计算适于做概、预算的工程数量,使其与定额的口径一致。

(3)准确统计实物量

在编制02表时,还应统计汇总那些按费率或指标计算的增工、增料数量。如自办运输、人工装卸用工、公路交工前养护用工、冬雨夜增工、临时设施用工及辅助生产所需工、料、机数量等。为了统计汇总这些工、料、机数量,最主要的是应在02表的"分项"中列项,而且12表单位数量的统计更应全面具体。

(4)加强复核工作

编制概、预算有环环相扣的特点,即一步算错,步步连错。因此,在编制时应加强复核工作,每张表格应由"编制"与"复核"两人完成,并分步完成,每步复核无误后再进行下一步。切勿单人自编自核。

第三节　公路工程造价软件编制施工图预算示例

一、公路工程造价软件简介

目前全国公路软件较多,XJTW是设计院等造价主管部门上报预算专用软件,功能严格按编制办法,WCOST造价软件在全国用户群体最多,海巍实物量法造价分析系统(HWcost)是后起之秀,软件从专业角度出发,可方便快捷地编制和审核公路工程工程量清单、预算、概算、养护预算等造价文件,具有分解系数、组价方案、企业定额、清单调价、参数化设计、即时计算等功能,是进行造价管理和造价分析"最有效、最实用、最专业"的工具软件。随着新定额的颁布实施,海巍标准普及版(HWcost)由人民交通出版社正式出版发行,作为《公路工程基本建设项目概算预算编制办法》(JTG B06—2007)、《公路基本建设工程概算、预算编制办法》(交公路发〔1996〕612号)、《公路工程国内招标文件范本》(交公路发〔2003〕94号)工程量清单、《公路养护工程预算编制导则》(JTG H40—2002)四个文件的配套软件。适用于公路工程造价咨询、设计、施工、养护、监理、项目管理、行业主管等单位和个人以及公路工程造价专业的老师和学生。

(一)设计依据

(1)交通部《公路工程基本建设项目概算预算编制办法》(JTG B06—2007)

(2)交通部《公路基本建设工程概算、预算编制办法》(交公路发〔1996〕612号)

(3)交通部《公路工程国内招标文件范本》(交公路发〔2003〕94号)工程量清单

(4)交通部《公路养护工程预算编制导则》(JTG H40—2002)

(二)运行环境

运行平台

中文 Microsoft Windows98

中文 Microsoft Windows2000 Professional/Server

中文 Microsoft XP/2003

系统预装：中文 Microsoft Excel 2000 及以上。

最小配置

CPU 频率 PIII 667；

CD－ROM

128M 内存(RAM)

200M 空闲硬盘空间或更多

彩色显示卡(1024×768)

推荐配置

CPU 频率 P4 1.0 或更高

CD－ROM

256M 内存(RAM)或更高

1G 空闲硬盘空间或更多

彩色显示卡(1024×768)

(三)系统特点

1. 全新体验

标准普及版软件系统内不但保留 96 概、预算编制办法对应的计算程序，而且还集合了交通部 07 年新颁布并于 2008 年 1 月 1 日实施的新的编制办法的计算程序。

2. 易学易用，操作简单

标准普及版操作采取三步完成预算编制：一文件、二参数、三项目，对新接触概预算人员易懂易上手，具有良好的学习指导作用，使新接触本软件的概、预算人员轻松把握软件操作要点，迅速完成概预算文件的编制。

3. 功能强大

标准普及版不仅包括了预算、概算、清单，而且系统还依据《公路养护工程预算编制导则》建立了养护预算的编制模块。具有运杂费方案、价格信息、即时算、分解系数、组价方案、清单调价、补充定额编制、企业定额编制、合并工程项目、个性报表等强大的功能设置。软件除严格执行编制办法规定外，在清单模块中还新添了“直接费、人工费、人工费＋机械使用费”三类计算基数，以适应不同的造价文件编制的需要。

4. 网络升级

标准普及版用户在海巍“公路工程造价分析依据与管理平台”进行即时升级更新，享受管理平台为相应的用户提供相应的分析依据、个性报表以及补充定额等资源，满足不同用户的需求。

二、公路工程造价软件编制施工图概、预算方法

在公路工程造价软件中编制一份造价文件，只需经过“文件管理”、“工程参数管理”、“标价分析”、“报表输出”四步基本操作，即可完成。正常的操作流程为“一文件、二参数、三分析、四报表”，也可以根据不同的操作习惯，在确定建设项目文件和工程项目文件后，直接添加分项和分项组价，再确定费率和预算单价，最后完成造价计算。工程项目文件包含的分项组价、费率和预算单价三部分内容的操作顺序可以根据不同的操作习惯而定，如图 7-2 所示。

第一步:文件管理

建设项目是指有总体设计、经济上实行独立核算、行政上具有独立组织形式的建设工程,每项基本建设工程就是一个建设项目。工程项目是建设项目的组成部分,特指路线、独立桥梁、招投标中某一具体工程,是独立编制的概预算或标段文件。一个建设项目通常包括一个或多个工程项目。文件管理就是对建设项目及工程项目进行有效管理。

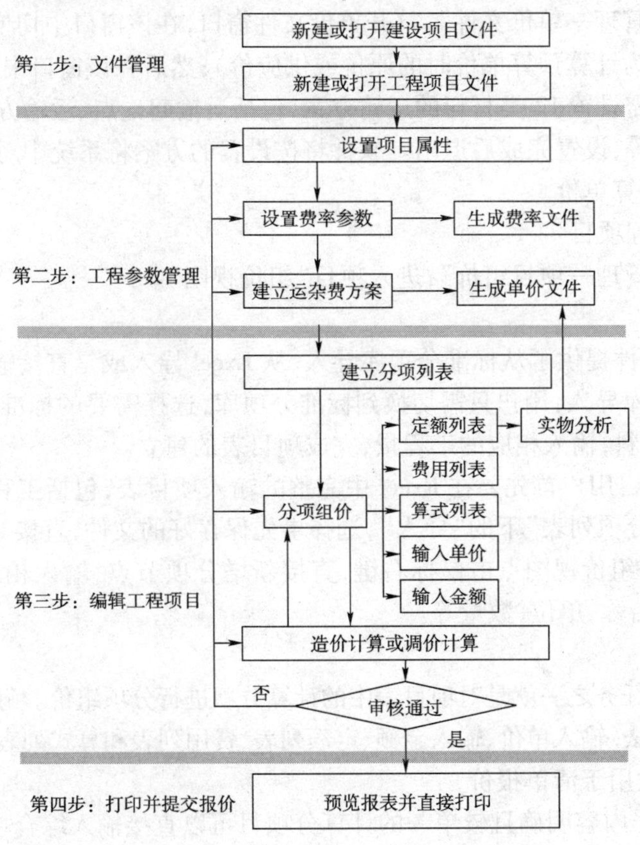

图 7-2 实物量法造价分析系统操作流程图

1. 新建建设项目

进入软件运行主界面后,首先明确自己要做什么样的造价文件,清单报价、预算、概算还是养护预算。本教程以新建预算项目为例。

执行菜单命令:“文件—打开”,切换到预算窗口,在“建设项目管理”中点击“新建”按钮。软件弹出新建建设项目属性窗口,输入建设项目名称,选择编制办法(96 编办或是 2008 编办),并确定“定额库”。

2. 新建工程项目

在“工程项目管理”中点击“新建”按钮,输入工程项目名称,填入“编制”、“复核”、“审核”等相关信息。

第二步:工程参数管理

1. 设置项目属性

新建完工程项目后,点击“编辑”进入项目,执行菜单“项目管理—项目属性”。在项目属性窗口可以依次设置项目的“基本情况”、“工程属性”、“计算参数”。切换到“其他参数”,设置项目的一些其他参数。

2. 费率文件

执行菜单"项目管理—费率文件",打开费率文件窗口,在该窗口中首先选定费率标准,然后在费率属性窗口中依次按工程实际情况选择或输入费率的属性值,软件会很即时地计算出相应的费率值。

3. 单价文件

执行菜单"项目管理—单价文件",打开单价文件窗口,在该窗口中切换到"材料参数",首先确定价格信息(作为计算预算单价时的原价或供应价);然后在该窗口中点击"运杂费方案"进入,在该界面用户需设置 12 类材料的运输方案,包括运输起讫点、运输方式、吨公里运价、距离、装卸次数及费用等,设置完成后退出。软件将按设置的方案将系统中对应 12 类的材料,按设置的方案计算出预算单价。

第三步:编辑工程项目

执行菜单"项目管理—项目组价",进入项目"组价视图"。

1. 建立项目表

项目表的建立软件提供了从标准分项库导入、从 Excel 导入或是直接输入三种方式。

(1)从标准分项库导入:用户只需切换到标准分项库,选择需要的标准分项,点击导入,导入完成后依据设计资料,输入相应的工程量,完成项目表的建立。

(2)从 Excel 导入:用户首先要在 Excel 中完整的输入项目表,包括工程数量,并保存为文件,运行"导入、导出分项列表"下的"导入",选择事先保存好的文件,直接导入。

(3)直接输入:在组价视图点击鼠标右键,直接新增分项节点,输入相应的项目节编号添加分项,再依次输入名称,单位,数量等。

2. 组价

造价分析的主要任务之一就是对项目表中的计算分项进行分项组价。每一计算分项的分项组价只有五种组价方法(输入单价、输入金额、定额列表、费用列表和算式列表)中的一种。

(1)输入单价(适用于清单报价)

对数量明确,工作内容明确且较单一的计算分项目可以直接输入综合单价,对有些新工艺暂时无补充定额,市场综合价比较明确的计算分项,也可以直接输入综合单价。输入单价可在清单列表中对应的计算分项中直接输入即可。

(2)输入金额(适用于清单报价)

主要是对暂定金额或按其他规定费用已明确的计算分项目可以直接输入金额。

(3)费用列表

①在分项列表中选中一个计算分项,如第二部分中的"不需安装设备";

②在"费用列表"中单击下方的按钮,即可增加一条新记录,顺序填入细目号、名称、单位、数量、单价,回车后,系统自动计算出金额。

③确定取费类别,输入技术装备费(96 编办)、计划利润和税金的百分比。

(4)算式列表

主要用于第三部分,可以直接在计算分项下的算式列表中定义算式。

①在分项列表中选中一个计算分项,如"建设项目前期工作费"。

②在"算式列表"中添加一条新记录,在"名称"栏输入内容,单击"计算式"一栏右侧打开"计算式"编辑器。

③输入计算式,单击"确定"退出"计算式"编辑器,系统自动计算出金额。

(5)定额列表

绝大部分计算分项都是运用定额列表来组价的。定额组价是根据计算分项的工作内容在相应的定额库中选择工作内容相同或相近的定额细目组合而成,由于计算分项的工作内容会受施工方案的影响,因此不同的施工方案就可以有不同的定额组价,即同一计算分项在不同的情况下会有多个组价方案。软件系统为用户提供了组价方案的保存工程,用户可以在方案库中对同一计算分项保存多个组价方案,以后使用时用户可以像选择定额一样直接选择方案,减少反复的去单个选择定额的过程。如图 7-3 所示。

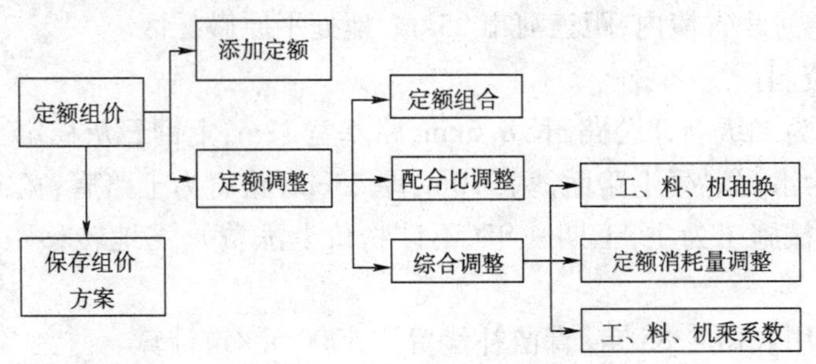

图 7-3　定额组价图

①在分项列表中选中一个计算分项。

②打开定额库,找到所需定额的章、表。

③在右下窗口定额细目表中选中定额子目,双击该条定额,则本条定额被添加到定额列表中,输入“分解系数”或“数量”,选择取费类别。

④定额调整

当定额细目的工作内容和分项的工作内容不完全一致时,要对定额细目进行必要的调整。软件的定额调整分为“定额组合”、“配合比调整”、“综合调整”三类。

a. 定额组合

定额组合是指由一个主定额细目和几个辅助定额细目乘组合系数后组合为一个完整的定额细目。

为了简化定额组合的烦锁过程,软件系统对路面厚度和运距进行自动判断,即只要输入路面设计厚度和施工组织运距,单击“计算”按钮,系统自动将定额消耗进行组合,并反算“组合系数”,完成定额的组合。

b. 配合比调整

“配合比”是指稳定混合料、砂浆、水泥混凝土的配合比,打开“配合比调整”窗口,系统会根据定额细目定额消耗中用到的半成品材料判断属于哪一类配合比,用户只需选择或输入要调整到的结果,就可完成调整。

c. 综合调整

综合调整可进行工、料、机抽换、定额消耗量调整和工、料、机乘系数。

用户可在定额消耗窗口中直接调整定额消耗量,包括对定额中的人工、材料、机械进行抽换、新增,或者是输入人工、材料、机械相应的系数,对定额中的消耗按一定的系数进行调整。

3. 调整

整个组价的过程中,软件随时在进行汇总计算,只要用户修改任何一个参数或定额,相应的造价金额会即时改变,因此用户组完价,一个完整的初步预算就编制完成。如用户对编制的结果要进行局部的调整,可以对前面做的所有内容进行调整,包括参数设置、运杂费、组价。

第四步:报表输出

对项目的造价分析结果满意后,点击"项目管理—报表输出",选择报表类别,再在"报表名称"中选择需要打印的报表,直接打印输出。

三、公路工程施工图预算编制示例

(一)路线名称及地理位置

松—川公路位于河北省境内,距三河市25km,地处平原微丘区。

(二)主要设计资料

(1)松—川公路为二级新建公路,长8.6km,路基宽12m,上铺石灰稳定土基层厚20cm(机械沿路拌和);路面为水泥混凝土路面,宽9.0m,厚23cm;路肩为土路肩,宽1.50m。

(2)该路段以机械施工为主,工期一年(不计物价上涨费),工地转移距离100km,主副食综合里程15km。

(3)本路段共占用农田4.85亩,青苗补偿费按5000元/亩计算。

(4)汽车临时便道4km,路基宽7.0m,无路面。

(5)临时输电线路(三线橡皮线)800m,支线600m。

(6)本路段里程碑10块,百米桩90块。

(7)本路段交工养护里程8.6km,平均养护月数为3个月。

(8)该路段需购置路政电脑管理设备3台,每台8000元。

(三)主要工程数量有路基坊、防护工程、路面基层及缘石和水泥混凝土路面,如表7-2~表7-5所示。

路基土方 表7-2

0.6m^3以内挖掘机挖装土方天然密实方(m^3)		6t自卸汽车运土方		机械碾压路基(15t振动压路机)实体积(m^3)	
松土	普通土	天然密实方(m^3)	运距(km)	填方土路基	挖方路基
85 000	52 000	137 000	3	128 000	56 000

防护工程 表7-3

挡土墙(m^3)					人工草皮(m^2)
挖基坑(m^3实体)	干砌数量		浆砌数量		花格式
基坑深2m(干处)	块石基础	片石墙身	5#浆砌块石基础	5#浆砌片石墙身	
3 075	1 200	1 600	850	1 200	63 000

路面基层及路缘石 表7-4

拖拉机带铧犁拌和石灰土基层(石灰含量10%)		培路肩		路缘石(混凝土预制块)
压实厚度cm	工程数量m^2	路肩厚度cm	工程数量m^3	m^3
20	103 200	23	25 800	1 532

水泥混凝土路面 表 7-5

厂拌混凝土汽车运输 2km		混凝土路面钢筋(t)	混凝土拌和站安装、拆除 $60m^3/h$(座)
路面厚度 cm	工程数量 m^2		
23	77 400	16.5	1

(四)主要材料供应价格、运距、运价率(表 7-6)。

材料供应价格、运距、运价率一览表 表 7-6

序号	规格名称	单位	供应价格(元)	起讫地点	运输方式及运距	运价(元/t·km)	备注
1	原木	m^3	1120	三河-川级	汽车 25km	0.63	装卸费 4 元/t
2	锯材	m^3	1350	三河-川级	汽车 25km		
3	光圆钢筋	t	3300	三河-川级	汽车 25km		
4	带肋钢筋	t	3400	三河-川级	汽车 25km		
5	型钢	t	3700	三河-川级	汽车 25km		
6	钢板	t	4450	三河-川级	汽车 25km		
7	空心钢钎	kg	7	三河-川级	汽车 25km		
8	合金钻头	个	26.53	三河-川级	汽车 25km		
9	电焊条	kg	4.9	三河-川级	汽车 25km		
10	组合钢模板	t	5710	三河-川级	汽车 25km		
11	铁件	kg	4.4	三河-川级	汽车 25km		
12	铁钉	kg	6.97	三河-川级	汽车 25km		
13	8~12 号铁丝	kg	6.1	三河-川级	汽车 25km		
14	20~22 号铁丝	kg	6.4	三河-川级	汽车 25km		
15	橡皮线	m	6.8	三河-川级	汽车 25km		
16	皮线	m	5.4	三河-川级	汽车 25km		
17	油漆	kg	13.04	三河-川级	汽车 25km		
18	32.5 级水泥	t	320	三河-川级	汽车 25km		
19	硝铵炸药	kg	6	三河-川级	汽车 25km		
20	导火线	m	0.8	三河-川级	汽车 25km		
21	普通雷管	个	0.7	三河-川级	汽车 25km		
22	石油沥青	t	3800	三河-川级	汽车 25km		
23	重油	kg	2.8	三河-川级	汽车 25km		
24	汽油	kg	5.2	三河-川级	汽车 25km		
25	柴油	kg	4.9	三河-川级	汽车 25km		
26	煤	t	265	三河-川级	汽车 25km		
27	青(红)砖	千块	212	三河-川级	汽车 25km		
28	生石灰	t	105	三河-川级	汽车 25km		
29	土	m^3		砂场-工地	自办 0.6km		人工装卸手扶拖拉机运输
30	中(粗)砂	m^3		砂场-工地	自办 0.6km		
31	砂砾	m^3		砂场-工地	自办 0.6km		
32	黏土	m^3		砂场-工地	自办 0.6km		
33	片石	m^3		石场-工地	自办 2km		3t 以内自卸汽车运输 $1m^3$ 以内轮胎式装载装汽车
34	开采片石	m^3		石场	0		
35	碎石(2cm)	m^3		石场-工地	自办 2km		
36	碎石(4cm)	m^3		石场-工地	自办 2km		
37	碎石(8cm)	m^3		石场-工地	自办 2km		
38	块石	m^3		石场-工地	自办 2km		
39	草皮	m^2	1.97	工地		工地价	

(五)松—川线工程项目明细表

根据工程设计资料,参照"路线工程概、预算项目表"并结合《预算定额》相应表号,将工程分解,并按项、目、节、细目的顺序一一列出,以便于准确套用定额,输入工程量。松—川线工程项目明细表如表7-7所示。

松—川线工程项目明细表 表7-7

项	目	节	细目	工程或费用名称	单位	工程数量	预算定额表号、费率
				第一部分 建筑安装工程费	公路公里	8.6	
一				临时工程	公路公里	8.6	
	1			临时道路	km	8.6	
		1		临时便道的修建与维护	km	4	
			1	平原微丘区路基宽7m	1km	4	7-1-1-1
	2			临时电力线路	km	1.4	
		1		支线输电线路	100 m	6	7-1-5-3
			1	角铁横担干线三线橡皮线输电线路	100 m	8	7-1-5-2
二				路基工程	km	8.6	
	1			挖方	m^3		
		1		挖土方	m^3		
			1	挖路基土方	m^3	137 000	
				0.6m^3 以内挖掘机挖装松土	1 000m^3	85	1-1-9-1
				0.6m^3 以内挖掘机挖装普通土	1 000m^3	52	1-1-9-2
		2		弃方运输	m^3	137 000	
			1	6t以内自卸汽车运输3km土方	1 000m^3	137	[1-1-11-5]+[1-1-11-6]
	2			填方	m^3		
		1		路基填方	m^3		
			1	利用土方填筑	m^3	184 000	
				二级公路15t以内振动压路机碾压土方	1 000m^3	128	1-1-18-9
				二级公路15t以内振动压路机	1 000m^2	56	1-1-18-31
	3			防护与加固工程	km		
		1		坡面植物防护	m^2		
			1	铺(植)草皮	m^2	63 000	
				花格式边坡高度10m以内	1 000m^2	63	5-1-1-4
		2		挡土墙	m^3/m		
			1	石砌挡土墙	m^3/m	4850/300	
				土方干处基坑深3m以内	1000m^3	3.08	4-1-1-1
				干砌块石基础	10m^3	120	5-1-15-2
				干砌片石墙身	10m^3	160	5-1-15-3
				浆砌块石基础	10m^3	85	5-1-15-6
				浆砌片石墙身	10m^3	120	5-1-15-7
三				路面工程	km	8.6	
	1			路面基层	m^2		
		1		石灰稳定类基层	m^2	103 200	

续上表

项	目	节	细目	工程或费用名称	单位	工程数量	预算定额表号、费率
			1	压实厚度20cm拖拉机带铧犁拌和石灰土石灰剂量10%	$1000m^2$	103.2	[2-1-3-5]+[2-1-3-6]
	2			水泥混凝土面层	m^2		
三		1		水泥混凝土面层	m^2	77 400	
			1	普通混凝土摊铺机铺筑滑模式路面厚度23cm	$1000m^2$	77.4	[2-2-17-5]+[2-2-17-6]
			2	$6m^3$ 搅拌运输车运混凝土2km	$100m^3$	178.02	[4-11-11-20]+[4-11-11-21]
		2		钢筋	t	16.5	
			1	钢筋	1t	16.5	2-2-17-15
		3		混凝土搅拌站安拆	座	1	
			1	混凝土搅拌站安拆($60m^3/h$ 以内)	1 座	1	4-11-11-8
	3			路槽、路肩及中央分隔带	km	8.6	
		1		培路肩	m^2	25 800	
			1	培路肩厚度23cm	$1\ 000m^2$	25.8	[2-3-3-5]+[2-3-3-6]
		2		路缘石	m^3	1 532	
			1	路缘石混凝土预制块预制、安砌	$10m^3$	153.2	2-3-4-4
七				公路设施及预埋管线工程	公路公里	8.6	
	1			安全设施	公路公里	8.6	
		1		里程碑、百米桩、公路界碑	块	100	
			1	里程碑	100 块	0.1	6-1-11-1
			2	百米桩	100 块	0.9	6-1-11-2
	2			其他工程	公路公里	8.6	
		1		公路交工前养护费	km	8.6	
				第二部分 设备及工具、器具购置费	公路公里	8.6	
一				设备购置费	公路公里	8.6	
	1			不需安装的设备	公路公里	8.6	
		1		路政管理设备	台	3	
三				办公及生活用家具购置	公路公里	8.6	
				第三部分 工程建设其他费用	公路公里	8.6	
一				土地征用及拆迁补偿费	公路公里	8.6	
	1			土地征用补偿费	亩	4.85	
二				建设单位管理费	公路公里	8.6	
	1			建设单位管理费	公路公里	8.6	
	2			工程质量监督费	公路公里	8.6	费率0.15%
	3			工程监理费	公路公里	8.6	费率2.5%
	4			工程定额测定费	公路公里	8.6	费率0.12%
	5			设计文件审查费	公路公里	8.6	费率0.1%
	6			竣(交)工验收试验检测费	公路公里	8.6	

续上表

项	目	节	细目	工程或费用名称	单位	工程数量	预算定额表号、费率
四				建设项目前期工作费	公路公里	8.6	费率1%
				第一、二、三部分费用合计	公路公里	8.6	
				预备费	元	0	
一				1. 价差预备费	元	0	
二				2. 基本预备费	元	0	费率3%
				预算总金额	元	0	
				其中:回收金额	元	0	
				公路基本造价	公路公里	8.6	

(六)松—川线施工图预算计算表

根据松—川线设计资料,用海巍公路工程造价软件编制松—川线施工图预算所生成的各表如下所示。

总 预 算 表

建设项目名称:河北松-川二级公路

编制范围:K0+000~K8+600　　　　第1页　共3页　01表

项	目	节	细目	工程或费用名称	单　位	数　量	预算金额(元)	技术经济指标	各项费用比例(%)
				第一部分　建筑安装工程费	公路公里	8.6	13 719 803	1 595 325.98	89.84
一				临时工程	公路公里	8.6	128 673	14 961.98	0.84
	1			临时道路	km		51 612		0.34
		1		临时便道的修建与维护	km	4	51 612	12 903	0.34
	2			临时电力线路	km	1.4	77 061	55 043.57	0.50
二				路基工程	km		3 848 194		25.20
	1			挖方	m^3		2 001 794		13.11
		1		挖土方	m^3		367 667		2.41
			1	挖路基土方	m^3	137 000	367 667	2.68	2.41
		2		汽车运土	m^3	137 000	1 634 127	11.93	10.70
	2			填方	m^3		622 336		4.08
		1		路基填方	m^3		622 336		4.08
			1	利用土方填筑	m^3	184 000	622 336	3.38	4.08
	3			防护与加固工程	km		1 224 064		8.02
	1			坡面植物防护	m^2		179 328		1.17
			1	铺(植)草皮	m^2	63 000	179 328	2.85	1.17
		2		挡土墙	m^3/m		1 044 736		6.84

编制:杨志朴　　　　复核:张丽华　　　　海巍软件(http://www.HWCost.com)

总 预 算 表

建设项目名称:河北松－川二级公路

编制范围:K0＋000～K8＋600　　　　第2页　共3页　01表

项	目	节	细目	工程或费用名称	单　位	数　量	预算金额（元）	技术经济指标	各项费用比例(%)
			1	石砌挡土墙	m^3/m	4 850	10 447 36	215.41	8.84
三				路面工程	km		9 698 843		63.51
	1			路面基层	m^2		1 725 268		11.30
		1		石灰稳定类基层	m^2	103 200	1 725 268	16.72	11.30
	2			水泥混凝土面层	m^2		6 798 542		44.52
		1		水泥混凝土面层	m^2	77 400	6 521 533	84.26	47.70
		2		钢筋	t	16.5	79 595	4 823.94	0.52
		3		混凝土拌和站安拆	处	1	197 414	197 414	1.29
	3			路槽、路肩及中央分隔带	km		1 175 033		7.69
		1		培路肩	m^2	25 800	135 425	5.25	0.89
		2		路缘石	m^3	1 532	1 039 608	678.6	6.81
四				桥梁涵洞工程	km				
五				交叉工程	处				
六				隧道工程	km/座				
七				公路设施及预埋管线工程	公路公里	8.6	44 093	5 127.09	0.29
	1			安全设施	公路公里	8.6	1 957	227.56	0.01
		1		里程碑、百米桩、公路界碑	块	100	1 957	19.57	0.01
	2			其他工程	公路公里	8.6	42 136	4 899.53	0.28
		1		公路交工前养护费	km	8.6	42 136	4 899.53	0.28
八				绿化工程	公路公里	8.6			
				第二部分 设备及工具、器具购置费	公路公里	8.6	73 880	8 590.7	0.48
一				设备购置费	公路公里	8.6	24 000	2 790.7	0.16
	1			不需安装的设备	公路公里	8.6	24 000	2 790.7	0.16
		1		路政电脑管理设备	公路公里	8.6	24 000	2 790.7	0.16
三				办公及生活用家具购置	公路公里	8.6	49 880	5 800	0.33

编制:杨志朴　　　　复核:张丽华　　　　海巍软件(http://www.HWCost.com)

总预算表

建设项目名称:河北松－川二级公路

编制范围:K0＋000～K8＋600　　　　第3页　共3页　01表

项	目	节	细目	工程或费用名称	单位	数量	预算金额（元）	技术经济指标	各项费用比例(%)
				第三部分　工程建设其他费用	公路公里	8.6	1 032 799	120 092.91	6.76
一				土地征用及拆迁补偿费	公路公里	8.6	24 250	2 819.77	0.16
	1			土地、青苗等补偿	公路公里	8.6	24 250	2 819.77	0.16
二				建设项目管理费	公路公里	8.6	871 351	101 319.88	5.71
	1			建设单位(业主)管理费	公路公里	8.6	391 592	45 533.95	2.56
	2			工程质量监督费	公路公里	8.6	20 580	2 393.02	0.13
	3			工程监理费	公路公里	8.6	342 995	39 883.14	2.25
	4			工程定额测定费	公路公里	8.6	16 464	1 914.42	0.11
	5			设计文件审查费	公路公里	8.6	13 720	1 595.35	0.09
	6			竣(交)工验收试验检测费	公路公里	8.6	86 000	10 000	0.56
三				研究试验费	公路公里	8.6			
四				建设项目前期工作费	公路公里	8.6	137 198	15 953.26	0.90
五				专项评价(估)费	公路公里	8.6			
六				施工机构迁移费	公路公里	8.6			
七				供电贴费	公路公里	8.6			
八				联合试运转费	公路公里	8.6			
九				生产人员培训费	公路公里	8.6			
十				固定资产投资方向调节税	公路公里	8.6			
十一				建设期贷款利息	公路公里	8.6			
				第一、二、三部分费用合计	公路公里	8.6	14 826 482	1 724 009.53	97.09
				预留费用	元		444 794		2.91
				1. 价差预备费	元				
				2. 基本预备费	元		444 794		2.91
				概(预)算总金额	元		15 271 276		100
				公路工程基本造价	公路公里	8.6	15 271 276	1 775 729.77	100

编制:杨志朴　　　　复核:张丽华　　　　海巍软件(http://www.HWCost.com)

人工、主要材料、机械台班数量汇总表

建设项目名称:河北松－川二级公路

编制范围:K0 +000 ~ K8 +600

第1页　共4页　02表

序号	规格名称	单位	总数量	分项统计								场外运输损耗	
				临时工程	路基工程	路面工程	公路设施及预埋管线工程			辅助生产	其他	%	数量
1	人工	工日	63 184	249	8 226	19 099	10			31 494	4 106		
2	机械工	工日	11 817	102	5 219	3 102				3 394			
3	原木	m^3	20	12	8								
4	锯材	m^3	4		4								
5	光圆钢筋	t	0			0	0						
6	带肋钢筋	t	17			17							
7	型钢	t	3			3							
8	钢板	t	0	0		0							
9	空心钢钎	kg	492							492			
10	合金钻头	个	741							741			
11	电焊条	kg	15			15							
12	组合钢模板	t	0			0	0						
13	铁件	kg	479	104		370	5						
14	铁钉	kg	28		28								
15	8 ~ 12 号铁丝	kg	730	53	676	1							
16	20 ~ 22 号铁丝	kg	84			84							
17	橡皮线	m	2 520	2 520									
18	皮线	m	1 920	1 920									
19	油漆	kg	7										

编制:杨志朴　　复核:张丽华　　海巍软件(http://www.HWCost.com)

人工、主要材料、机械台班数量汇总表

建设项目名称:河北松－川二级公路

编制范围:K0 +000 ~ K8 +600　　　　第2页　共4页　02表

序号	规格名称	单位	总数量	分项统计								场外运输损耗	
				临时工程	路基工程	路面工程	公路设施及预埋管线工程			辅助生产	其他	%	数量
20	32.5 级水泥	t	7 653		144	7 433						1	76
21	硝铵炸药	kg	4 851							4 851			
22	导火线	m	12 493							12 493			
23	普通雷管	个	10 174							10 174			
24	石油沥青	t	12			12						3	
25	重油	kg	0										
26	汽油	kg	14 843							14 843			
27	柴油	kg	306 154	2 901	195 421	63 834				43 998			
28	煤	t	2			2						1	0
29	电	kW · h	123 937			75 890	0			48 047			
30	水	m^3	7 022		1 435	5 584	3						
31	木柴	kg	0										
32	青(红)砖	千块	89			86						3	3
33	生石灰	t	3 408			3 309						3	99
34	土	m^3	27 748			26 940						3	808
35	中(粗)砂	m^3	10 275		736	9 287	1					3	251
36	砂砾	m^3	86			85						1	1
37	黏土	m^3	26		25							3	1
38	片石	m^3	3 380		3 380					0			

编制:杨志朴　　　　复核:张丽华　　　　海巍软件(http://www.HWCost.com)

人工、主要材料、机械台班数量汇总表

建设项目名称:河北松－川二级公路

编制范围:K0＋000～K8＋600

第3页　共4页　02表

序号	规格名称	单位	总数量	分项统计								场外运输损耗	
				临时工程	路基工程	路面工程	公路设施及预埋管线工程			辅助生产	其他	%	数量
39	开采片石	m^3	19072							19 072			
40	碎石(2cm)	m^3	0				0					1	0
41	碎石(4cm)	m^3	16 585			16 421						1	164
42	碎石(8cm)	m^3	14		13		1					1	0
43	块石	m^3	2 272		2 272								
44	草皮	m^2	25 693		24 012							7	1 681
45	其他材料费	元	42 598	364	14 115	28 108	11						
46	设备摊销费	元	11 839	11 622		217							
47	75kW以内履带式推土机	台班	132	42	90								
48	$0.6m^3$以内履带式单斗挖土机	台班	420		420								
49	$1.0m^3$以内轮胎式装载机	台班	69							69			
50	$3.0m^3$以内轮胎式装载机	台班	81			81							
51	120kW以内自行式平地机	台班	274		236	38							
52	75kW以内履带式拖拉机	台班	22			22							
53	6～8t光轮压路机	台班	208	4	176	28							
54	8～10t光轮压路机	台班	7	3		4							
55	12～15t光轮压路机	台班	142	11		131							
56	0.6t以内手扶式振动碾	台班	163			163							
57	15t以内振动压路机	台班	287		287								

编制:杨志朴　　复核:张丽华　　海巍软件(http://www.HWCost.com)

人工、主要材料、机械台班数量汇总表

建设项目名称:河北松－川二级公路

编制范围:K0＋000～K8＋600　　　　第4页　共4页　02表

序号	规格名称	单位	总数量	分项统计								场外运输损耗	
				临时工程	路基工程	路面工程	公路设施及预埋管线工程			辅助生产	其他	%	数量
58	3.0－9.0m 滑模式水泥混凝土摊铺机	台班	33			33							
59	混凝土电动刻纹机	台班	690			690							
60	混凝土电动切缝机	台班	296			296							
61	250L 以内强制式混凝土搅拌机	台班	60			60							
62	$6m^3$ 内混凝土搅拌运输车	台班	512			512							
63	$60m^3/h$ 以内混凝土搅拌站	台班	59			59							
64	4t 以内载货汽车	台班	0				0						
65	3t 以内自卸汽车	台班	433							433			
66	6t 以内自卸汽车	台班	2 977		2 977								
67	40t 以内平板拖车组	台班	3			3							
68	6000L 以内洒水汽车	台班	283			283							
69	手扶式拖拉机(带拖斗)	台班	1 945							1 945			
70	12t 以内汽车式起重机	台班	2			2							
71	30t 以内汽车式起重机	台班	5			5							
72	32・kVA 内交流电弧焊机	台班	3			3							
73	150mm×250mm 电动鄂式破碎机	台班	0							0			
74	250mm×400mm 电动鄂式破碎机	台班	564							564			
75	$9m^3/min$ 内机动空压机	台班	383							383			
76	小型机具使用费	元	16 083			477				16 083			

编制:杨志朴　　　　复核:张丽华　　　　

建筑安装工程费计算表

建设项目名称:河北松－川二级公路

编制范围:K0+000～K8+600　　　　第1页　共1页　03表

序号	工程名称	单位	工程量	直接费(元)						间接费(元)	利润(元)费率7%	税金(元)综合税率3.41%	建筑安装工程费	
				直接工程费				其他工程费	合计				合计(元)	单价(元)
				人工费	材料费	机械使用费	合计							
1	临时便道的修建与维护	km	4	8 069		32 287	40 356	1 598	41 954	4 891	3 065	1 702	51 612	12 903
2	临时电力线路	km	1.4	4 201	56 541		60 742	3 742	64 484	5 266	4 770	2 541	77 061	55 043.57
3	挖路基土方	m^3	137 000	28 241		268 132	296 373	12 477	308 850	24 135	22 558	12124	367 667	2.68
4	汽车运土	m^3	137 000			1 413 693	1 413 693	27 850	1 441 543	35 318	103 380	53 886	1 634 127	11.93
5	利用土方填筑	m^3	184 000	21 648		488 553	510 201	21 479	531 680	31 301	38 833	20 522	622 336	3.38
6	铺(植)草皮	m^2	63 000	63 542	60 793		124 335	7 659	131 994	31 656	9 765	5 913	179 328	2.85
7	石砌挡土墙	m^3/m	4 850	291 215	460377		751 592	44 807	796 399	155 032	58 854	34 451	1 044 736	215.41
8	石灰稳定类基层	m^2	103 200	198 020	981 245	185 488	1364 753	64 962	1 429 715	134 438	104 223	56 892	1 725 268	16.72
9	水泥混凝土面层	m^2	77 400	207 921	3 942 699	1 238 427	5 389 047	277 340	5 666 387	232 691	407 404	215 051	6 521 533	84.26
10	钢筋	t	16.5	4 871	59 802	183	64 856	3 483	68 339	3 717	4 914	2 625	79 595	4 823.94
11	混凝土拌合站安拆	处	1	70 823	50008	15 767	136 598	8 414	145 012	35 164	10 728	6 510	197 414	197 414
12	培路肩	m^2	25 800	72 100		16 615	88 715	4 223	92 938	31 246	6 775	4 466	135 425	5.25
13	路缘石	m^3	1 532	385 917	342 296	7 373	735 586	35 014	770 600	178 551	56 175	34 282	1 039 608	678.6
14	里程碑、百米桩、公路界碑	块	100	536	808	63	1 407	87	1 494	288	110	65	1 957	19.57
15	公路交工前养护费	km	8.6				38 081		38 081		2 666	1 389	42 136	4 899.53
各项费用合计(元)			8.6	1 357 104	5 954 569	3 666 581	11 016 335	513 135	11 529 470	903 694	834 220	452 419	13 719 803	

编制:杨志朴　　　　复核:张丽华　　　　海巍软件(http://www.HWCost.com)

其他工程费及间接费综合费率计算表

建设项目名称:河北松－川二级公路

编制范围:K0＋000～K8＋600

第1页　共1页　04表

序号	工程类别	其他工程费费率(%)													间接费费率(%)											
		冬季施工增加费	雨季施工增加费	夜间施工增加费	高原地区施工增加费	风沙地区施工增加费	沿海地区施工增加费	行车干扰工程施工增加费	安全及文明施工措施费	临时设施费	施工辅助费	工地转移费	综合费率		规费						企业管理费					
													Ⅰ	Ⅱ	养老保险费	失业保险费	医疗保险费	住房公积金	工伤保险费	综合费率	基本费用	主副食运费补贴	职工探亲路费	职工取暖补贴	财务费用	综合费率
1	人工土方	0.59	0.11						0.59	1.57	0.89	0.21	3.96		20	1	10	6	1	38	3.36	0.56	0.1	0.1	0.23	4.35
2	机械土方	0.93	0.11						0.59	1.42	0.49	0.67	4.21		20	1	10	6	1	38	3.26	0.43	0.22	0.22	0.21	4.34
3	汽车运输	0.17	0.11						0.21	0.92	0.16	0.4	1.97		20	1	10	6	1	38	1.44	0.45	0.14	0.21	0.21	2.45
4	人工石方	0.13	0.07						0.59	1.6	0.85	0.22	3.46		20	1	10	6	1	38	3.45	0.42	0.1	0.1	0.22	4.29
5	机械石方	0.18	0.1						0.59	1.97	0.46	0.43	3.73		20	1	10	6	1	38	3.28	0.41	0.22	0.17	0.2	4.28
6	高级路面	0.72	0.1						1	1.92	0.8	0.83	5.37		20	1	10	6	1	38	1.91	0.28	0.14	0.13	0.27	2.73
7	其他路面	0.29	0.09						1.02	1.87	0.74	0.75	4.76		20	1	10	6	1	38	3.28	0.28	0.16	0.12	0.3	4.14
8	构造物Ⅰ	0.66	0.08						0.72	2.65	1.3	0.75	6.16		20	1	10	6	1	38	4.44	0.4	0.29	0.19	0.37	5.69
9	构造物Ⅱ	0.81	0.08						0.78	3.14	1.56	0.89	7.26		20	1	10	6	1	38	5.53	0.43	0.34	0.2	0.4	6.9
10	构造物Ⅲ	1.6	0.17						1.57	5.81	3.03	1.77	13.95		20	1	10	6	1	38	9.79	0.79	0.55	0.37	0.82	12.32
11	技术复杂大桥	0.93	0.1						0.86	2.92	1.68	1.01	7.5		20	1	10	6	1	38	4.72	0.36	0.2	0.17	0.46	5.91
12	隧道	0.27							0.73	2.57	1.23	0.71	5.51		20	1	10	6	1	38	4.22	0.34	0.27	0.14	0.39	5.36
13	钢材及钢结构	0.07							0.53	2.48	0.56	0.97	4.61		20	1	10	6	1	38	2.42	0.37	0.16	0.12	0.48	3.55

编制:杨志朴　　　　复核:张丽华　　　　海巍软件(http://www.HWCost.com)

设备、工具、器具购置费计算表

建设项目名称:河北松－川二级公路

编制范围:K0＋000～K8＋600

序号	设备、工具、器具规格名称	单　位	数量	单价(元)	金额(元)	说　　明
一	设备购置费	公路公里	8.6	不需安装的设备	24 000	8.6
(1)	路政电脑管理设备	台	3	8 000	24 000	
三	办公及生活用家具购置	公路公里			49 880	
(1)	办公及生活用家具购置	元/公里	8.6	5 800	49 880	

编制:杨志朴　　复核:张丽华　　海巍软件(http://www.HWCost.com)

工程建设其他费用及回收金额等计算表

建设项目名称：河北松－川二级公路

编制范围：K0＋000～K8＋600

第1页　共1页　06表

序号	费用名称及回收金额项目	说明及计算式	金额(元)	备注
	第三部分　工程建设其他费用			
一	土地青苗补偿费和安置补助费			
1	土地、青苗等补偿			
(1)	土地、青苗等补偿	4.85×5 000	24 250	4.85×5 000
二	建设项目管理费		871 351	
1	建设单位(业主)管理费	{累进办法建管费}	391 592	391 592
2	工程质量监督费	{建安费}×0.15%	20 580	20 580＝13 719 803×0.15/100
3	工程监理费	{建安费}×2.5%	342 995	342 995＝13 719 803×2.5/100
4	工程定额测定费	{建安费}×0.12%	16 464	16 464＝13 719 803×0.12/100
5	设计文件审查费	{建安费}×0.1%	13 720	13 720＝13 719 803×0.1/100
6	竣(交)工验收试验检测费	8.6×10 000	86 000	86 000＝8.6×10 000
四	建设项目前期工作费		137 198	
(1)	勘察设计费	{建安费}×1%	137 198	137 198＝13 719 803×1/100
	预备费			
	2. 基本预备费	(一、二、三部分费用之和)×3%	444 794	444 794＝14 826 482×3%

编制：杨志朴　　　复核：张丽华　　　海巍软件(http://www.HWCost.com)

人工、材料、机械台班单价汇总表

建设项目名称:河北松 - 川二级公路

编制范围:K0 +000 ~ K8 +600　　　　第1页　共3页　07表

序号	名　称	单位	代号	预算单价(元)	备　注	序号	名　称	单位	代号	预算单价(元)	备　注
1	人工	工日	1	49.2		15	8 ~ 12 号铁丝	kg	655	6.27	镀锌铁丝
2	机械工	工日	2	49.2		16	20 ~ 22 号铁丝	kg	656	6.58	镀锌铁丝
3	原木	m^3	101	1 168.24	混合规格	17	橡皮线	m	713	6.98	
4	锯材	m^3	102	1 403.99	中板 δ = 19 ~ 35,中方混合规格	18	皮线	m	714	5.55	
5	光圆钢筋	t	111	3 402.74	10 ~ 14 毫米	19	油漆	kg	732	13.39	
6	带肋钢筋	t	112	3 505.24	15 ~ 24 毫米,25 毫米以上	20	32.5 级水泥	t	832	351.93	
7	型钢	t	182	3 812.74	工字钢,角钢	21	硝铵炸药	kg	841	6.18	1 号、2 号岩石硝铵炸药
8	钢板	t	183	4 581.49	A3,δ = 5 ~ 40mm	22	导火线	m	842	0.82	120s/m
9	空心钢钎	kg	212	7.2	优质碳素工具钢	23	普通雷管	个	845	0.72	8 号钢管
10	合金钻头	个	213	27.21	Φ43mm	24	石油沥青	t	851	4 032.7	
11	电焊条	kg	231	5.04	结 422(502、506、507)3.2mm 4.0mm、5.0mm	25	重油	kg	861	2.89	
12	组合钢模板	t	272	5787.05		26	汽油	kg	862	5.35	93 号
13	铁件	kg	651	4.53	软件	27	柴油	kg	863	5.04	0 号, -10 号, -20 号
14	铁钉	kg	653	7.16	混合规格	28	煤	t	864	294.79	

编制:杨志朴　　　　复核:张丽华　　　　海巍软件(http://www.HWCost.com)

人工、材料、机械台班单价汇总表

建设项目名称:河北松－川二级公路

编制范围:K0＋000～K8＋600　　　　第2页　共3页　07表

序号	名称	单位	代号	预算单价(元)	备注	序号	名称	单位	代号	预算单价(元)	备注
29	电	kW·h	865	0.96		43	块石	m^3	981	98.26	码方
30	水	m^3	866	0.51		44	草皮	m^2	995	1.97	
31	木柴	kg	867	0.5		45	其他材料费	元	996	1	
32	青(红)砖	千块	877	278.03	240mm×115mm×53mm	46	设备摊销费	元	997	1	
33	生石灰	t	891	131.7		47	75kW以内履带式推土机	台班	1 003	620.59	75kW
34	土	m^3	895	20.24	路面用堆方	48	0.6m^3以内履带式单斗挖土机	台班	1 027	505.17	0.6m^3
35	中(粗)砂	m^3	899	38.76	混凝土、砂浆用堆方	49	1.0m^3以内轮胎式装载机	台班	1 048	411.85	1.0m^3
36	砂砾	m^3	902	26.05	堆方	50	3.0m^3以内轮胎式装载机	台班	1051	926.72	3.0m^3
37	黏土	m^3	911	24.68	堆方	51	120kW以内自行式平地机	台班	1 057	926.94	120kW
38	片石	m^3	931	40.04	码方	52	75kW以内履带式拖拉机	台班	1063	533.15	75kW
39	开采片石	m^3	932	31.1	码方	53	6～8t光轮压路机	台班	1 075	254.19	6～8t
40	碎石(2cm)	m^3	951	79.82	最大粒径2cm堆方	54	8～10t光轮压路机	台班	1 076	283.63	8～10t
41	碎石(4cm)	m^3	952	75.23	最大粒径4cm堆方	55	12～15t光轮压路机	台班	1 078	417.44	12～15t
42	碎石(8cm)	m^3	954	69.58	最大粒径8cm堆方	56	0.6t以内手扶式振动碾	台班	1 083	102.22	0.6t

编制:杨志朴　　　　复核:张丽华　　　　海巍软件(http://www.HWCost.com)

人工、材料、机械台班单价汇总表

建设项目名称:河北松－川二级公路

编制范围:K0＋000～K8＋600　　　　第3页　共3页　07表

序号	名　称	单位	代号	预算单价(元)	备　注	序号	名　称	单位	代号	预算单价(元)	备　注
57	15t以内振动压路机	台班	1 088	784.39	15t	68	6 000L以内洒水汽车	台班	1 405	563.38	6 000L
58	3.0－9.0m滑模式水泥混凝土摊铺机	台班	1 234	2 357.22	3.0－9.0m	69	手扶拖拉机(带拖斗)	台班	1 415	136.57	
59	混凝土电动刻纹机	台班	1 243	214.14		70	12t以内汽车式起重机	台班	1451	825.34	
60	混凝土电动切缝机	台班	1 245	149.78		71	30t以内汽车式起重机	台班	1 455	1 596.11	
61	250L以内强制式混凝土搅拌机	台班	1 272	118.41	250L	72	32kV·A以内交流电弧焊机机	台班	1 726	104.56	
62	$6m^3$内混凝土搅拌运输车	台班	1 307	1 327.44	$6m^3$	73	150×250mm电动颚式破碎机	台班	1 756	129.51	
63	$60m^3/h$以内混凝土搅拌站	台班	1 327	2 222.02	$60m^3/h$	74	250×400mm电动颚式破碎机	台班	1 757	184.37	
64	4t以内载货汽车	台班	1 372	344.46	4t	75	120kW以内柴油发电机组	台班	1 797	1 033.98	120kW
65	3t以内自卸汽车	台班	1 382	339.31	3t	76	$9m^3/min$内机动空压机	台班	1 842	556.37	
66	6t以内自卸汽车	台班	1 384	474.87	6t	77	小型机具使用费	元	1998	1	
67	40t以内平板拖车组	台班	1 395	1 372.39	40t	78	电网电	kW·h	2 678	0.68	

编制:杨志朴　　　　复核:张丽华　　　　海巍软件(http://www.HWCost.com)

分项工程概(预)算表

编制范围:K0+000~K8+600

工程名称:临时便道的修建与维护

第1页 共22页 08-2表

编号	工程项目			汽车便道									合计		
	工程细目			路基宽7m(平原微丘区)											
	定额单位			1km											
	工程数量			4											
	定额表号			预算7-1-1-1											
	工、料、机名称	单位	单价(元)	定额	数量	金额(元)	定额	数量	金额(元)	定额	数量	金额(元)	定额	数量	金额(元)
1	人工	工日	49.2	41	164	8 069								164	8 069
1003	75kW以内履带式推土机	台班	620.59	10.42	41.68	25 866								41.68	25 866
1075	6~8t光轮压路机	台班	254.19	0.94	3.76	956								3.76	956
1076	8~10t光轮压路机	台班	283.63	0.71	2.84	806								2.84	806
1078	12~15t光轮压路机	台班	417.44	2.79	11.16	4 659								11.16	4 659
1999	定额基价	元	1	9 988	39 952	39 952								39 952	39 952
	直接工程费	元				40 356									40 356
	其他工程费 I	元			3.96%	1 598									1 598
	其他工程费 Ⅱ	元													
	间接费 规费	元			38%	3 066									3 066
	间接费 企业管理费	元			4.35%	1 825									1 825
	利润	元			7%	3 065									3 065
	税金	元			3.41%	1 702									1 702
	建筑安装工程费	元				51 612									51 612

编制:杨志朴　　复核:张丽华　　海巍软件(http://www.HWCost.com)

分项工程概（预）算表

编制范围：K0 +000 ~ K8 +600

工程名称：临时电力线路

编号	工程项目			架设输电、电信线路			架设输电、电信线路						合计		
	工程细目			输电线路角铁横担干线（三线橡皮线）			输电线路支线								
	定额单位			100m			100m								
	工程数量			8			6								
	定额表号			预算7-1-5-2			预算7-1-5-3								
	工、料、机名称	单位	单价(元)	定额	数量	金额(元)	定额	数量	金额(元)	定额	数量	金额(元)	定额	数量	金额(元)
1	人工	工日	49.2	7	56	2 755	4.9	29.4	1 446					85.4	4 202
101	原木	m^3	1 168.24	1.112	8.896	10 393	0.572	3.432	4 009					12.328	14 402
102	锯材	m^3	1 403.99				0.033	0.198	278					0.198	278
182	型钢	t	3 812.74	0.018	0.144	549								0.144	549
183	钢板	t	4 581.49	0.006	0.048	220	0.002	0.012	55					0.06	275
651	铁件	kg	4.53	11	88	399	2.7	16.2	73					104.2	472
655	8~12号铁丝	kg	6.27	4	32	201	3.5	21	132					53	332
713	橡皮线	m	6.98	315	2 520	17 590								2 520	17 590
714	皮线	m	5.55				320	1 920	10 656					1 920	10 656
996	其他材料费	元	1	25.2	201.6	202	27	162	162					363.6	364
997	设备摊销费	元	1	1 452.8	11 622.4	11 622								11 622.4	11 622
1999	定额基价	元	1	5 376	43 008	43 008	2 723	16 338	16 338					59 346	59 346

编制：杨志朴　　复核：张丽华　　海巍软件(http://www.HWCost.com)

分项工程概(预)算表

编制范围:K0 +000 ~ K8 +600

工程名称: 临时电力线路　　　　第3页　共22页　08-2表

编号	工程项目				架设输电、电讯线路			架设输电、电讯线路						合计		
	工程细目				输电线路角铁横担干线(三线橡皮线)			输电线路支线								
	定额单位				100m			100m								
	工程数量				8			6								
	定额表号				预算7-1-5-2			预算7-1-5-3								
	工、料、机名称		单位	单价(元)	定额	数量	金额(元)	定额	数量	金额(元)	定额	数量	金额(元)	定额	数量	金额(元)
	直接工程费		元				43 931			16 811						60 742
	其他工程费	I	元			6.16%	2 706		6.16%	1 036						3 742
		Ⅱ	元													
	间接费	规费	元			38%	1 047		38%	549						1 596
		企业管理费	元			5.69%	2 654		5.69%	1 015						3 669
	利润		元			7%	3 450		7%	1 320						4 770
	税金		元			3.41%	1 834		3.41%	707						2 541
	建筑安装工程费		元				55 622			21 439						77 061

编制:杨志朴　　　　复核:张丽华　　　　海巍软件(http://www.HWCost.com)

分项工程概（预）算表

编制范围:K0+000～K8+600

工程名称：挖路基土方　　　　第4页　共22页　08-2表

编号	工、料、机名称	单位	单价(元)	定额	数量	金额(元)	定额	数量	金额(元)	定额	数量	金额(元)	定额	数量	金额(元)
编号	工程项目			挖掘机挖装土、石方			挖掘机挖装土、石方						合计		
	工程细目			0.6m^3 挖掘机挖装松土			0.6m^3 挖掘机挖装松土								
	定额单位			1 000m^3			1 000m^3								
	工程数量			85			52								
	定额表号			预算 1-1-9-1			预算 1-1-9-2								
1	人工	工日	49.2	4	340	16 728	4.5	234	11 513					574	28 241
1003	75kW 以内履带式推土机	台班	620.59	0.62	52.7	32 705	0.72	37.44	23 235					90.14	55 940
1027	0.6m^3 以内履带式单斗挖土机	台班	505.17	2.88	244.8	123 666	3.37	175.24	88 526					420.04	212 192
1999	定额基价	元	1	2 017	171 445	171 445	2 348	122 096	122 096					293 541	293 541
	直接工程费	元				173 099			123 274						296 373
其他工程费	Ⅰ	元			4.21%	7 287		4.21%	5 190						12 477
其他工程费	Ⅱ	元													
间接费	规费	元			38%	6 357		38%	4 375						10 732
间接费	企业管理费	元			4.34%	7 829		4.34%	5 575						13 404
	利润	元			7%	13 175		7%	9 383						22 558
	税金	元			3.41%	7 084		3.41%	5 040						12 124
	建筑安装工程费	元				214 830			152 837						367 667

编制:杨志朴　　　　复核:张丽华　　　　海巍软件(http://www.HWCost.com)

分项工程概(预)算表

编制范围:K0 +000 ~ K8 +600

工程名称: 汽车运土　　　　第5页　共22页　08-2表

编号	工程项目			自卸汽车运土、石方									合计		
	工程细目			6t 以内自卸汽车装装运土方 3km											
	定额单位			$1\ 000m^3$											
	工程数量			137											
	定额表号			预算 1-1-11-5 +6 ×4											
	工、料、机名称	单位	单价(元)	定额	数量	金额(元)	定额	数量	金额(元)	定额	数量	金额(元)	定额	数量	金额(元)
1384	6t 以内自卸汽车	台班	474.87	21.73	2 977.01	1 413 693								2 977.01	1 413 693
1999	定额基价	元	1	8 762	1 200 394	1 200 394								1 200 394	1 200 394
	直接工程费	元				1 413 693									1 413 693
	其他工程费 I	元			1.97%	27 850									27 850
	其他工程费 Ⅱ	元													
	间接费 规费	元			38%										
	间接费 企业管理费	元			2.45%	35 318									35 318
	利润	元			7%	103 380									103 380
	税金	元			3.41%	53 886									53 886
	建筑安装工程费	元				1 634 127									1 634 127

编制:杨志朴　　　　复核:张丽华　　　　海巍软件(http://www.HWCost.com)

分项工程概(预)算表

编制范围:K0 +000 ~ K8 +600

工程名称: 利用土方填筑 第6页 共22页 08-2表

编号	工程项目			机械碾压路基			机械碾压路基						合计		
	工程细目			15t 以内振动压路机碾压土方,二级公路			15t 以内振动压路机,二级公路(零填方及挖方路基)								
	定额单位			1 000m^3			1 000m^2								
	工程数量			128			56								
	定额表号			预算 1-1-18-9			预算 1-1-18-31								
	工、料、机名称	单位	单价(元)	定额	数量	金额(元)	定额	数量	金额(元)	定额	数量	金额(元)	定额	数量	金额(元)
1	人工	工日	49.2	3	384	18 893	1	56	2 755					440	21 648
1057	120kW 以内自行式平地机	台班	926.94	1.63	208.64	193 397	0.49	27.44	25 435					236.08	218 832
1075	6 ~ 8t 光轮压路机	台班	254.19	1.24	158.72	40 345	0.31	17.36	4 413					176.08	44 758
1088	15t 以内振动压路机	台班	784.39	1.65	211.2	165 663	1.35	75.6	59 300					286.8	224 963
1999	定额基价	元	1	3 218	411 904	411 904	1 618	90 608	90 608					502 512	502 512
	直接工程费	元				418 298			91 903						510 201
	其他工程费 I	元			4.21%	17 610		4.21%	3 869						21 479
	其他工程费 Ⅱ	元													
	间接费 规费	元			38%	7 179		38%	1 047						8 226
	间接费 企业管理费	元			4.34%	18 918		4.34%	4 157						23 075
	利润	元			7%	31 838		7%	6 995						38 833
	税金	元			3.41%	16 840		3.41%	3 682						20 522
	建筑安装工程费	元				510 684			111 652						622 336

编制:杨志朴 复核:张丽华 海巍软件(http://www.HWCost.com)

分项工程概(预)算表

编制范围:K0+000~K8+600

工程名称:铺(植)草皮　　　　第7页　共22页　08-2表

编号	工程项目			人工铺草皮									合计		
	工程细目			花格式边坡高度10m以内											
	定额单位			1 000m²											
	工程数量			63											
	定额表号			预算5-1-1-4											
	工、料、机名称	单位	单价(元)	定额	数量	金额(元)	定额	数量	金额(元)	定额	数量	金额(元)	定额	数量	金额(元)
1	人工	工日	49.2	20.5	1 291.5	63 542								1 291.5	63 542
995	草皮	m²	1.97	381.15	24 012.45	47 305								24 012.45	47 305
996	其他材料费	元	1	214.1	13 488.3	13 488								13 488.3	13 488
1999	定额基价	元	1	1 909	120 267	120 267								120 267	120 267
	直接工程费	元				124 335									124 335
	其他工程费 I	元			6.16%	7 659									7 659
	其他工程费 Ⅱ	元													
	间接费 规费	元			38%	24 146									24 146
	间接费 企业管理费	元			5.69%	7 510									7 510
	利润	元			7%	9 765									9 765
	税金	元			3.41%	5 913									5 913
	建筑安装工程费	元				179 328									179 328

编制:杨志朴　　　　复核:张丽华　　　　海巍软件(http://www.HWCost.com)

分项工程概(预)算表

编制范围:K0+000~K8+600

工程名称:石砌挡土墙　　　　第8页　共22页　08-2表

编号	工程项目			人工开挖基坑土、石方			石砌挡土墙			石砌挡土墙			石砌挡土墙		
	工程细目			人工干处挖土方(基坑深3m以内)			干砌块石基础			干砌片石墙身			浆砌块石基础		
	定额单位			$1\,000m^3$			$10m^3$			$10m^3$			$10m^3$		
	工程数量			3.075			120			160			85		
	定额表号			预算4-1-1-1			预算5-1-15-2			预算5-1-15-3			预算5-1-15-6		
	工、料、机名称	单位	单价(元)	定额	数量	金额(元)	定额	数量	金额(元)	定额	数量	金额(元)	定额	数量	金额(元)
1	人工	工日	49.2	448.3	1 378.522	67 823	6.7	804	39 557	9.6	1 536	75 571	8.1	688.5	33 874
101	原木	m^3	1 168.24							0.025	4	4 673			
102	锯材	m^3	1 403.99							0.015	2.4	3 370			
653	铁钉	kg	7.16							0.1	16	115			
655	8~12号铁丝	kg	6.27							2.2	352	2207			
832	32.5级水泥	t	351.93										0.589	50.065	17 619
866	水	m^3	0.51										7	595	303
899	中(粗)砂	m^3	38.76										3.02	256.7	9 950
911	黏土	m^3	24.68										0.03	2.55	63
931	片石	m^3	40.04							12.5	2 000	80 080			
954	碎石(8cm)	m^3	69.58												
981	块石	m^3	98.26				11.5	1 380	135 599				10.5	892.5	87 697
996	其他材料费	元	1										2.3	195.5	196
1999	定额基价	元	1	22 056	67 822	67 822	1 307	156 840	156 840	960	153 600	153 600	1 667	141 695	141 695

编制:杨志朴　　　　复核:张丽华　　　　海巍软件(http://www.HWCost.com)

分项工程概(预)算表

编制范围:K0+000~K8+600

工程名称: 石砌挡土墙　　　　第9页　共22页　08-2表

编号	工程项目			人工开挖基坑土、石方			石砌挡土墙			石砌挡土墙			石砌挡土墙		
	工程细目			人工干处挖土方(基坑深3m以内)			干砌块石基础			干砌片石墙身			浆砌块石基础		
	定额单位			1 000m³			10m³			10m³			10m³		
	工程数量			3.075			120			160			85		
	定额表号			预算4-1-1-1			预算5-1-15-2			预算5-1-15-3			预算5-1-15-6		
	工、料、机名称	单位	单价(元)	定额	数量	金额(元)	定额	数量	金额(元)	定额	数量	金额(元)	定额	数量	金额(元)
	直接工程费	元				67 823			175 156			166 016			149 702
	其他工程费 I	元			3.96%	2 686		6.16%	10 790		6.16%	10 227		6.16%	9 222
	其他工程费 Ⅱ	元													0
	间接费 规费	元			38%	25 773		38%	15 032		38%	28 717		38%	12 872
	间接费 企业管理费	元			4.35%	3 067		5.69%	10 580		5.69%	10 028		5.69%	9 043
	利润	元			7%	5 150		7%	13 757		7%	13 039		7%	11 758
	税金	元			3.41%	3 563		3.41%	7 683		3.41%	7 776		3.41%	6 568
	建筑安装工程费	元				108 062			232 998			235 803			199 165

编制:杨志朴　　　　复核:张丽华　　　　海巍软件(http://www.HWCost.com)

分项工程概(预)算表

编制范围:K0 +000 ~ K8 +600

工程名称: 石砌挡土墙　　　　第10页　共22页　08-2表

编号	工程项目			石砌挡土墙									合计		
	工程细目			浆砌片石墙身											
	定额单位			$10m^3$											
	工程数量			120											
	定额表号			预算5-1-15-7											
	工、料、机名称	单位	单价(元)	定额	数量	金额(元)	定额	数量	金额(元)	定额	数量	金额(元)	定额	数量	金额(元)
1	人工	工日	49.2	12.6	1 512	74 390								5 919.022	291 216
101	原木	m^3	1 168.24	0.03	3.6	4206								7.6	8 879
102	锯材	m^3	1 403.99	0.017	2.04	2 864								4.44	6 234
653	铁钉	kg	7.16	0.1	12	86								28	200
655	8~12号铁丝	kg	6.27	2.7	324	2 031								676	4 239
832	32.5级水泥	t	387.93	0.786	94.32	33194								144.385	50 813
866	水	m^3	0.51	7	840	428								1 435	732
899	中(粗)砂	m^3	38.76	3.99	478.8	18 558								735.5	28 508
911	黏土	m^3	24.68	0.18	21.6	533								24.15	596
931	片石	m^3	40.04	11.5	1 380	55 255								3 380	135 335
954	碎石(8cm)	m^3	69.58	0.11	13.2	918								13.2	918
981	块石	m^3	98.26											2 272.5	223 296
996	其他材料费	元	1	3.6	432	432								627.5	628
1999	定额基价	元	1	1 590	190 800	190 800								710 757	710 757

编制:杨志朴　　　　复核:张丽华　　　　海巍软件(http://www.HWCost.com)

分项工程概(预)算表

编制范围:K0+000～K8+600

工程名称：石砌挡土墙 第11页 共22页 08-2表

编号															
编号	工程项目			石砌挡土墙									合计		
	工程细目			浆砌片石墙身											
	定额单位			$10m^3$											
	工程数量			120											
	定额表号			预算5-1-15-7											
	工、料、机名称	单位	单价(元)	定额	数量	金额(元)	定额	数量	金额(元)	定额	数量	金额(元)	定额	数量	金额(元)
	直接工程费	元				192 895									751 592
	其他工程费 I	元			6.16%	11 882									44 807
	其他工程费 II	元													
	间接费 规费	元			38%	28 268									110 662
	间接费 企业管理费	元			5.69%	11 652									44 370
	利润	元			7%	15 150									58 854
	税金	元			3.41%	8 861									34 451
	建筑安装工程费	元				268 708									1 044 736

编制:杨志朴 复核:张丽华 海巍软件(http://www.HWCost.com)

分项工程概(预)算表

编制范围:K0 +000 ~ K8 +600

工程名称: 石灰稳定类基层　　　　第12页　共22页　08-2表

编号	工程项目			路拌法石灰稳定土基层									合计		
	工程细目			厚20cm石灰土基层(10%),拖拉机带铧犁拌和											
	定额单位			$100m^2$											
	工程数量			103.2											
	定额表号			预算2-1-3-5 +6×5											
	工、料、机名称	单位	单价(元)	定额	数量	金额(元)	定额	数量	金额(元)	定额	数量	金额(元)	定额	数量	金额(元)
1	人工	工日	49.2	39	4 024.8	198 020								4 024.8	198 020
891	生石灰	t	131.7	32.061	3 308.695	435 755								3 308.695	435 755
895	土	m^3	20.24	261.05	26 940.359	545 273								26 940.359	545 273
997	设备摊销费	元	1	2.1	216.72	217								216.72	217
1057	120kW以内自行式平地机	台班	926.94	0.37	38.184	35 394								38.184	35 394
1063	75kW以内履带式拖拉机	台班	533.15	0.21	21.672	11 554								21.672	11 554
1075	6~8t光轮压路机	台班	254.19	0.27	27.864	7 083								27.864	7 083
1078	12~15t光轮压路机	台班	417.44	1.27	131.064	54 711								131.064	54 711
1405	6000L以内洒水汽车	台班	563.38	1.32	136.224	76 746								136.224	76 746
1999	定额基价	元	1	9 093	938 398	938 398								938 398	938 398
	直接工程费	元				1 364 753									1 364 753
	其他工程费 Ⅰ	元			4.76%	64 962									64 962
	其他工程费 Ⅱ	元													
	间接费 规费	元			38%	75 248									75 248
	间接费 企业管理费	元			4.14%	59 190									59 190
	利润	元			7%	104 223									104 223
	税金	元			3.41%	56 892									56 892
	建筑安装工程费	元				1 725 268									1 725 268

编制:杨志朴　　　　复核:张丽华　　　　海巍软件(http://www.HWCost.com)

分项工程概(预)算表

编制范围:K0 +000 ~ K8 +600

工程名称: 水泥混凝土面层

第13页 共22页 08-2表

编号	工程项目			水泥混凝土路面			混凝土运输						合计		
	工程细目			厚23cm 滑模式混凝土,摊铺机铺筑			混凝土搅拌运车 $6m^3$ 以内2km								
	定额单位			$1\ 000m^2$			$100m^3$								
	工程数量			77.4			178.02								
	定额表号			预算2-2-17 -5 +6 ×3			预算4-11-11 -20 +21 ×2								
	工、料、机名称	单位	单价(元)	定额	数量	金额(元)	定额	数量	金额(元)	定额	数量	金额(元)	定额	数量	金额(元)
1	人工	工日	49.2	54.6	4 226.04	207 921								4 226.04	207 921
102	锯材	m^3	1 403.99	0.001	0.077	108								0.077	108
182	型钢	t	3 812.74	0.001	0.077	294								0.077	294
832	32.5级水泥	t	351.93	88.443	6 845.488	2 409 133								6 845.488	2 409 133
851	石油沥青	t	4 032.7	0.156	12.074	48 691								12.074	48 691
864	煤	t	294.79	0.031	2.399	707								2.399	707
866	水	m^3	0.51	37	2 863.8	1 461								2 863.8	1 461
899	中(粗)砂	m^3	38.76	107.91	8 352.234	323 733								8 352.234	323 733
952	碎石(4cm)	m^3	75.23	194.73	15 072.102	1 133 874								15 072.102	1 133 874
996	其他材料费	元	1	319.1	24 698.34	24 698								24 698.34	24 698
1051	$3.0m^3$ 以内轮胎式装载机	台班	926.72	1.05	81.27	75 315								81.27	75 315
1234	3.0 ~9.0m 滑模式水泥混凝土摊铺机	台班	2 357.22	0.43	33.282	78 453								33.282	78 453
1243	混凝土电动刻纹机	台班	214.14	8.91	689.634	147 678								689.634	147 678
1245	混凝土电动切缝机	台班	149.78	3.82	295.668	44 285								295.668	44 285
1307	$6m^3$ 内混凝土搅拌运输车	台班	1 327.44	3.16	244.584	324 671	1.5	267.03	354 466					511.614	679 137
1327	$60m^3/h$ 以内混凝土搅拌站	台班	2 222.02	0.76	58.824	130 708								58.824	130 708

编制:杨志朴　　复核:张丽华　　海巍软件(http://www.HWCost.com)

分项工程概(预)算表

编制范围:K0 +000 ~ K8 +600

工程名称: 水泥混凝土面层

编号	工程项目			水泥混凝土路面			混凝土运输						合计		
编号	工程细目			厚 23cm 滑模式混凝土，摊铺机铺筑			混凝土搅拌运车 $6m^3$ 以内 2km								
编号	定额单位			1 000m^2			100m^3								
编号	工程数量			77.4			178.02								
编号	定额表号			预算 2-2-17-5 +6 ×3			预算 4-11-11-20 +21 ×2								
	工、料、机名称	单位	单价(元)	定额	数量	金额(元)	定额	数量	金额(元)	定额	数量	金额(元)	定额	数量	金额(元)
1405	6 000L 以内洒水汽车	台班	563.38	1.9	147.06	82 851								147.06	82 851
1999	定额基价	元	1	59 729	4 623 025	4 623 025	1 847	328 803	328 803					4 951 828	4 951 828
	直接工程费	元				5 034 581			354 466						5 389 047
	其他工程费 Ⅰ	元			5.37%	270 357		1.97%	6 983						277 340
	其他工程费 Ⅱ	元													
	间接费 规费	元			38%	79 010		38%							79 010
	间接费 企业管理费	元			2.73%	144 825		2.45%	8 856						153 681
	利润	元			7%	381 483		7%	25 921						407 404
	税金	元			3.41%	201 540		3.41%	13 511						215 061
	建筑安装工程费	元				6 111 796			409 737						6 521 533

编制:杨志朴　　复核:张丽华　　海巍软件(http://www.HWCost.com)

分项工程概(预)算表

编制范围:K0+000~K8+600

工程名称:钢筋

第15页 共22页 08-2表

编号	工、料、机名称	单位	单价(元)	定额	数量	金额(元)	定额	数量	金额(元)	定额	数量	金额(元)	定额	数量	金额(元)
编号	工程项目			水泥混凝土路面									合计		
	工程细目			钢筋											
	定额单位			1t											
	工程数量			16.5											
	定额表号			预算2-2-17-15											
1	人工	工日	49.2	6	99	4 871								99	4 871
111	光圆钢筋	t	3 402.74	0.019	0.313	1 065								0.313	1 065
112	带肋钢筋	t	3 505.24	1.006	16.599	58 183								16.599	58 183
656	20~22号铁丝	kg	6.58	5.1	84.15	554								84.15	554
1998	小型机具使用费	元	1	11.1	183.15	183								183.15	183
1999	定额基价	元	1	3 822	63 063	63 063								63 063	63 063
	其他工程费 Ⅰ	元			5.37%	3 483									3 483
	其他工程费 Ⅱ	元													
	间接费 规费	元			38%	1 851									1 851
	间接费 企业管理费	元			2.73%	1 866									1 866
	利润	元			7%	4 914									4 914
	税金	元			3.41%	2 625									2 625
	建筑安装工程费	元				79 595									79 595

编制:杨志朴　　复核:张丽华　　海巍软件(http://www.HWCost.com)

分项工程概(预)算表

编制范围:K0 +000 ~ K8 +600

工程名称: 混凝土拌和站安拆

第16页 共22页 08-2表

编号	工程项目			混凝土搅拌站(楼)安拆									合计		
	工程细目			混凝土搅拌站(楼)安拆 生产能力60m^3/h以内											
	定额单位			1座											
	工程数量			1											
	定额表号			预算4-11-11-8											
	工、料、机名称	单位	单价(元)	定额	数量	金额(元)	定额	数量	金额(元)	定额	数量	金额(元)	定额	数量	金额(元)
1	人工	工日	49.2	1 439.5	1 439.5	70 823								1 439.5	70 823
101	原木	m^3	1 168.24	0.1	0.1	117								0.1	117
102	锯材	m^3	1 403.99	0.024	0.024	34								0.024	34
111	光圆钢筋	t	3 402.74	0.119	0.119	405								0.119	405
182	型钢	t	3 812.74	0.096	0.096	366								0.096	366
272	组合钢模板	t	5787.05	0.207	0.207	1 198								0.207	1 198
651	铁件	kg	4.53	79.3	79.3	359								79.3	359
655	8 ~ 12 号铁丝	kg	6.27	0.6	0.6	4								0.6	4
832	32.5 级水泥	t	351.93	36.759	36.759	12 937								36.759	12 937
866	水	m^3	0.51	269	269	137								269	137
877	青(红)砖	千块	278.03	86.06	86.06	23 927								86.06	23 927
899	中(粗)砂	m^3	38.76	80.24	80.24	3 110								80.24	3 110
902	砂砾	m^3	26.05	85.28	85.28	2 222								85.28	2 222
952	碎石(4cm)	m^3	75.23	65.44	65.44	4 923								65.44	4 923
996	其他材料费	元	1	269	269	269								269	269
1076	8 ~ 10t 光轮压路机	台班	283.63	3.93	3.93	1 115								3.93	1 115

编制:杨志朴　　复核:张丽华　　海巍软件(http://www.HWCost.com)

分项工程概(预)算表

编制范围:K0+000~K8+600

工程名称: 混凝土拌和站安拆　　　　第17页　共22页　08-2表

编号	工程项目			混凝土搅拌站(楼)安拆									合计		
	工程细目			混凝土搅拌站(楼)安拆 生产能力60m³/h以内											
	定额单位			1座											
	工程数量			1											
	定额表号			预算4-11-11-8											
	工、料、机名称	单位	单价(元)	定额	数量	金额(元)	定额	数量	金额(元)	定额	数量	金额(元)	定额	数量	金额(元)
1272	250L以内强制式混凝土搅拌机	台班	118.41	2.87	2.87	340								2.87	340
1395	40t以内平板拖车组	台班	1 372.39	2.88	2.88	3 952								2.88	3 952
1451	12t以内汽车式起重机	台班	825.34	2.09	2.09	1 725								2.09	1 725
1455	30t以内汽车式起重机	台班	1 596.11	5.37	5.37	8 571								5.37	8 571
1998	小型机具使用费	元	1	64.4	64.4	64								64.4	64
1999	定额基价	元	1	128 246	128 246	128 246								128 246	128 246
	直接工程费	元				136 598									136 598
	其他工程费 I	元			6.16%	8 414									8 414
	其他工程费 Ⅱ	元													
	间接费 规费	元			38%	26 913									26 913
	间接费 企业管理费	元			5.69%	8 251									8 251
	利润	元			7%	10 728									10 728
	税金	元			3.41%	6 510									6 510
	建筑安装工程费	元				197 414									197 414

编制:杨志朴　　　　复核:张丽华　　　　海巍软件(http://www.HWCost.com)

分项工程概(预)算表

编制范围:K0+000~K8+600

工程名称：培路肩　　　　第18页　共22页　08-2表

编号	工程项目			挖路槽、培路肩、修筑汇水槽									合计		
	工程细目			培路肩厚度23cm											
	定额单位			$1\ 000m^2$											
	工程数量			25.8											
	定额表号			预算2-3-3-5+6×3											
	工、料、机名称	单位	单价(元)	定额	数量	金额(元)	定额	数量	金额(元)	定额	数量	金额(元)	定额	数量	金额(元)
1	人工	工日	49.2	56.8	1 465.44	72 100								1 465.44	72 100
1083	0.6t以内手扶式振动碾	台班	102.22	6.3	162.54	16 615								162.54	16 615
1999	定额基价	元	1	3 436	88 649	88 649								88 649	88 649
	直接工程费	元				88 715									88 715
	其他工程费 I	元			4.76%	4 223									4 223
	其他工程费 Ⅱ	元													
	间接费 规费	元			38%	27 398									27 398
	间接费 企业管理费	元			4.14%	3 848									3 848
	利润	元			7%	6 775									6 775
	税金	元			3.41%	4 466									4 466
	建筑安装工程费	元				135 425									135 425

编制:杨志朴　　　　复核:张丽华　　　　海巍软件(http://www.HWCost.com)

分项工程概（预）算表

编制范围:K0 +000 ~ K8 +600

工程名称: 路缘石　　　　第19页　共22页　08-2表

编号	工程项目			行道、路牙(缘石)									合计		
	工程细目			预制、安砌混凝土预块路缘石											
	定额单位			10m³											
	工程数量			153.2											
	定额表号			预算2-3-4-4											
	工、料、机名称	单位	单价(元)	定额	数量	金额(元)	定额	数量	金额(元)	定额	数量	金额(元)	定额	数量	金额(元)
1	人工	工日	49.2	51.2	7 843.84	385 917								7 843.84	385 917
182	型钢	t	3 812.74	0.021	3.217	12 266								3.217	12 266
183	钢板	t	4 581.49	0.001	0.153	701								0.153	701
231	电焊条	kg	5.04	0.1	15.32	77								15.32	77
651	铁件	kg	4.53	1.9	291.08	1 319								291.08	1 319
832	32.5级水泥	t	351.93	3.595	550.754	193 827								550.754	193 827
866	水	m³	0.51	16	2 451.2	1 250								2 451.2	1 250
899	中(粗)砂	m³	38.76	5.58	854.856	33 134								854.856	33 134
952	碎石(4cm)	m³	7 523	8.38	1 283.816	96 581								1 283.816	96 581
996	其他材料费	元	1	20.5	3 140.6	3 141								3 140.6	3 141
1272	250L以内强制式混凝土搅拌机	台班	118.41	0.37	56.684	6 712								56.684	6 712
1726	32kV · A内交流电弧焊机	台班	140.56	0.02	3.064	431								3.064	431
1998	小型机具使用费	元	1	1.5	229.8	230								229.8	230
1999	定额基价	元	1	4 624	708 397	708 397								708 397	708 397

编制:杨志朴　　　　复核:张丽华　　　　海巍软件(http://www.HWCost.com)

分项工程概(预)算表

编制范围:K0 +000 ~ K8 +600

工程名称: 路缘石 第20页 共22页 08-2表

编号														
工程项目			人行道、路牙(缘石)									合计		
工程细目			预制、安砌混凝土预块路缘石											
定额单位			$10m^3$											
工程数量			153.2											
定额表号			预算2-3-4-4											
工、料、机名称	单位	单价(元)	定额	数量	金额(元)	定额	数量	金额(元)	定额	数量	金额(元)	定额	数量	金额(元)
直接工程费	元				735 586									735 586
其他工程费 I	元			4.76%	35 014									35 104
其他工程费 Ⅱ	元													
间接费 规费	元			38%	146 648									146 648
间接费 企业管理费	元			4.14%	31 903									31 903
利润	元			7%	56 175									56 175
税金	元			3.41%	34 282									34 282
建筑安装工程费	元				1 039 608									1 039 608

编制:杨志朴　　复核:张丽华　　海巍软件(http://www.HWCost.com)

分项工程概（预）算表

编制范围:K0 +000 ~ K8 +600

工程名称: 里程碑、百米桩、公路界碑　　　　第21页　共22页　08-2表

编号	工程项目			里程碑、百米桩、界碑			里程碑、百米桩、界碑						合计		
	工程细目			里程碑			百米桩								
	定额单位			100块			100块								
	工程数量			0.1			0.9								
	定额表号			预算6-1-11-1			预算6-1-11-2								
	工、料、机名称	单位	单价(元)	定额	数量	金额(元)	定额	数量	金额(元)	定额	数量	金额(元)	定额	数量	金额(元)
1	人工	工日	49.2	54.9	5.49	270	6	5.4	266					10.89	536
101	原木	m^3	1 168.24	0.021	0.002	2	0.004	0.004	5					0.006	7
111	光圆钢筋	t	3 402.74	0.267	0.027	92	0.07	0.063	214					0.09	306
182	型钢	t	3 812.74	0.005			0.001	0.001	4					0.001	4
272	组合钢模板	t	5 767.1	0.032	0.003	17	0.007	0.006	35					0.009	52
651	铁件	kg	4.53	18	1.8	8	3.7	3.33	15					5.13	23
732	油漆	kg	13.39	31.1	3.11	42	4.6	4.14	55					7.25	97
832	32.5级水泥	t	351.93	3.325	0.333	117	0.188	0.169	59					0.502	177
866	水	m^3	0.51	16	1.6	1	1	0.9						2.5	1
899	中(粗)砂	m^3	38.76	6.19	0.619	24	0.24	0.216	8					0.835	32
951	碎石(2cm)	m^3	79.82	4.41	0.441	35	0.41	0.369	29					0.81	65
954	碎石(8cm)	m^3	69.58	5.08	0.508	35								0.508	35
996	其他材料费	元	1	70.7	7.07	7	4.9	4.41	4					11.48	11
1272	250L以内强制式混凝土搅拌机	台班	118.41	0.23	0.023	3	0.02	0.018	2					0.041	5
1372	4t以内载货汽车	台班	344.46	1.12	0.112	39	0.06	0.054	19					0.166	57
1998	小型机具使用费	元	1	2.1	0.21		0.4	0.36						0.57	1
1999	定额基价	元	1	6 651	665	665	773	696	696					1 361	1 361

编制:杨志朴　　　　复核:张丽华　　　　海巍软件(http://www.HWCost.com)

分项工程概(预)算表

编制范围:K0+000~K8+600

工程名称:里程碑、百米桩、公路界碑

第22页 共22页 08-2表

编号	工程项目			里程碑、百米桩、界碑			里程碑、百米桩、界碑						合计		
	工程细目			里程碑			百米桩								
	定额单位			100块			100块								
	工程数量			0.1			0.9								
	定额表号			预算6-1-11-1			预算6-1-11-2								
	工、料、机名称	单位	单价(元)	定额	数量	金额(元)	定额	数量	金额(元)	定额	数量	金额(元)	定额	数量	金额(元)
	直接工程费	元				692			715						1 421
	其他工程费 I	元			6.16%	43		6.16%	44						87
	其他工程费 Ⅱ	元													
	间接费 规费	元			38%	103		38%	101						204
	间接费 企业管理费	元			5.69%	42		5.69%	43						85
	利润	元			7%	54		7%	56						110
	税金	元			3.41%	32		3.41%	33						65
	建筑安装工程费	元				965			992						1 957

编制:杨志朴　　复核:张丽华　　海巍软件(http://www.HWCost.com)

材料预算单价计算表

建设项目名称:河北松－川二级公路

编制范围:K0 +000 ~ K8 +600　　　　第1页　共2页　09表

序号	规格名称	单位	原价(元)	运杂费					原价运费合计(元)	场外运输损耗		采购及保管费		预算单价(元)
				供应地点	运输方式、比重及运距	毛重系数或单位毛重	运杂费构成说明或计算式	单位运费(元)		费率(%)	金额(元)	费率(%)	金额(元)	
1	原木	m^3	1 120	三河-川级	汽车 25km	1	(0.63×25+4)×1×1	19.75	1 139.75			2.5	28.49	1 168.24
2	锯材	m^3	1 350	三河-川级	汽车 25km	1	(0.63×25+4)×1×1	19.75	1 369.75			2.5	34.24	1 403.99
3	光圆钢筋	t	3 300	三河-川级	汽车 25km	1	(0.63×25+4)×1×1	19.75	3 319.75			2.5	82.99	3 402.74
4	带肋钢筋	t	3 400	三河-川级	汽车 25km	1	(0.63×25+4)×1×1	19.75	3 419.75			2.5	85.49	3 505.24
5	型钢	t	3 700	三河-川级	汽车 25km	1	(0.63×25+4)×1×1	19.75	3 719.75			2.5	92.99	3 812.74
6	钢板	t	4450	三河-川级	汽车 25km	1	(0.63×25+4)×1×1	19.75	4 469.75			2.5	111.74	4 581.49
7	空心钢钎	kg	7	三河-川级	汽车 25km	0.001	(0.63×25+4)×0.01×1	0.02	7.02			2.5	0.18	7.20
8	合金钻头	个	26.53	三河-川级	汽车 25km	0.0011	(0.63×25+4)×0.0011×1	0.02	26.55			2.5	0.66	27.21
9	电焊条	kg	4.9	三河-川级	汽车 25km	0.0011	(0.63×25+4)×.0011×1	0.02	4.92			2.5	0.12	5.04
10	组合钢模板	t	5710	三河-川级	汽车 25km	1	(0.63×25+4)×1×1	19.75	5729.75			1	57.30	5787.05
11	铁件	kg	4.4	三河-川级	汽车 25km	0.0011	(0.63×25+4)×.0011×1	0.02	4.42			2.5	0.11	4.53
12	铁钉	kg	6.97	三河-川级	汽车 25km	0.0011	(0.63×25+4)×.0011×1	0.02	6.99			2.5	0.17	7.16
13	8~12 号铁丝	kg	6.1	三河-川级	汽车 25km	0.001	(0.63×25+4)×.001×1	0.02	6.12			2.5	0.15	6.27
14	20~22 号铁丝	kg	6.4	三河-川级	汽车 25km	0.001	(0.63×25+4)×.001×1	0.02	6.42			2.5	0.16	6.58
15	橡皮线	m	6.8	三河-川级	汽车 25km	0.0007	(0.63×25+4)×.0007×1	0.01	6.81			2.5	0.17	6.98
16	皮线	m	5.4	三河-川级	汽车 25km	0.0003	(0.63×25+4)×.0003×1	0.01	5.41			2.5	0.14	5.55
17	油漆	kg	13.04	三河-川级	汽车 25km	0.00117	(0.63×25+4)×.00117×1	0.02	13.06			2.5	0.33	13.39
18	32.5 级水泥	t	320	三河-川级	汽车 25km	1.01	(0.63×25+4)×1.01×1	19.95	339.95	1	3.40	2.5	8.58	351.93
19	硝铵炸药	kg	6	三河-川级	27 汽车 25km	0.00135	(0.63×25+4)×0.0135×1	0.03	6.03			2.5	0.15	6.18

编制:杨志朴　　　　复核:张丽华　　　　海巍软件(http://www.HWCost.com)

材料预算单价计算表

建设项目名称:河北松－川二级公路

编制范围:K000 ~ K8 +600

第 2 页　共 2 页　09 表

序号	规格名称	单位	原价（元）	运杂费					原价运费合计（元）	场外运输损耗		采购及保管费		预算单价（元）
				供应地点	运输方式、比重及运距	毛重系数或单位毛重	运杂费构成说明或计算式	单位运费（元）		费率（%）	金额（元）	费率（%）	金额（元）	
20	导火线	m	0.8	三河-川级	2)汽车 25km	0.00003	(0.63×25+4)×.00003×1		0.80			2.5	0.02	0.82
21	普通雷管	个	0.7	三河-川级	2)汽车 25km	0.00005	(0.63×25+4)×.005×1	0	0.70			2.5	0.02	0.72
22	石油沥青	t	3 800	三河-川级	汽车 25km	1	(0.63×25+4)×1×1	19.75	3 819.75	3	114.59	2.5	98.36	4 032.70
23	重油	kg	2.8	三河-川级	汽车 25km	0.001	(0.63×25+4)×.001×1	0.02	2.82			2.5	0.07	2.89
24	汽油	kg	5.2	三河-川级	汽车 25km	0.001	(0.63×25+4)×.001×1	0.02	5.22			2.5	0.13	5.35
25	柴油	kg	4.9	三河-川级	汽车 25km	0.001	(0.63×25+4)×.001×1	0.02	4.92			2.5	0.12	5.04
26	煤	t	265	三河-川级	汽车 25km	1	(0.63×25+4)×1×1	19.75	284.75	1	2.85	2.5	7.19	294.79
27	青(红)砖	千块	212	三河-川级	汽车 25km	2.6	(0.63×25+4)×2.6×1	51.35	263.35	3	7.90	2.5	6.78	278.03
28	生石灰	t	105	三河-川级	汽车 25km	1	(0.63×25+4)×1×1	19.75	124.75	3	3.74	2.5	3.21	131.70
29	土	m^3	9.04	石场-工地	自办 0.6km	1.4	[(6.1×49.2×1.05)+(3.46+0.33×5)×136.64]÷100	10.13	19.17	3	0.58	2.5	0.49	20.24
30	中(粗)砂	m^3	26.76	砂场-工地	自办 0.6km	1.5	[6.1×49.2×1.05+(3.46+0.33×5)×136.64]÷100	10.13	36.89	2.5	0.92	2.5	0.95	38.75
31	砂砾	m^3	12.65	砂场-工地	自办 0.6km	1.7	[8.3×49.2×1.05+(4.27+0.35×5)×136.64]÷100	12.51	25.16	1	0.25	2.5	0.64	26.05
32	黏土	m^3	12.65	石场-工地	自办 0.6km	1.4	[6.9×49.2×1.05+(3.7+0.31×5)×136.64]÷100	10.73	23.38	3	0.7	2.5	0.6	24.68
33	片石	m^3	31.1	石场-工地	自办 2km	1.6	[0.31×411.85+(1.56+0.41×1)×339.31]÷100	7.96	39.06			2.5	0.98	40.04
34	开采片石	m^3	31.1	料场					31.1					31.1
35	碎石(2cm)	m^3	69.72	石场-工地	自办 2km	1.5	[0.26×411.85+(1.45+0.41×1)×339.31]÷100	7.38	77.10	1	0.77	2.5	1.95	79.82
36	碎石(4cm)	m^3	65.29	石场-工地	自办 2km	1.5	[0.26×411.85+(1.45+0.41×1)×339.31]÷100	7.38	72.67	1	0.73	2.5	1.84	75.23
37	碎石(8cm)	m^3	59.83	石场-工地	自办 2km	1.5	[0.26×411.85+(1.45+0.41×1)×339.31]÷100	7.38	67.21	1	0.67	2.5	1.70	69.58
38	块石	m^3	86.96	石场-工地	自办 2km	1.85	[0.38×411.85+(1.71+0.45×1)×339.31]÷100	8.90	95.86			2.5	2.40	98.26

编制:杨志朴　　复核:张丽华　　海巍软件(http://www.HWCost.com)

自采材料料场价格计算表

建设项目名称:河北松－川二级公路

编制范围:K000～K8＋600　　　　第1页　共2页　10表

序号	定额号	材料规格名称	单位	料场价格(元)	人工工日 单价49.2(元)		间接费(元)	空心钢钎 单价7.2(元)		合金钻头 单价27.21(元)		硝铵炸药 单价6.18(元)		导火线 单价0.82(元)	
					定额	金额	占人工费5%	定额	金额	定额	金额	定额	金额	定额	金额
1	8-1-3-1	土	m^3	9.04	0.175	8.61	0.431								
2	8-1-4-3	中(粗)砂	m^3	26.76	0.518	25.486	1.274								
3	8-1-5-1	砂砾	m^3	12.65	0.245	12.054	0.603								
4	8-1-3-3	黏土	m^3	12.65	0.245	12.054	0.603								
5	8-1-6-2	片石	m^3	31.10	0.392	19.286	0.964	0.021	0.1512	0.03	0.816	0.204	1.261	0.52	0.426
6	8-1-9-2	开采片石	m^3	31.10	0.392	19.286	0.964	0.021	0.1512	0.03	0.816	0.204	1.261	0.52	0.426
7	8-1-9-3	碎石(2cm)	m^3	69.72	0.483	23.764	1.188								
8	8-1-9-5	碎石(4cm)	m^3	65.29	0.45	22.14	1.107								
9	8-1-9-9	碎石(8cm)	m^3	59.83	0.409	20.123	1.006								
10	8-1-6-5	块石	m^3	86.96	1.184	58.253	2.913	0.009	0.0648	0.03	0.816	0.119	0.735	0.36	0.295

编制:杨志朴　　　　复核:张丽华　　　　海巍软件(http://www.HWCost.com)

自采材料料场价格计算表

建设项目名称:河北松－川二级公路

编制范围:K000 ~ K8 +600　　　　第2页　共2页　10表

序号	定额号	材料规格名称	单位	料场价格（元）	普通雷管 0.72(元)		150×250mm 电动颚式破碎机 单价129.51（元）		250×400mm 电动颚式破碎机 单价184.37（元）		$9m^3$/min 内机动空压机单价556.37（元）		小型机具使用费 单价1（元）		开采片石 单价31.10（元）	
					定额	金额	定额	金额	定额	金额	定额	金额	定额	金额	定额	金额
1	8-1-3-1	土	m^3	9.04												
2	8-1-4-3	中(粗)砂	m^3	26.76												
3	8-1-5-1	砂砾	m^3	12.65												
4	8-1-3-3	黏土	m^3	12.65												
5	8-1-6-2	片石	m^3	31.10	0.49	0.35					0.0131	7.288	0.549	0.549		
6	8-1-6-2	开采片石	m^3	31.10	0.49	0.35					0.0131	7.288	0.549	0.549		
7	8-1-9-3	碎石(2cm)	m^3	69.72			0.0649	8.405							1.169	36.36
8	8-1-9-5	碎石(4cm)	m^3	65.29					0.0342	6.305					1.149	35.73
9	8-1-9-9	碎石(8cm)	m^3	59.83					0.0245	4.517					1.099	34.18
10	8-1-6-5	块石	m^3	86.96	0.35	0.252					0.0395	21.977				

编制:杨志朴　　　　复核:张丽华　　　　海巍软件(http://www.HWCost.com)

机械台班单价计算表

建设项目名称:河北松－川二级公路

编制范围:K000～K8＋600

第1页　共2页　11表

序号	定额号	机械规格名称	台班单价(元)	不变费用(元)		可变费用(元)																养路费及车船使用费	合计
				调整系数:1.00		人工:49.20(元/工日)		重油:2.89(元/kg)		汽油:5.35(元/kg)		柴油:5.04(元/kg)		煤:294.79(元/吨)		电:0.96(元/kw.h)		水:0.51(元/t)		木柴:0.50(元/kg)			
				定额	调整值	定额	金额	定额	金额	定额	金额	定额	金额	定额	金额	定额	金额	定额	金额	定额	金额		
1	1003	75kW 以内履带式推土机	620.59	245.14	245.14	2	98.4					54.97	277.05										375.45
2	1027	0.6m³ 以内履带式单斗挖土机	505.17	219.84	219.84	2	98.4					37.09	186.93										285.33
3	1048	1.0m³ 以内轮胎式装载机	411.85	112.92	112.92	1	49.2					49.03	247.11									2.62	298.93
4	1051	3.0m³ 以内轮胎式装载机	926.72	241.36	241.36	2	98.4					115.15	580.36									6.6	685.36
5	1057	120kW 以内自行式平地机	926.94	408.05	408.05	2	98.4					82.13	413.94									6.55	518.89
6	1063	75kW 以内履带式拖拉机	533.15	161.23	161.23	2	98.4					54.27	273.52										371.92
7	1075	6～8t 光轮压路机	254.19	107.57	107.57	1	49.2					19.33	97.42										146.62
8	1076	8～10t 光轮压路机	283.63	117.5	117.5	1	49.2					23.2	116.93										166.13
9	1078	12～15t 光轮压路机	417.44	164.32	164.32	1	49.2					40.46	203.92										253.12
10	1083	0.6t 以内手扶式振动碾	102.22	38.1	38.1	1	49.2					2.96	14.92										64.12
11	1088	15t 以内振动压路机	784.39	315.05	315.05	2	98.4					73.6	370.94										469.34
12	1234	3.0～9.0m 滑模式水泥混凝土摊铺机	2357.22	1787.97	1787.97	3	147.6					83.66	421.65										569.25
13	1243	混凝土电动刻纹机	214.14	128.65	128.65	1	49.2									37.8	36.29						85.49
14	1245	混凝土电动切缝机	149.78	81.23	81.23	1	49.2									20.16	19.35						68.55
15	1272	250L 以内强制式混凝土搅拌机	118.41	18.58	18.58	1	49.2									52.74	50.63						99.83
16	1307	6m³ 内混凝土搅拌运输车	1327.44	909.82	909.82	1	49.2					55.54	279.92									88.5	417.62

编制:杨志朴　　复核:张丽华　　海巍软件(http://www.HWCost.com)

机械台班单价计算表

建设项目名称：河北松－川二级公路

编制范围：K000～K8＋600　　　　第2页　共2页　11表

序号	定额号	机械规格名称	台班单价（元）	不变费用（元） 调整系数：1.00		可变费用（元） 人工：49.20（元/工日）		重油：2.89（元/kg）		汽油：5.35（元/kg）		柴油：5.04（元/kg）		煤：294.79（元/吨）		电：0.96（元/kw.h）		水：0.51（元/t）		木柴：0.50（元/kg）		养路费及车船使用费	合计
				定额	调整值	定额	金额	定额	金额	定额	金额	定额	金额	定额	金额	定额	金额	定额	金额	定额	金额		
17	1327	$60m^3$/h 以内混凝土搅拌站 V	2222.02	1121.64	1121.64	9	442.8									684.98	657.58						1100.38
18	1372	4t 以内载货汽车	344.46	66.38	66.38	1	49.2			34.28	183.4											45.48	278.08
19	1382	3t 以内自卸汽车	339.31	67.62	67.62	1	49.2			34.28	183.4											39.09	271.69
20	1384	6t 以内自卸汽车	474.87	138.42	138.42	1	49.2					44	221.76									65.49	336.45
21	1395	40t 以内平板拖车组	1372.39	722.87	722.87	2	98.4					55.54	279.92									271.2	649.52
22	1405	6000L 以内洒水汽车	563.38	257.9	257.9	1	49.2					42.43	213.85									42.43	305.48
23	1415	手扶式拖拉机（带拖斗）	136.57	38.13	38.13	1	49.2					9	45.36									3.95	98.51
24	1451	12t 以内汽车式起重机	825.34	387.11	387.11	2	98.4					44.95	226.55									113.28	438.23
25	1455	30t 以内汽车式起重机	1596.11	982.66	982.66	2	98.4					62.86	316.81									198.24	613.45
26	1726	32kV·A 内交流电弧焊机	140.56	7.21	7.24	1	49.2									87.63	84.12						133.32
27	1756	150mm × 250mm 电动鄂式破碎机	129.51	46.04	46.04	1	49.2									35.7	34.27						
28	1757	250×400mm 电动鄂式破碎机	184.37	53.39	53.39	1	49.2									85.19	81.78						130.98
29	1797	120kW 以内柴油发电机组	1033.98	236.68	236.68	2	98.4					138.67	698.9										797.3
30	1842	$9m^3$/min 内机动空压机	556.37	203.06	203.06	1	49.2					60.34	304.11										353.31

编制：杨志朴　　　　复核：张丽华　　　　海巍软件（http://www.HWCost.com）

辅助生产工、料、机械台班数量表

建设项目名称：河北松－川二级公路

编制范围：K000～K8＋600

第 1 页　共 3 页　12 表

序号	规格名称	单位	总数量	人工（工日）		空心钢钎（kg）		合金钻头（个）		硝铵炸药（kg）		导火线（m）	
				定额	数量	定额	数量	定额	数量	定额	数量	定额	数量
1	土	m^3	27 748	0.175	4856								
2	中（粗）砂	m^3	10275	0.518	5322								
3	砂砾	m^3	86	0.245	21								
4	黏土	m^3	26	0.245	6								
5	片石	m^3	3380	0.392	1325	0.021	71	0.03	101	0.204	690	0.52	1758
6	开采片石	m^3	19072	0.392	7476	0.021	401	0.03	572	0.204	3891	0.52	9917
7	碎石（2cm）	m^3	0.81	0.483	0.4								
8	碎石（4cm）	m^3	16585	0.45	7463								
9	碎石（8cm）	m^3	14	0.409	6								
10	块石	m^3	2272	1.184	2690	0.009	20	0.03	68	0.119	270	0.36	818
11	土	m^3	27748	0.061	1693								
12	中（粗）砂	m^3	10275	0.061	627								
13	砂砾	m^3	86	0.083	7								
14	黏土	m^3	26	0.069	2								
15	片石	m^3	3380										
16	碎石（2cm）	m^3	0.81										
17	碎石（4cm）	m^3	16585										
18	碎石（8cm）	m^3	14										
19	块石	m^3	2272										
合计					31494		492		741		4851		12493

编制：杨志朴　　复核：张丽华　　海巍软件（http://www.HWCost.com）

辅助生产工、料、机械台班数量表

建设项目名称:河北松－川二级公路

编制范围:K000～K8＋600

序号	规格名称	单位	总数量	普通雷管(个)		开采片石(m^3)		1.0m^3 以内轮胎式装载机(台班)		3t以内自卸汽车(台班)		手扶式拖拉机(带拖斗)(台班)	
				定额	数量	定额	数量	定额	数量	定额	数量	定额	数量
1	土	m^3	27 748										
2	中(粗)砂	m^3	10 275										
3	砂砾	m^3	86										
4	黏土	m^3	26										
5	片石	m^3	3 380	0.49	1 656								
6	开采片石	m^3	19 072	0.49	9 345								
7	碎石(2cm)	m^3	0.81			1.169	1						
8	碎石(4cm)	m^3	16 585			1.149	19 056						
9	碎石(8cm)	m^3	14			1.099	15						
10	块石	m^3	2 272	0.35	795								
11	土	m^3	27 748									0.051	1 415
12	中(粗)砂	m^3	10 275									0.051	524
13	砂砾	m^3	86									0.06	5
14	黏土	m^3	26									0.052	1
15	片石	m^3	3 380					0.003	10	0.02	68		
16	碎石(2cm)	m^3	0.81					0.003	0	0.019	0		
17	碎石(4cm)	m^3	16 585					0.003	50	0.019	315		
18	碎石(8cm)	m^3	14					0.003	0	0.019	0		
19	块石	m^3	2 272					0.004	9	0.022	50		
	合计				10 174		19 072		69		433		1 945

编制:杨志朴　　　　复核:张丽华　　　　海巍软件(http://www.HWCost.com)

辅助生产工、料、机械台班数量表

建设项目名称:河北松－川二级公路

编制范围:K000～K8＋600

序号	规格名称	单位	总数量	150×250mm 电动颚式破碎机(台班)		250×400mm 电动颚式破碎机(台班)		$9m^3/min$ 内机动空压机(台班)		小型机具使用费(元)	
				定额	数量	定额	数量	定额	数量	定额	数量
1	土	m^3	27 748								
2	中(粗)砂	m^3	10 275								
3	砂砾	m^3	86								
4	黏土	m^3	26								
5	片石	m^3	3 380					0.013	44	0.549	1 856
6	开采片石	m^3	19 072					0.013	248	0.549	10 471
7	碎石(2cm)	m^3	0.81	0.065	0						
8	碎石(4cm)	m^3	16 585			0.034	564				
9	碎石(8cm)	m^3	14			0.025	0				
10	块石	m^3	2 272					0.04	91	1.653	3 756
11	土	m^3	27 748								
12	中(粗)砂	m^3	10 275								
13	砂砾	m^3	86								
14	黏土	m^3	26								
15	片石	m^3	3 380								
16	碎石(2cm)	m^3	0.81								
17	碎石(4cm)	m^3	16 585								
18	碎石(8cm)	m^3	14								
19	块石	m^3	2 272								
合计					0		564		383		16 083

编制:杨志朴　　复核:张丽华　　海巍软件(http://www.HWCost.com)

机械用工、料数量表

建设项目名称:河北松－川二级公路

编制范围:K0＋000～K8＋600

第1页 共2页 12－1表

序号	代号	机械规格名称	单位	总数量	人工(工日)		重油(kg)		汽油(kg)		柴油(kg)		煤(吨)		电(kw.h)		水(t)		木柴(kg)	
					定额	数量	定额	数量	定额	数量	定额	数量	定额	数量	定额	数量	定额	数量	定额	数量
1	1003	75kW 以内履带式推土机	台班	132	2	264					54.97	7 256								
2	1 027	$0.6m^3$ 以内履带式单斗挖土机	台班	420	2	840					37.09	15 578								
3	1 048	$1.0m^3$ 以内轮胎式装载机	台班	69	1	69					49.03	3 383								
4	1 051	$3.0m^3$ 以内轮胎式装载机	台班	81	2	162					115.15	9 327								
5	1 057	120kW 以内自行式平地机	台班	274	2	548					82.13	22 504								
6	1 063	75kW 以内履带式拖拉机	台班	22	2	44					54.27	1 194								
7	1 075	6～8t 光轮压路机	台班	208	1	208					19.33	4 021								
8	1 076	8～10t 光轮压路机	台班	7	1	7					23.2	162								
9	1 078	12～15t 光轮压路机	台班	142	1	142					40.46	5 745								
10	1 083	0.6t 以内手扶式振动碾	台班	163	1	163					2.96	482								
11	1 088	15t 以内振动压路机	台班	287	2	574					73.6	21 123								
12	1 234	3.0－9.0m 滑模式水泥混凝土摊铺机	台班	33	3	99					83.66	2 761								
13	1 243	混凝土电动刻纹机	台班	690	1	690									37.8	26 082				
14	1 245	混凝土电动切缝机	台班	296	1	296									20.16	5 967				
15	1 272	250L 以内强制式混凝土搅拌机	台班	60	1	60									52.74	3 164				
16	1307	$6m^3$ 内混凝土搅拌运输车	台班	512	1	512					55.54	28 436								

编制:杨志朴　　复核:张丽华　　海巍软件(http://www.HWCost.com)

机械用工、料数量表

建设项目名称:河北松－川二级公路

编制范围:K0 +000 ~ K8 +600

第 2 页　共 2 页　12－1 表

序号	代号	机械规格名称	单位	总数量	人工(工日)		重油(kg)		汽油(kg)		柴油(kg)		煤(吨)		电(kw.h)		水(t)		木柴(kg)	
					定额	数量	定额	数量	定额	数量	定额	数量	定额	数量	定额	数量	定额	数量	定额	数量
17	1 327	60m³/h 以内混凝土搅拌站	台班	59	9	531									684.98	40 414				
18	1372	4t 以内载货汽车	台班	0	1	0			34.28	0										
19	1 382	3t 以内自卸汽车	台班	433	1	433			34.28	14 843										
20	1 384	6t 以内自卸汽车	台班	2 977	1	2 977					44	130 988								
21	1 395	40t 以内平板拖车组	台班	3	2	6					55.54	167								
22	1 405	6 000L 以内洒水汽车	台班	283	1	283					42.43	12 008								
23	1 415	手扶式拖拉机(带拖斗)	台班	1945	1	1 945					9	17 505								
24	1 451	12t 以内汽车式起重机	台班	2	2	4					44.95	90								
25	1 455	30t 以内汽车式起重机	台班	5	2	10					62.86	314								
26	1 726	32kV · A 内交流电弧焊机	台班	3	1	3									87.63	263				
27	1 756	150 ×250mm 电动颚式破碎机	台班	0	1	0									35.7	0				
28	1 757	250 ×400mm 电动颚式破碎机	台班	564	1	564									85.19	48 047				
29	1 842	9m³/min 内机动空压机	台班	383	1	383					60.34	23 110								
		合计				11 817				14 843		306 154				123 937				

编制:杨志朴　　复核:张丽华　　海巍软件(http://www.HWCost.com)

附录Ⅰ　封面、目录及概、预算表格样式

一、扉页的次页格式

××公路初步设计概算

（K××+×××~K××+×××）

第　　册　　共　　册

编制：[签字并加盖执业(从业)资格印章]
复核：[签字并加盖执业(从业)资格印章]

（编制单位）

年　　月

二、目 录 格 式

目　　录
（甲组文件）

1. 编制说明
2. 总概（预）算汇总表（01-1 表）
3. 总概（预）算人工、主要材料、机械台班数量汇总表（02-1 表）
4. 总概（预）算表（01 表）
5. 人工、主要材料、机械台班数量汇总表（02 表）
6. 建筑安装工程费计算表（03 表）
7. 其他工程费及间接费综合费率计算表（04 表）
8. 设备、工具、器具购置费计算表（05 表）
9. 工程建设其他费用及回收金额计算表（06 表）
10. 人工、材料、机械台班单价汇总表（07 表）

三、概（预）算表格样式

总概（预）算汇总表

建设项目名称：　　　　　　　　　　　　　　　　第　　页 共　　页　　01-1 表

项次	工程或费用名称	单位	总数量	概、预算金额（元）				技术经济指标	各项费用比例（%）	备　注
							合计			

填表说明：1. 一个建设项目分若干单项工程编制概、预算时，应通过本表汇总全部建设项目概、预算金额。

2. 本表反映一个建设项目的各项费用组成、概（预）算总值和技术经济指标。

3. 本表“项次”、“工程或费用名称”、“单位”、“总数量”、“概、预算金额”应由各单项或单位工程总概、预算表（01 表）转来，“目”、“节”可视需要增减，“项”应保留。

4. “技术经济指标”以各项概、预算金额汇总合计除以相应总数量计算；“各项费用比例”以汇总的各项目概、预算金额合计除以总概、预算金额合计计算。

编制：　　　　　　　　　　　　　　　　　　　　复核：

总概(预)算人工、主要材料、机械台班数量汇总表

建设项目名称：　　　　　　　　　　　　　　　　　　　　　　第　　页共　　页　02-1表

序号	规格名称	单位	总数量	编制范围									

填表说明：1. 一个建设项目分若干个单项工程编制概、预算时，应通过本表汇总全部建设项目的人工、主要材料、机械台班数量。

2. 本表各栏数据均由各单项或单位工程概、预算中的人工、主要材料、机械台班数量汇总表(02表)转来，"编制范围"指单项或单位工程。

编制：　　　　　　　　　　　　　　　　　　　　　　　　　　复核：

总　概　(预)　算　表

建设项目名称：

编 制 范 围：　　　　　　　　　　　　　　　　　　　　　　第　页　共 页　01表

项	目	节	细目	工程或费用名称	单位	数量	概、预算金额(元)	技术经济指标	各项费用比例(%)	备注

填表说明：1. 本表反映一个单项或单位工程的各项费用组成、概、预算金额、技术经济指标等。

2. 本表"项"、"目"、"节"、"细目"、"工程或费用名称"、"单位"等应按概、预算项目表的序列及内容填写。"目"、"节"、"细目"可视需要增减，但"项"应保留。

3. "数量"、"概、预算金额"由建筑工程费计算表(03表)，设备、工具、器具购置费计算表(05表)、工程建设其他费用及回收金额计算表(06表)转来。

4. "技术经济指标"以各项目概、预算金额除以相应数量计算；"各项费用比例"以各项概(预)算金额除以总概、预算金额计算。

编制：　　　　　　　　　　　　　　　　　　　　　　　　　　复核：

人工、主要材料、机械台班数量汇总表

建设项目名称：

编 制 范 围：　　　　　　　　　　　　　　　　　　　　第　页　共　页　02 表

序号	规格名称	单位	总数量	分 项 统 计							场外运输损耗	
											%	数量

填表说明：1. 本表各栏数据由分项工程概、预算基础数据表(08 表)及辅助生产工、料、机械台班单位数量表(12 表)经分析计算后统计而来。

2. 发生的冬、雨季及夜间施工增工及临时设施用工，根据有关附录规定计算后列入本表有关项目内。

编制：　　　　　　　　　　　　　　　　　　　　　　　　复核：

建筑安装工程费计算表

建设项目名称：

编 制 范 围：　　　　　　　　　　　　　　　　　　　　第　页　共　页　03 表

序号	工程名称	单位	工程量	直接费(元)						间接费	利润	税金	建筑安装工程费	
				直接工程费				其他工程费	合计		(元)	(元)	合计	单价
				人工费	材料费	机械使用费	合计			(元)	费率(%)	综合税率(%)	(元)	(元)
1	2	3	4	5	6	7	8	9	10	11	12	13	14	15

填表说明：本表各栏数据之间关系，5 ~ 7 均由 08 表经计算转来；8 = 5 + 6 + 7；9 = 8 × 9 的费率或(5 + 7) × 9 的费率；10 = 8 + 9；11 = 5 × 规费综合费率 + 10 × 企业管理费综合费率；12 = (10 + 11 − 规费) × 12 的费率；13 = (10 + 11 + 12) × 综合税率；14 = 10 + 11 + 12 + 13；15 = 14 ÷ 4。

编制：　　　　　　　　　　　　　　　　　　　　　　　　复核：

其他工程费及间接费综合费率计算表

建设项目名称:

编 制 范 围: 第 页 共 页 04表

序号	工程类别	其他工程费费率(%)													间接费费率(%)											
		冬季施工增加费	雨季施工增加费	夜间施工增加费	高原地区施工增加费	风沙地区施工增加费	沿海地区施工增加费	行车干扰工程施工增加费	安全及文明施工措施费	临时设施费	施工辅助费	工地转移费	综合费率		规费						企业管理费					
													I	II	养老保险费	失业保险费	医疗保险费	住房公积金	工伤保险费	综合费率	基本费用	主副食运费补贴	职工探亲路费	职工取暖补贴	财务费用	综合费率
1	2	3	4	5	6	7	8	9	10	11	12	13	14	15	16	17	18	19	20	21	22	23	24	25	26	27

填表说明:本表应根据建设工程项目具体情况,按概、预算编制办法有关规定填入数据计算。其中:14 = 3 + 4 + 5 + 8 + 10 + 11 + 12 + 13;15 = 6 + 7 + 9;21 = 16 + 17 + 18 + 19 + 20;27 = 22 + 23 + 24 + 25 + 26。

编制: 复核:

设备、工具、器具购置费计算表

建设项目名称:

编 制 范 围: 第 页 共 页 05表

序号	设备、工具、器具规格名称	单位	数量	单价(元)	金额(元)	说 明

填表说明:本表应根据具体的设备、工具、器具购置清单进行计算,包括设备规格、单位、数量、单价以及需要说明的有关问题。

编制: 复核:

工程建设其他费用及回收金额计算表

建设项目名称:

编 制 范 围: 第 页 共 页 06表

序号	费用名称及回收金额项目	说明及计算式	金额(元)	备 注

填表说明:本表应按具体发生的工程建设其他费用项目填写,需要说明和具体计算的费用项目依次相应在说明及计算式栏内填写或具体计算,各项费用具体填写如下:

1. 土地征用及拆迁补偿费应填写土地补偿单价、数量和安置补助费标准、数量等,列式计算所需费用,填入金额栏。
2. 建设项目管理费包括建设单位(业主)管理费、工程质量监督费、工程监理费、工程定额测定费、设计文件审查费、竣(交)工验收试验检测费,按"建筑安装工程费×费率"或有关定额列式计算。
3. 研究试验费应根据设计需要进行研究试验的项目分别填写项目名称及金额,或列式计算或进行说明。
4. 建设项目前期工作费按国家有关规定填入本表,列式计算。
5. 其余有关工程建设其他费用的填入和计算方法,根据规定依此类推。

编制: 复核:

人工、材料、机械台班单价汇总表

建设项目名称:

编 制 范 围: 第 页 共 页 07表

序号	名称	单位	代号	预算单价(元)	备注	序号	名称	单位	代号	预算单价(元)	备注

填表说明:本表预算单价主要由材料预算单价计算表(09表)和机械台班单价计算表(11表)转来。

编制: 复核:

目　　录

（乙组文件）

建筑安装工程费计算数据表

建设项目名称：　　　　编制范围：　　　　数据文件编号：　　　　公路等级：

路线或桥梁长度（km）：　　　　路基或桥梁宽度（m）：　　　　第　　页　共　　页　　08-1 表

项的代号	本项目数	目的代号	本目节数	节的代号	本节细目数	细目的代号	费率编号	定额个数	定额代号	项或目或节或细目或定额的名称	单位	数量	定额调整情况

填表说明：1. 本表应逐行从左到右横向跨栏填写。

2. “项”、“目”、“节”、“细目”、“定额”等的代号应根据实际需要按本办法附录四“概、预算项目表”及现行《公路工程概算定额》（JTG/T B06-01）、《公路工程预算定额》（JTG/T B06-02）的序列及内容填写。

3. 本表主要是为利用计算机软件编制概、预算提供基础数据，具体填表规则由软件用户手册详细制定。

编制：　　　　　　　　　　　　复核：

分项工程概、预算表

编制范围：

工程名称：　　　　第　　页　共　　页　　08-2 表

编号	工程项目												合计	
	工程细目													
	定额单位													
	工程数量													
	定额表号													
	工、料、机名称	单位	单价（元）	定额	数量	金额（元）	定额	数量	金额（元）	定额	数量	金额（元）	数量	金额（元）
1	人工	工日												
2	……													

续上表

编号	工程项目												合计	
	工程细目													
	定额单位													
	工程数量													
	定额表号													
	工、料、机名称	单位	单价（元）	定额	数量	金额（元）	定额	数量	金额（元）	定额	数量	金额（元）	数量	金额（元）
	定额基价	元	填表说明：1. 本表按具体分项工程项目数量、对应概、预算定额子目填写，单价由07表转来，金额=工、料、机各项的单价×定额×数量。 2. 其他工程费按相应项目的直接工程费或人工费与施工机械使用费之和×规定费率计算。 3. 规费按相应项目的人工费×规定费率计算。 4. 企业管理费按相应项目的直接费×规定费率计算。 5. 利润按相应项目的（直接费+间接费－规费）×利润率计算。 6. 税金按相应项目的（直接费+间接费+利润）×税率计算。											
	直接工程费	元												
	其他工程费 Ⅰ	元												
	其他工程费 Ⅱ	元												
	间接费 规费	元												
	间接费 企业管理费	元												
	利润及税金	元												
	建筑安装工程费	元												

编制： 复核：

材料预算单价计算表

建设项目名称：

编 制 范 围： 第 页 共 页 09表

序号	规格名称	单位	原价（元）	运杂费					原价运费合计（元）	场外运输损耗		采购及保管费		预算单价（元）
				供应地点	运输方式、比重及运距	毛重系数或单位毛重	运杂费构成说明或计算式	单位运费（元）		费率（%）	金额（元）	费率（%）	金额（元）	
			填表说明：1. 本表计算各种材料自供应地点或料场至工地的全部运杂费与材料原价及其他费用组成预算单价。 2. 运输方式按火车、汽车、船舶等及所占运输比重填写。 3. 毛重系数、场外运输损耗、采购及保管费按规定填写。 4. 根据材料供应地点、运输方式、运输单价、毛重系数等，通过运杂费构成说明或计算式，计算得出材料单位运费。 5. 材料原价与单位运费、场外运输损耗、采购及保管费组成材料预算单价。											

编制： 复核：

自采材料料场价格计算表

建设项目名称：

编 制 范 围：　　　　　　　　　　　　　　　　　　第　页　共　页　10 表

序号	定额号	材料规格名称	单位	料场价格（元）	人工（工日）单价　（元）		间接费（元）（占人工费　%）	（　）单价　（元）		（　）单价　（元）		（　）单价　（元）		（　）单价　（元）	
					定额	金额		定额	金额	定额	金额	定额	金额	定额	金额

填表说明：1. 本表主要用于分析计算自采材料料场价格，应将选用的定额人工、材料、机械台班数量全部列出，包括相应的工、料、机单价。

2. 材料规格用途相同而生产方式（如人工捶碎石、机械轧碎石）不同时，应分别计算单价，再以各种生产方式所占比重根据合计价格加权平均计算料场价格。

3. 定额中机械台班有调整系数时，应在本表内计算。

编制：　　　　　　　　　　　　　　　　　　复核：

机械台班单价计算表

建设项目名称：

编 制 范 围：　　　　　　　　　　　　　　　　　　第　页　共　页　11 表

序号	定额号	机械规格名称	台班单价（元）	不变费用（元）调整系数		可变费用（元）人工：（元/工日）		汽油：（元/kg）		柴油：（元/kg）		……		合计
				定额	调整值	定额	金额	定额	金额	定额	金额	定额	金额	

填表说明：1. 本表应根据公路工程机械台班费用定额进行计算。不变费用如有调整系数，应填入调整值；可变费用各栏填入定额数量。

2. 人工、动力燃料的单价由材料预算单价计算表（09 表）中转来。

编制：　　　　　　　　　　　　　　　　　　复核：

辅助生产工、料、机械台班单位数量表

建设项目名称：

编 制 范 围：　　　　　　　　　　　　　　　　　第 页　共 页　12 表

序号	规格名称	单位	人工(工日)						

填表说明：本表各栏数据由自采材料料场价格计算表(10表)统计而来。

编制：　　　　　　　　　　　　　　　　　复核：

附录Ⅱ 全国冬季施工气温区划分表

省、自治区、直辖市	地区、市、自治州、盟(县)	气温区	
北京	全境	冬二	Ⅰ
天津	全境	冬二	Ⅰ
河北	石家庄、邢台、邯郸、衡水市(冀州市、枣强县、故城县)	冬一	Ⅱ
	廊坊、保定(涞源县及以北除外)、衡水(冀州市、枣强县、故城县除外)、沧州市	冬二	Ⅰ
	唐山、秦皇岛市		Ⅱ
	承德(围场县除外)、张家口(沽源县、张北县、尚义县、康保县除外)、保定市(涞源县及以北)	冬三	
	承德(围场县)、张家口市(沽源县、张北县、尚义县、康保县)	冬四	
山西	运城市(万荣县、夏县、绛县、新绛县、稷山县、闻喜县除外)	冬一	Ⅱ
	运城(万荣县、夏县、绛县、新绛县、稷山县、闻喜县)、临汾(尧都区、侯马市、曲沃县、翼城县、襄汾县、洪洞县)、阳泉(盂县除外)、长治(黎城县)、晋城市(城区、泽州县、沁水县、阳城县)	冬二	Ⅰ
	太原(娄烦县除外)、阳泉(盂县)、长治(黎城县除外)、晋城(城区、泽州县、沁水县,阳城县除外)、晋中(寿阳县、和顺县、左权县除外)、临汾(尧都区、侯马市、曲沃县、翼城县、襄汾县、洪洞县除外)、吕梁市(孝义市、汾阳市、文水县、交城县、柳林县、石楼县、交口县、中阳县)		Ⅱ
	太原(娄烦县)、大同(左云县除外)、朔州(右玉县除外)、晋中(寿阳县、和顺县、左权县)、忻州、吕梁市(离石区、临县、岚县、方山县、兴县)	冬三	
	大同(左云县)、朔州市(右玉县)	冬四	
内蒙古	乌海市,阿拉善盟(阿拉善左旗、阿拉善右旗)	冬二	Ⅰ
	呼和浩特(武川县除外)、包头(固阳县除外)、赤峰、鄂尔多斯、巴彦淖尔、乌兰察布市(察哈尔右翼中旗除外),阿拉善盟(额济纳旗)	冬三	
	呼和浩特(武川县)、包头(固阳县)、通辽、乌兰察布市(察哈尔右翼中旗),锡林郭勒(苏尼特右旗、多伦县)、兴安盟(阿尔山市除外)	冬四	
	呼伦贝尔市(海拉尔区、新巴尔虎右旗、阿荣旗),兴安(阿尔山市)、锡林郭勒盟(冬四区以外各地)	冬五	
	呼伦贝尔市(冬五区以外各地)	冬六	
辽宁	大连(瓦房店市、普兰店市、庄河市除外)、葫芦岛市(绥中县)	冬二	Ⅰ
	沈阳(康平县、法库县除外)、大连(瓦房店市、普兰店市、庄河市)、鞍山、本溪(桓仁县除外)、丹东、锦州、阜新、营口、辽阳、朝阳(建平县除外)、葫芦岛(绥中县除外)、盘锦市	冬三	
	沈阳(康平县、法库县)、抚顺、本溪(桓仁县)、朝阳(建平县)、铁岭市	冬四	
吉林	长春(榆树市除外)、四平、通化(辉南县除外)、辽源、白山(靖宇县、抚松县、长白县除外)、松原(长岭县)、白城市(通榆县),延边自治州(敦化市、汪清县、安图县除外)	冬四	
	长春(榆树市)、吉林、通化(辉南县)、白山(靖宇县、抚松县、长白县)、白城(通榆县除外)、松原市(长岭县除外),延边自治州(敦化市、汪清县、安图县)	冬五	

续上表

省、自治区、直辖市	地区、市、自治州、盟（县）	气温区	
黑龙江	牡丹江市（绥芬河市、东宁县）	冬四	
	哈尔滨（依兰县除外）、齐齐哈尔（讷河市、依安县、富裕县、克山县、克东县、拜泉县除外）、绥化（安达市、肇东市、兰西县）、牡丹江（绥芬河市、东宁县除外）、双鸭山（宝清县）、佳木斯（桦南县）、鸡西、七台河、大庆市	冬五	
	哈尔滨（依兰县）、佳木斯（桦南县除外）、双鸭山（宝清县除外）、绥化（安达市、肇东市、兰西县除外）、齐齐哈尔（讷河市、依安县、富裕县、克山县、克东县、拜泉县）、黑河、鹤岗、伊春市，大兴安岭地区	冬六	
上海	全境	准二	
江苏	徐州、连云港市	冬一	Ⅰ
	南京、无锡、常州、淮安、盐城、宿迁、扬州、泰州、南通、镇江、苏州市	准二	
浙江	杭州、嘉兴、绍兴、宁波、湖州、衢州、舟山、金华、温州、台州、丽水市	准二	
安徽	亳州市	冬一	Ⅰ
	阜阳、蚌埠、淮南、滁州、合肥、六安、马鞍山、巢湖、芜湖、铜陵、池州、宣城、黄山市	准一	
	淮北、宿州市	准二	
福建	宁德（寿宁县、周宁县、屏南县）、三明市	准一	
江西	南昌、萍乡、景德镇、九江、新余、上饶、抚州、宜春市	准一	
山东	全境	冬一	Ⅰ
河南	安阳、商丘、周口（西华县、淮阳县、鹿邑县、扶沟县、太康县）、新乡、三门峡、洛阳、郑州、开封、鹤壁、焦作、济源、濮阳、许昌市	冬一	Ⅰ
	驻马店、信阳、南阳、周口（西华县、淮阳县、鹿邑县、扶沟县、太康县除外）、平顶山、漯河市	准二	
湖北	武汉、黄石、荆州、荆门、鄂州、宜昌、咸宁、黄岗、天门、潜江、仙桃市，恩施自治州	准一	
	孝感、十堰、襄樊、随州市，神农架林区	准二	
湖南	全境	准一	
四川	阿坝（黑水县）、甘孜自治州（新龙县、道浮县、泸定县）	冬一	Ⅱ
	甘孜自治州（甘孜县、康定县、白玉县、炉霍县）	冬二	Ⅰ
	阿坝（壤塘县、红原县、松潘县）、甘孜自治州（德格县）		Ⅱ
	阿坝（阿坝县、若尔盖县、九寨沟县）、甘孜自治州（石渠县、色达县）	冬三	
	广元市（青川县），阿坝（汶川县、小金县、茂县、理县）、甘孜（巴塘县、雅江县、得荣县、九龙县、理塘县、乡城县、稻城县）、凉山自治州（盐源县、木里县）	准一	
	阿坝（马尔康县、金川县）、甘孜白治州（丹巴县）	准二	
贵州	贵阳、遵义（赤水市除外）、安顺市，黔东南、黔南、黔西南自治州	准一	
	六盘水市，毕节地区	准二	
云南	迪庆自治州（德钦县、香格里拉县）	冬一	Ⅱ
	曲靖（宣威市、会泽县）、丽江（玉龙县、宁蒗县）、昭通市（昭阳区、大关县、威信县、彝良县、镇雄县、鲁甸县），迪庆（维西县）、怒江（兰坪县）、大理自治州（剑川县）	准一	

续上表

省、自治区、直辖市	地区、市、自治州、盟(县)	气温区	
西藏	拉萨市(当雄县除外),日喀则(拉孜县)、山南(浪卡子县、错那县、隆子县除外)、昌都(芒康县、左贡县、类乌齐县、丁青县、洛隆县除外)、林芝地区	冬一	Ⅰ
	山南(隆子县)、日喀则地区(定日县、聂拉木县、亚东县、拉孜县除外)		Ⅱ
	昌都地区(洛隆县)	冬二	Ⅰ
	昌都(芒康县、左贡县、类乌齐县、丁青县)、山南(浪卡子县)、日喀则(定日县、聂拉木县)、阿里地区(普兰县)		Ⅱ
	拉萨市(当雄县),那曲(安多县除外)、山南(错那县)、日喀则(亚东县)、阿里地区(普兰县除外)	冬三	
	那曲地区(安多县)	冬四	
陕西	西安、宝鸡、渭南、咸阳(彬县、旬邑县、长武县除外)、汉中(留坝县、佛坪县)、铜川市(耀州区)	冬一	Ⅰ
	铜川(印台区、王益区)、咸阳市(彬县、旬邑县、长武县)		Ⅱ
	延安(吴起县除外)、榆林(清涧县)、铜川市(宜君县)	冬二	Ⅱ
	延安(吴起县)、榆林市(清涧县除外)	冬三	
	商洛、安康、汉中市(留坝县、佛坪县除外)	准二	
甘肃	陇南市(两当县、徽县)	冬一	Ⅱ
	兰州、天水、白银(会宁县、靖远县)、定西、平凉、庆阳、陇南市(西和县、礼县、宕昌县),临夏、甘南自治州(舟曲县)	冬二	Ⅱ
	嘉峪关、金昌、白银(白银区、平川区、景泰县)、酒泉、张掖、武威市,甘南自治州(舟曲县除外)	冬三	
	陇南市(武都区、文县)	准一	
	陇南市(成县、康县)	准二	
青海	海东地区(民和县)	冬二	Ⅱ
	西宁市,海东地区(民和县除外),黄南(泽库县除外)、海南、果洛(班玛县、达日县、久治县)、玉树(囊谦县、杂多县、称多县、玉树县)、海西自治州(德令哈市、格尔木市、都兰县、乌兰县)	冬三	
	海北(野牛沟、托勒除外)、黄南(泽库县)、果洛(玛沁县、甘德县、玛多县)、玉树(曲麻莱县、治多县)、海西自治州(冷湖、茫崖、大柴旦、天峻县)	冬四	
	海北(野牛沟、托勒)、玉树(清水河)、海西自治州(唐古拉山区)	冬五	
宁夏	全境	冬二	Ⅱ
新疆	阿拉尔市,喀什(喀什市、伽师县、巴楚县、英吉沙县、麦盖提县、莎车县、叶城县、泽普县)、哈密(哈密市泌城镇)、阿克苏(沙雅县、阿瓦提县)、和田地区,伊犁(伊宁市、新源县、霍城县霍尔果斯镇)、巴音郭楞(库尔勒市、若羌县、且末县、尉犁县铁干里可)、克孜勒苏自治州(阿图什市、阿克陶县)	冬二	Ⅰ
	喀什地区(岳普湖县)		Ⅱ
	乌鲁木齐市(牧业气象试验站、达板城区、乌鲁木齐县小渠子乡),塔城(乌苏市、沙湾县、额敏县除外)、阿克苏(沙雅县、阿瓦提县除外)、哈密(哈密市十三间房、哈密市红柳河、伊吾县淖毛湖)、喀什(塔什库尔干县)、吐鲁番地区,克孜勒苏(乌恰县、阿合奇县)、巴音郭楞(和静县、焉耆县、和硕县、轮台县、尉犁县、且末县塔中)、伊犁自治州(伊宁市、霍城县、察布查尔县、尼勒克县、巩留县、昭苏县、特克斯县)	冬三	
	乌鲁木齐市(冬三区以外各地),塔城(额敏县、乌苏县)、阿勒泰(阿勒泰市、哈巴河县、吉木乃县)、哈密地区(巴里坤县),昌吉(昌吉市、米泉市、木垒县、奇台县北塔山镇、阜康市天池)、博尔塔拉(温泉县、精河县、阿拉山口口岸)、克孜勒苏自治州(乌恰县吐尔尕特口岸)	冬四	
	克拉玛依、石河子市,塔城(沙湾县)、阿勒泰地区(布尔津县、福海县、富蕴县、青河县),博尔塔拉(博乐市)、昌吉(阜康市、玛纳斯县、呼图壁县、吉木萨尔县、奇台县、米泉市蔡家湖)、巴音郭楞自治州(和静县巴音布鲁克乡)	冬五	

注:表中行政区划以 2006 年地图出版社出版的《中华人民共和国行政区划简册》为准。为避免繁冗,各民族自治州名称予以简化,如青海省的“海西蒙古族藏族自治州”简化为“海西自治州”。

附录Ⅲ　全国雨季施工雨量区及雨季期划分表

省、自治区、直辖市	地区、市、自治州、盟（县）	雨量区	雨季期（月数）
北京	全境	Ⅱ	2
天津	全境	Ⅰ	2
河北	张家口、承德市（围场县）	Ⅰ	1.5
	承德（围场县除外）、保定、沧州、石家庄、廊坊、邢台、衡水、邯郸、唐山、秦皇岛市	Ⅱ	2
山西	全境	Ⅰ	1.5
内蒙古	呼和浩特、通辽、呼伦贝尔（海拉尔区、满洲里市、陈巴尔虎旗、鄂温克旗）、鄂尔多斯（东胜区、准格尔旗、伊金霍洛旗、达拉特旗、乌审旗）、赤峰、包头、乌兰察布市（集宁区、化德县、商都县、兴和县、四子王旗、察哈尔右翼中旗、察哈尔右翼后旗、卓资县及以南），锡林郭勒盟（锡林浩特市、多伦县、太仆寺旗、西乌珠穆沁旗、正蓝旗、正镶白旗）	Ⅰ	1
	呼伦贝尔市（牙克石市、额尔古纳市、鄂伦春旗、扎兰屯市及以东），兴安盟		2
辽宁	大连（长海县、瓦房店市、普兰店市、庄河市除外）、朝阳市（建平县）	Ⅰ	2
	沈阳（康平县）、大连（长海县）、锦州（北宁市除外）、营口（盖州市）、朝阳市（凌原市、建平县除外）		2.5
	沈阳（康平县、辽中县除外）、大连（瓦房店市）、鞍山（海城市、台安县、岫岩县除外）、锦州（北宁市）、阜新、朝阳（凌原市）、盘锦、葫芦岛（建昌县）、铁岭市		3
	抚顺（新宾县）、辽阳市		3.5
	沈阳（辽中县）、鞍山（海城市、台安县）、营口（盖州市除外）、葫芦岛市（兴城市）	Ⅱ	2.5
	大连（普兰店市）、葫芦岛市（兴城市、建昌县除外）		3
	大连（庄河市）、鞍山（岫岩县）、抚顺（新宾县除外）、丹东（凤城市、宽甸县除外）、本溪市		3.5
	丹东市（凤城市、宽甸县）		4
吉林	辽源、四平（双辽市）、白城、松原市	Ⅰ	2
	吉林、长春、四平（双辽市除外）、白山市，延边自治州	Ⅱ	2
	通化市		3
黑龙江	哈尔滨（市区、呼兰区、五常市、阿城市、双城市）、佳木斯（抚远县）、双鸭山（市区、集贤县除外）、齐齐哈尔（拜泉县、克东县除外）、黑河（五大连池市、嫩江县）、绥化（北林区、海伦市、望奎县、绥棱县、庆安县除外）、牡丹江、大庆、鸡西、七台河市，大兴安岭地区（呼玛县除外）	Ⅰ	2
	哈尔滨（市区、呼兰区、五常市、阿城市、双城市除外）、佳木斯（抚远县除外）、双鸭山（市区、集贤县）、齐齐哈尔（拜泉县、克东县）、黑河（五大连池市、嫩江县除外）、绥化（北林区、海伦市、望奎县、绥棱县、庆安县）、鹤岗、伊春市，大兴安岭地区（呼玛县）	Ⅱ	2

续上表

省、自治区、直辖市	地区、市、自治州、盟(县)	雨量区	雨季期(月数)
上海	全境	Ⅱ	4
江苏	徐州、连云港市	Ⅱ	2
	盐城市		3
	南京、镇江、淮安、南通、宿迁、扬州、常州、泰州市		4
	无锡、苏州市		4.5
浙江	舟山市	Ⅱ	4
	嘉兴、湖州市		4.5
	宁波、绍兴市		6
	杭州、金华、温州、衢州、台州、丽水市		7
安徽	亳州、淮北、宿州、蚌埠、淮南、六安、合肥市	Ⅱ	1
	阜阳市		2
	滁州、巢湖、马鞍山、芜湖、铜陵、宣城市		3
	池州市		4
	安庆、黄山市		5
福建	泉州市(惠安县崇武)	Ⅰ	4
	福州(平潭县)、泉州(晋江市)、厦门(同安区除外)、漳州市(东山县)	Ⅱ	5
	三明(永安市)、福州(市区、长乐市)、莆田市(仙游县除外)		6
	南平(顺昌县除外)、宁德(福鼎市、霞浦县)、三明(永安市、尤溪县、大田县除外)、福州(市区、长乐市、平潭县除外)、龙岩(长汀县、连城县)、泉州(晋江市、惠安县崇武、德化县除外)、莆田(仙游县)、厦门(同安区)、漳州市(东山县除外)		7
	南平(顺昌县)、宁德(福鼎市、霞浦县除外)、三明(尤溪县、大田县)、龙岩(长汀县、连城县除外)、泉州市(德化县)		8
江西	南昌、九江、吉安市	Ⅱ	6
	萍乡、景德镇、新余、鹰潭、上饶、抚州、宜春、赣州市		7
山东	济南、潍坊、聊城市	Ⅰ	3
	淄博、东营、烟台、济宁、威海、德州、滨州市		4
	枣庄、泰安、莱芜、临沂、菏泽市		5
	青岛市	Ⅱ	3
	日照市		4
河南	郑州、许昌、洛阳、济源、新乡、焦作、三门峡、开封、濮阳、鹤壁市	Ⅰ	2
	周口、驻马店、漯河、平顶山、安阳、商丘市		3
	南阳市		4
	信阳市	Ⅱ	2

续上表

省、自治区、直辖市	地区、市、自治州、盟（县）	雨量区	雨季期（月数）
湖北	十堰、襄樊、随州市，神农架林区	Ⅰ	3
	宜昌（秭归县、远安县、兴山县）、荆门市（钟祥市、京山县）	Ⅱ	2
	武汉、黄石、荆州、孝感、黄岗、咸宁、荆门（钟祥市、京山县除外）、天门、潜江、仙桃、鄂州、宜昌市（秭归县、远安县、兴山县除外），恩施自治州		6
湖南	全境	Ⅱ	6
广东	茂名、中山、汕头、潮州市	Ⅰ	5
	广州、江门、肇庆、顺德、湛江、东莞市		6
	珠海市	Ⅱ	5
	深圳、阳江、汕尾、佛山、河源、梅州、揭阳、惠州、云浮、韶关市		6
	清远市		7
广西	百色、河池、南宁、崇左市	Ⅱ	5
	桂林、玉林、梧州、北海、贵港、钦州、防城港、贺州、柳州、来宾市		6
海南	全境	Ⅱ	6
重庆	全境	Ⅱ	4
四川	甘孜自治州（巴塘县）	Ⅰ	1
	阿坝（若尔盖县）、甘孜自治州（石渠县）		2
	乐山（峨边县）、雅安市（汉源县），甘孜自治州（甘孜县、色达县）		3
	雅安（石棉县）、绵阳（干武县）、泸州（古蔺县）、遂宁市，阿坝（若尔盖县、汶川县除外）、甘孜自治州（巴塘县、石渠县、甘孜县、色达县、九龙县、得荣县除外）		4
	南充（高坪区）、资阳市（安岳县）	Ⅱ	5
	宜宾市（高县），凉山自治州（雷波县）		3
	成都、乐山（峨边县、马边县除外）、德阳、南充（南部县）、绵阳（平武县除外）、资阳（安岳县除外）、广元、自贡、攀枝花、眉山市，凉山（雷波县除外）、甘孜自治州（九龙县）		4
	乐山（马边县）、南充（高坪区、南部县除外）、雅安（汉源县、石棉县除外）、广安（邻水县除外）、巴中、宜宾（高县除外）、泸州（古蔺县除外）、内江市		5
	广安（邻水县）、达州市		6
贵州	贵阳、遵义市，毕节地区	Ⅱ	4
	安顺市，铜仁地区，黔东南自治州		5
	黔西南自治州		6
	黔南自治州		7

续上表

<table>
<tr><th>省、自治区、直辖市</th><th>地区、市、自治州、盟(县)</th><th>雨量区</th><th>雨季期(月数)</th></tr>
<tr><td rowspan="4">云南</td><td>昆明(市区、嵩明县除外)、玉溪、曲靖(富源县、师宗县、罗平县除外)、丽江(宁蒗县、永胜县)、思茅(墨江县)、昭通市,怒江(兰坪县、泸水县六库镇)、大理(大理市、漾濞县除外)、红河(个旧市、开远市、蒙自县、红河县、石屏县、建水县、弥勒县、泸西县)、迪庆、楚雄自治州</td><td rowspan="2">Ⅰ</td><td>5</td></tr>
<tr><td>保山(腾冲县、龙陵县除外)、临沧市(凤庆县、云县、永德县、镇康县),怒江(福贡县、泸水县)、红河自治州(元阳县)</td><td>6</td></tr>
<tr><td>昆明(市区、嵩明县)、曲靖(富源县、师宗县、罗平县)、丽江(古城区、华坪县)、思茅市(翠云区、景东县、镇沅县、普洱县、景谷县),大理(大理市、漾濞县)、文山自治州</td><td rowspan="2">Ⅱ</td><td>5</td></tr>
<tr><td>保山(腾冲县、龙陵县)、临沧(临祥区、双江县、耿马县、沧源县)、思茅市(西盟县、澜沧县、孟连县、江城县),怒江(贡山县)、德宏、红河(绿春县、金平县、屏边县、河口县)、西双版纳自治州</td><td>6</td></tr>
<tr><td rowspan="7">西藏</td><td>那曲(索县除外)、山南(加查县除外)、日喀则(定日县)、阿里地区</td><td rowspan="5">Ⅰ</td><td>1</td></tr>
<tr><td>拉萨市,那曲(索县)、昌都(类乌齐县、丁青县、芒康县除外)、日喀则(拉孜县)、林芝地区(察隅县)</td><td>2</td></tr>
<tr><td>昌都(类乌齐县)、林芝地区(米林县)</td><td>3</td></tr>
<tr><td>昌都(丁青县)、林芝地区(米林县、波密县、察隅县除外)</td><td>4</td></tr>
<tr><td>林芝地区(波密县)</td><td>5</td></tr>
<tr><td>山南(加查县)、日喀则地区(定日县、拉孜县除外)</td><td rowspan="2">Ⅱ</td><td>1</td></tr>
<tr><td>昌都地区(芒康县)</td><td>2</td></tr>
<tr><td rowspan="3">陕西</td><td>榆林、延安市</td><td rowspan="3">Ⅰ</td><td>1.5</td></tr>
<tr><td>铜川、西安、宝鸡、咸阳、渭南市,杨凌区</td><td>2</td></tr>
<tr><td>商洛、安康、汉中市</td><td>3</td></tr>
<tr><td rowspan="5">甘肃</td><td>天水(甘谷县、武山县)、陇南市(武都区、文县、礼县),临夏(康乐县、广河县、永靖县)、甘南自治州(夏河县)</td><td rowspan="5">Ⅰ</td><td>1</td></tr>
<tr><td>天水(北道区、秦城区)、定西(渭源县)、庆阳(西峰区)、陇南市(西和县),临夏(临夏市)、甘南自治州(临潭县、卓尼县)</td><td>1.5</td></tr>
<tr><td>天水(秦安县)、定西(临洮县、岷县)、平凉(崆峒区)、庆阳(华池县、宁县、环县)、陇南市(宕昌县),临夏(临夏县、东乡县、积石山县)、甘南自治州(合作市)</td><td>2</td></tr>
<tr><td>天水(张家川县)、平凉(静宁县、庄浪县)、庆阳(镇原县)、陇南市(两当县),临夏(和政县)、甘南自治州(玛曲县)</td><td>2.5</td></tr>
<tr><td>天水(清水县)、平凉(泾川县、灵台县、华亭县、崇信县)、庆阳(西峰区、合水县、正宁县)、陇南市(徽县、成县、康县),甘南自治州(碌曲县、迭部县)</td><td>3</td></tr>
</table>

续上表

省、自治区、直辖市	地区、市、自治州、盟(县)	雨量区	雨季期(月数)
青海	西宁市(湟源县),海东地区(平安县、乐都县、民和县、化隆县),海北(海晏县、祁连县、刚察县、托勒)、海南(同德县、贵南县)、黄南(泽库县、同仁县)、海西自治州(天峻县)	I	1
	西宁市(湟源县除外),海东地区(互助县),海北(门源县)、果洛(达日县、久治县、班玛县)、玉树自治州(称多县、杂多县、囊谦县、玉树县),河南自治县		1.5
宁夏	固原地区(隆德县、泾源县)	I	2
新疆	乌鲁木齐市(小渠子乡、牧业气象试验站、大西沟乡),昌吉地区(阜康市天池),克孜勒苏(吐尔尕特、托云、巴音库鲁提)、伊犁自治州(昭苏县、霍城县二台、松树头)	I	1
台湾	(资料暂缺)		

注:1. 表中未列的地区除西藏林芝地区墨脱县因无资料未划分外,其余地区均因降雨天数或平均日降雨量未达到计算雨季施工增加费的标准,故未划分雨量区及雨季期。

2. 行政区划依据资料及自治州、市的名称列法同冬季施工气温区划分说明。

附录Ⅳ 全国风沙地区公路施工区划表

区划	沙漠(地)名称	地理位置	自然特征
风沙一区	呼伦贝尔沙地、嫩江沙地	呼伦贝尔沙地位于内蒙古呼伦贝尔平原，嫩江沙地位于东北平原西北部嫩江下游	属半干旱、半湿润严寒区，年降水量280~400mm，年蒸发量1400~1900mm，干燥度1.2~1.5
	科尔沁沙地	散布于东北平原西辽河中、下游主干及支流沿岸的冲积平原上	属半湿润温冷区，年降水量300~450mm，年蒸发量1700~2400mm，干燥度1.2~2.0
	浑善达克沙地	位于内蒙古锡林郭勒盟南部和昭乌达盟西北部	属半湿润温冷区，年降水量100~400mm，年蒸发量2200~2700mm，干燥度1.2~2.0，年平均风速3.5~5m/s，年大风日数50~80d
	毛乌素沙地	位于内蒙古鄂尔多斯中南部和陕西北部	属半干旱温热区，年降水量东部400~440mm，西部仅250~320mm，年蒸发量2100~2600mm，干燥度1.6~2.0
	库布齐沙漠	位于内蒙古鄂尔多斯北部，黄河河套平原以南	属半干旱温热区，年降水量150~400mm，年蒸发量2100~2700mm，干燥度2.0~4.0，年平均风速3~4m/s
风沙二区	乌兰布和沙漠	位于内蒙古阿拉善东北部，黄河河套平原西南部	属干旱温热区，年降水量100~145mm，年蒸发量2400~2900mm，干燥度8.0~16.0，地下水相当丰富，埋深一般为1.5~3m
	腾格里沙漠	位于内蒙古阿拉善东南部及甘肃武威部分地区	属干旱温热区，沙丘、湖盆、山地、残丘及平原交错分布，年降水量116~148mm，年蒸发量3000~3600mm，干燥度4.0~12.0
	巴丹吉林沙漠	位于内蒙古阿拉善西南边缘及甘肃酒泉部分地区	属干旱温热区，沙山高大密集，形态复杂，起伏悬殊，一般高200~300m，最高可达420m，年降水量40~80mm，年蒸发量1720~3320mm，干燥度7.0~16.0
	柴达木沙漠	位于青海柴达木盆地	属极干旱寒冷区，风蚀地、沙丘、戈壁、盐湖和盐土平原相互交错分布，盆地东部年均气温2~4℃，西部为1.5~2.5℃，年降水量东部为50~170mm，西部为10~25mm，年蒸发量2500~3000mm，干燥度16.0~32.0
	古尔班通古特沙漠	位于新疆北部准噶尔盆地	属干旱温冷区，其中固定、半固定沙丘面积占沙漠面积的97%，年降水量70~150mm，年蒸发量1700~2200mm，干燥度2.0~10.0
风沙三区	塔克拉玛干沙漠	位于新疆南部塔里木盆地	属极干旱炎热区，年降水量东部20mm左右，南部30mm左右，西部40mm左右，北部50mm以上，年蒸发量在1500~3700mm，中部达高限，干燥度>32.0
	库姆达格沙漠	位于新疆东部、甘肃西部，罗布泊低地南部和阿尔金山北部	属极干旱炎热区，全部为流动沙丘，风蚀严重，年降水量10~20mm，年蒸发量2800~3000mm，干燥度>32.0，8级以上大风天数在100d以上

附录Ⅴ 定额基价人工、材料单位质量、单价表

顺序号	名　称	代号	规　格	单位	单位质量（kg）	场内运输及操作损耗（%）	单价（元）
（一）人工							
1	人工	1		工日	—		49.20
2	机械工	2		工日	—		49.20
（二）混凝土及砂浆							
3	C10 片石混凝土	11		m^3			0.00
4	C15 片石混凝土	12		m^3			0.00
5	C20 片石混凝土	13		m^3			0.00
6	C25 片石混凝土	14		m^3			0.00
7	C10 片石混凝土	16		m^3			0.00
8	C15 水泥混凝土	17		m^3			0.00
9	C20 水泥混凝土	18		m^3			290.00
10	C25 水泥混凝土	19		m^3			300.00
11	C30 水泥混凝土	20		m^3			320.00
12	C35 水泥混凝土	21		m^3			340.00
13	C40 水泥混凝土	22		m^3			355.00
14	C45 水泥混凝土	23		m^3			370.00
15	C50 水泥混凝土	24		m^3			400.00
16	C55 水泥混凝土	25		m^3			430.00
17	C60 水泥混凝土	26		m^3			0.00
18	C20 水下混凝土	28		m^3			0.00
19	C25 水下混凝土	29		m^3			0.00
20	C30 水下混凝土	30		m^3			0.00
21	C20 防水混凝土	35		m^3			0.00
22	C25 防水混凝土	36		m^3			0.00
23	C30 防水混凝土	37		m^3			0.00
24	C35 防水混凝土	38		m^3			0.00
25	C40 防水混凝土	39		m^3			0.00
26	C45 防水混凝土	40		m^3			0.00
27	C50 防水混凝土	41		m^3			0.00
28	C15 泵送混凝土	45		m^3			0.00

续上表

顺序号	名　　称	代号	规　　格	单位	单位质量(kg)	场内运输及操作损耗(%)	单价(元)
29	C20 泵送混凝土	46		m^3			0.00
30	C25 泵送混凝土	47		m^3			0.00
31	C30 泵送混凝土	48		m^3			0.00
32	C35 泵送混凝土	49		m^3			0.00
33	C40 泵送混凝土	50		m^3			0.00
34	C45 泵送混凝土	51		m^3			0.00
35	C50 泵送混凝土	52		m^3			0.00
36	C55 泵送混凝土	53		m^3			0.00
37	C60 泵送混凝土	54		m^3			0.00
38	C20 泵送防水混凝土	56		m^3			0.00
39	C25 泵送防水混凝土	57		m^3			0.00
40	C30 泵送防水混凝土	58		m^3			0.00
41	C35 泵送防水混凝土	59		m^3			0.00
42	C40 泵送防水混凝土	60		m^3			0.00
43	C45 泵送防水混凝土	61		m^3			0.00
44	C50 泵送防水混凝土	62		m^3			0.00
45	M5 水泥砂浆	65		m^3			0.00
46	M7.5 水泥砂浆	66		m^3			0.00
47	M10 水泥砂浆	67		m^3			0.00
48	M12.5 水泥砂浆	68		m^3			0.00
49	M15 水泥砂浆	69		m^3			0.00
50	M20 水泥砂浆	70		m^3			0.00
51	M25 水泥砂浆	71		m^3			0.00
52	M30 水泥砂浆	72		m^3			0.00
53	M35 水泥砂浆	73		m^3			0.00
54	M40 水泥砂浆	74		m^3			0.00
55	粗粒式沥青碎石	81		m^3			0.00
56	中粒式沥青碎石	82		m^3			0.00
57	细粒式沥青碎石	83		m^3			0.00
58	粗粒式沥青混凝土	84		m^3			0.00
59	中粒式沥青混凝土	85		m^3			0.00
60	细粒式沥青混凝土	86		m^3			0.00
61	砂粒式沥青混凝土	87		m^3			0.00
(三)材料							
62	原木	101	混合规格	m^3	750	5	1120.00
63	锯材	102	中板 $\delta = 19 \sim 35$mm,中方混合规格	m^3	650	15	1350.00

续上表

顺序号	名　　称	代号	规　　格	单位	单位质量(kg)	场内运输及操作损耗(%)	单价(元)
64	枕木	103	硬	m^3	650	5	961.00
65	毛竹	104	$\phi=60mm, L\geqslant6m$; $\phi=75\sim90mm, L\geqslant6m$	根	14	5	15.83
66	胶合板	105	5层	m^2	3.4	5	26.68
67	竹胶模板	106	2.44m×1.22m,厚度7~15mm	m^2	8.5	5	75.00
68	光圆钢筋	111	直径10~14mm	t	1000	2.5	3300.00
69	带肋钢筋	112	直径15~24mm,25mm以上	t	1000	2.5	3400.00
70	冷轧带肋钢筋网	113	直径7~9mm	t	1000	2.5	4600.00
71	环氧光圆钢筋	114	带环氧涂层的光圆钢筋	t	1000	2.5	4300.00
72	环氧带肋钢筋	115	带环氧涂层的带肋钢筋	t	1000	2.5	4400.00
73	预应力粗钢筋	121	直径10mm以上精轧螺纹钢筋	t	1000	4	5320.00
74	钢绞线	125	普通,无松弛	t	1000	4	6500.00
75	环氧钢绞线	126	带环氧涂层的钢绞线	t	1000	4	9000.00
76	镀锌钢绞线	127	混合规格(7股、19股,1.0~134.2mm^2)	t	1000	4	9150.00
77	钢丝	131	ϕ5mm以内	kg	1	4	4.97
78	冷拔低碳钢丝	132	ϕ5mm以内冷拔丝	t	1000	4	5630.00
79	高强钢丝	133	ϕ5mm预应力用碳素钢丝	t	1000	4	5450.00
80	镀锌高强钢丝	134	ϕ5mm预应力用镀锌碳素钢丝	t	1000	4	8560.00
81	平行钢丝斜拉索	141	成品索	t	1000	0	17500.00
82	钢绞线斜拉索	142	成品索	t	1000	0	9500.00
83	主缆索股	143	成品索股	t	1000	0	16000.00
84	斜拉索减振器	145		个		0	4000.00
85	吊索	148	成品索	t	1000	0	20000.00
86	系杆	149	成品索	t	1000	0	12000.00
87	波纹管钢带	151	0.25mm×36mm、0.28mm×36mm	t	1000	2	6350.00
88	紧缆钢带	155		t	1000	2	20000.00
89	型钢	182	工字钢,角钢	t	1000	6	3700.00
90	钢板	183	$A_3, \delta=5\sim40mm$	t	1000	6	4450.00
91	圆钢	184	ϕ6~36混合型号	t	1000	6	3177.00
92	钢轨	185	重轨、轻轨、吊车轨	t	1000	6	3118.00
93	钢管	191	无缝钢管	t	1000	4	5610.00
94	镀锌钢管	192	外径15~200mm,壁厚2.75~4.5mm	t	1000	4	5560.00
95	不锈钢管	193	混合规格	kg	1	4	53.00

续上表

顺序号	名　称	代号	规　格	单位	单位质量(kg)	场内运输及操作损耗(%)	单价(元)
96	承插式铸铁管	194	混合规格	t	1000	4	2820.00
97	压制弯头	196	各种规格	kg	1	4	19.34
98	镀锌钢板	208	δ=1mm,δ=1.5mm,δ=3mm	t	1000	4	5940.00
99	钢钎	211	ϕ=22~25mm,32mm	kg	1	20	5.62
100	空心钢钎	212	优质碳素工具钢	kg	1	20	7.00
101	ϕ50mm以内合金钻头	213	ϕ43mm	个	1.1	0	27.21
102	ϕ150mm以内合金钻头	214		个	4.82	0	76.23
103	钻杆	216	ϕ50mm、ϕ73mm、ϕ89mm、ϕ114mm,长1m、1.5m	kg	1	0	6.00
104	中空注浆锚杆	217	混合规格	m		1	30.00
105	自进式锚杆	218	R25mm, R27mm, R32mm, R38mm,R51mm	m		1	40.00
106	钢丝绳	221	股丝6~7×19mm 绳径7.1~9mm,股丝6×37mm,绳径14.1~15.5mm	t	1000	2.5	5853.00
107	钢纤维	225	扁丝切断型、钢丝切断型、高强铣削型、剪切波纹型、剪切压痕型	t	1000	2	4340.00
108	电焊条	231	结422(502、506、507)3.2mm、4.0mm、5.0mm	kg	1	10	4.90
109	钢筋连接套筒	232	ϕ16mm~ϕ40mm	个		1	9.00
110	锌	236	1号	kg	1	6	9.96
111	螺栓	240	混合规格	kg	1	2	10.65
112	镀锌螺栓	241	混合规格	kg	1	2	14.76
113	膨胀螺栓	242	混合规格	套	0.186	4	3.30
114	镀锌膨胀螺栓	243	混合规格	套		4	5.01
115	法兰	244		kg	1	0	10.63
116	镀锌法兰	245		kg	1	0	14.73
117	钢管立柱	247		t	1000	0	5850.00
118	型钢立柱	248	镀锌(包括斜撑)	t	1000	0	5300.00
119	波形钢板	249	镀锌(包括端头板、撑架)	t	1000	0	6100.00
120	托架	250		kg	1	1	5.40
121	柱帽	251		个		1	9.00
122	钢板桩	261	混合规格	t	1000	0	4385.00
123	钢管桩	262	直径219~2440mm,壁厚5~20mm	t	1000	0	5000.00
124	钢护筒	263		t	1000	0	4800.00

续上表

顺序号	名称	代号	规格	单位	单位质量（kg）	场内运输及操作损耗（%）	单价（元）
125	钢套箱	264		t	1000	0	4800.00
126	钢壳沉井	265		t	1000	0	4800.00
127	钢模板	271	各类定型大块钢模板	t	1000	0	5970.00
128	组合钢模板	272		t	1000	0	5710.00
129	门式钢支架	273		t	1000	0	5000.00
130	钢格栅	289		t	1000	0	17500.00
131	索夹	290		t	1000	0	25000.00
132	索鞍构件	291		t	1000	0	25000.00
133	悬吊系统构件	292		t	1000	0	8000.00
134	套管及拉杆构件	293		t	1000	0	7000.00
135	钢梁	301		t	1000	0	9500.00
136	钢桁	302		t	1000	0	10000.00
137	钢纵横梁	303		t	1000	0	8000.00
138	钢箱梁及桥面板	304		t	1000	0	10000.00
139	钢锚箱	305		t	1000	0	9600.00
140	钢管拱肋	310		t	1000	0	7500.00
141	钢支座	400		t	1000	0	7600.00
142	四氟板式橡胶组合支座	401	$GJZF_4$ 系列、$GYZF_4$ 系列	dm^3	3.2	0	110.00
143	板式橡胶支座	402	GJZ 系列、GYZ 系列	dm^3	3.2	0	80.00
144	盆式橡胶支座(800kN)	501	GPZ(Ⅱ)	套	35.3	0	1500.00
145	盆式橡胶支座(1000kN)	502	GPZ(Ⅱ)	套	44.5	0	1915.80
146	盆式橡胶支座(1250kN)	503	GPZ(Ⅱ)	套	55.0	0	2100.00
147	盆式橡胶支座(1500kN)	504	GPZ(Ⅱ)	套	69.8	0	2348.40
148	盆式橡胶支座(2000kN)	505	GPZ(Ⅱ)	套	98.5	0	3090.00
149	盆式橡胶支座(2500kN)	506	GPZ(Ⅱ)	套	125.0	0	3522.60
150	盆式橡胶支座(3000kN)	507	GPZ(Ⅱ)	套	160.0	0	4264.20
151	盆式橡胶支座(3500kN)	508	GPZ(Ⅱ)	套	202.3	0	5428.10
152	盆式橡胶支座(4000kN)	509	GPZ(Ⅱ)	套	253.8	0	6396.30
153	盆式橡胶支座(5000kN)	510	GPZ(Ⅱ)	套	335.3	0	9053.70
154	盆式橡胶支座(6000kN)	511	GPZ(Ⅱ)	套	421.8	0	10639.90
155	盆式橡胶支座(7000kN)	512	GPZ(Ⅱ)	套	514.0	0	13410.60
156	盆式橡胶支座(8000kN)	513	GPZ(Ⅱ)	套	626.0	0	15450.00
157	盆式橡胶支座(9000kN)	514	GPZ(Ⅱ)	套	732.3	0	18303.10
158	盆式橡胶支座(10000kN)	515	GPZ(Ⅱ)	套	882.8	0	21073.80
159	盆式橡胶支座(12500kN)	516	GPZ(Ⅱ)	套	1175.3	0	26913.90

续上表

顺序号	名　称	代号	规　格	单位	单位质量(kg)	场内运输及操作损耗(%)	单价(元)
160	盆式橡胶支座(15000kN)	517	GPZ(Ⅱ)	套	1481.3	0	32269.90
161	盆式橡胶支座(17500kN)	518	GPZ(Ⅱ)	套	1836.3	0	40963.10
162	盆式橡胶支座(20000kN)	519	GPZ(Ⅱ)	套	2223.0	0	46885.60
163	盆式橡胶支座(22500kN)	520	GPZ(Ⅱ)	套	2574.8	0	56196.80
164	盆式橡胶支座(25000kN)	521	GPZ(Ⅱ)	套	2997.0	0	64447.10
165	盆式橡胶支座(27500kN)	522	GPZ(Ⅱ)	套	3397.0	0	76117.00
166	盆式橡胶支座(30000kN)	523	GPZ(Ⅱ)	套	3811.8	0	85902.00
167	盆式橡胶支座(32500kN)	524	GPZ(Ⅱ)	套	4360.3	0	96845.75
168	盆式橡胶支座(35000kN)	525	GPZ(Ⅱ)	套	4836.5	0	108356.00
169	盆式橡胶支座(37500kN)	526	GPZ(Ⅱ)	套	5380.3	0	122930.50
170	盆式橡胶支座(40000kN)	527	GPZ(Ⅱ)	套	5863.8	0	134621.00
171	盆式橡胶支座(45000kN)	528	GPZ(Ⅱ)	套	6885.5	0	146363.00
172	盆式橡胶支座(50000kN)	529	GPZ(Ⅱ)	套	7869.0	0	161504.00
173	盆式橡胶支座(55000kN)	530	GPZ(Ⅱ)	套	9102.3	0	273649.00
174	盆式橡胶支座(60000kN)	531	GPZ(Ⅱ)	套	10136.8	0	520802.00
175	阻尼器	532	液体黏滞阻尼器	套		0	1581602.00
176	抗风支座	533		套		0	120000.00
177	毛勒伸缩缝	541	伸缩量 80mm/排,质量 80kg/(排·m)	t	1000	0	43100.00
178	板式橡胶伸缩缝	542	混合规格	m	186	0	375.00
179	TST 伸缩体	545		kg	1	2	21.58
180	铸铁	561		kg	1	0	2.19
181	钢砂	562		kg	1	2.5	3.00
182	钢丸	563		t	1000	2	3500.00
183	弗氏锚具	565		kg	1	1	9.00
184	冷铸镦头锚	567		kg	1	0	16.00
185	镦头锚	568		kg	1	0	14.00
186	钢绞线群锚(1 孔)	571	包括夹片、锚垫板和螺旋筋	套		1	22.80
187	钢绞线群锚(3 孔)	572	包括夹片、锚垫板和螺旋筋	套	6	1	105.00
188	钢绞线群锚(4 孔)	573	包括夹片、锚垫板和螺旋筋	套		1	140.00
189	钢绞线群锚(5 孔)	574	包括夹片、锚垫板和螺旋筋	套		1	175.00
190	钢绞线群锚(6 孔)	575	包括夹片、锚垫板和螺旋筋	套		1	210.00
191	钢绞线群锚(7 孔)	576	包括夹片、锚垫板和螺旋筋	套	10.5	1	245.00
192	钢绞线群锚(8 孔)	577	包括夹片、锚垫板和螺旋筋	套		1	280.00
193	钢绞线群锚(9 孔)	578	包括夹片、锚垫板和螺旋筋	套		1	315.00

续上表

顺序号	名　称	代号	规　格	单位	单位质量（kg）	场内运输及操作损耗（%）	单价（元）
194	钢绞线群锚（10孔）	579	包括夹片、锚垫板和螺旋筋	套		1	350.00
195	钢绞线群锚（12孔）	580	包括夹片、锚垫板和螺旋筋	套	19.5	1	420.00
196	钢绞线群锚（14孔）	581	包括夹片、锚垫板和螺旋筋	套		1	490.00
197	钢绞线群锚（15孔）	582	包括夹片、锚垫板和螺旋筋	套		1	525.00
198	钢绞线群锚（16孔）	583	包括夹片、锚垫板和螺旋筋	套		1	560.00
199	钢绞线群锚（17孔）	584	包括夹片、锚垫板和螺旋筋	套		1	595.00
200	钢绞线群锚（19孔）	585	包括夹片、锚垫板和螺旋筋	套	37	1	665.00
201	钢绞线群锚（22孔）	586	包括夹片、锚垫板和螺旋筋	套	48.5	1	770.00
202	钢绞线群锚（24孔）	587	包括夹片、锚垫板和螺旋筋	套		1	840.00
203	钢绞线群锚（31孔）	588	包括夹片、锚垫板和螺旋筋	套	76	1	1085.00
204	轧丝锚具	596		kg	1	1	15.00
205	自动排气阀	601	DN25	个	25	0	269.19
206	螺纹截止阀	602	J11t—16DN20	个	1.1	0	13.46
207	法兰阀门（DN80）	603		个	29.1	0	218.01
208	法兰阀门（DN100）	604		个	40.4	0	310.91
209	法兰阀门（DN150）	605		个	91	0	447.23
210	法兰阀门（DN200）	606		个	140	0	550.27
211	不锈钢板	631		kg	1	6	32.00
212	不锈钢滑板	632		kg	1	6	41.40
213	聚四氟乙烯滑板	641		kg	1	20	50.00
214	聚四氟乙烯滑块	642		块	4.62	0	210.00
215	锚链	650	ϕ37mm～58mm	t	1000	0	9774.00
216	铁件	651	铁件	kg	1	2	4.40
217	镀锌铁件	652		kg	1	2	6.90
218	铁钉	653	混合规格	kg	1	2	6.97
219	8～12号铁丝	655	镀锌铁丝	kg	1	2	6.10
220	20～22号铁丝	656	镀锌铁丝	kg	1	2	6.40
221	刺铁丝	658		kg	1	2	6.62
222	铜接地板	660		kg	1	2	22.31
223	吊顶轻钢龙骨	665	4.2m/kg	kg	1	6	13.03
224	铁皮	666	26号镀锌铁皮	m^2	4.32	2	25.40
225	钢板标志	667	包括板面、立柱、横梁、法兰盘、垫板及其他金属附件	t	1000	0	7000.00
226	铝合金标志	668	包括板面、立柱、横梁、法兰盘、垫板及其他金属附件	t	1000	0	27000.00
227	滑动槽钢	669		kg	1	0	26.26
228	铸铁箅子	681		kg	1	0	8.84
229	铸铁管	682		kg	1	0	2.00
230	胶管	685		m	2	4	23.40
231	电焊网排	691		m^2		2	55.00

续上表

顺序号	名　称	代号	规　格	单位	单位质量（kg）	场内运输及操作损耗（%）	单价（元）
232	钢板网	692	网眼尺寸 25mm×76mm	m^2	1.845	2.5	19.22
233	铁丝编制网	693	镀锌铁丝(包括加强钢丝、花篮螺丝)	m^2	3.5	2	18.84
234	照明灯具	698	混光路灯汞灯 400，钠灯 250	盏		1	522.86
235	硅芯管	699	40/33mm	m		1	5.50
236	通信子管	700		m		1	3.80
237	光缆	701		m		2	20.00
238	光缆护套	702		m		1	10.00
239	光缆接头盒	703		套		1	500.00
240	光缆终端盒(48 芯以内)	704	每增加 12 芯，单价增加 20 元	个		2	480.00
241	光纤插头	705		对		1	60.00
242	光纤连接器	706		套		1	50.00
243	尾纤	707	10m 双头	根		2	150.00
244	电缆	708	$35mm^2$ 三芯铝芯连地	m		5	39.93
245	母线	709		m		1	14.33
246	屏蔽线	710		m	0.15	2	1.91
247	电线	711	$6\sim25mm^2$ BLX 铝芯 500V	m		5	2.67
248	裸铝(铜)线	712	$35mm^2$ 钢芯铝铰成	m		5	3.22
249	橡皮线	713		m		5	6.80
250	皮线	714		m		5	5.40
251	绝缘软线	715	BVR－35	m		5	15.26
252	橡胶条	716		kg	1	2.5	8.70
253	户外终端盒(热塑头)	717	35、120、240	套	40	2	360.00
254	电缆中间接头	718	35、120、240	套		2	155.00
255	铜接线端子	719	Dt－10、25、35	个	0.02	2	6.80
256	线槽	720		m		5	15.00
257	桥架	721		m		1	65.00
258	支撑架	722		kg	1	0.5	5.20
259	玻璃钢管箱	723		m		1	128.00
260	套管	724	Kt2 型	个		5	15.50
261	绝缘橡胶板	725	$\delta10\sim12mm$	kg	1	2	6.50
262	配线箱	726		套		0	45.00
263	路灯控制箱	727	半周长 2m 以内	个		0	107.34
264	接线箱	728		个		0	757.46
265	升降传动装置	729		套		0	56.00

续上表

顺序号	名　　称	代号	规　　格	单位	单位质量(kg)	场内运输及操作损耗(%)	单价(元)
266	无机富锌漆	731		kg	1	2	34.50
267	油漆	732		kg	1	2	13.04
268	标线漆	733	常温型	kg	1	2	37.80
269	涂料	734	毛面涂料	kg	1	4	19.09
270	桥面防水涂料	735	聚合物渗透水性桥面防水涂料	kg	1	4	6.20
271	防水卷材	736		m^2		2	31.00
272	底油	737		kg	1	2	8.12
273	热熔涂料	738		kg	1	2	6.00
274	反光玻璃珠	739	JT/T280—1995 1、2号(A类)	kg	1	2	2.80
275	反光膜	740		m^2		10	220.00
276	反光突起路钮	741	通用型、耐磨型、陶瓷隧道专用	个		2	15.00
277	防眩板	742		块		0	18.45
278	栏式反射器	743		个		1	10.25
279	柱式轮廓标	744		根		0	98.00
280	防撞筒	745	950mm×950mm	个		0	150.00
281	环氧树脂	746	E-42,E-44,E-51	kg	1	2	28.26
282	PE防护料	747		kg	1	10	25.00
283	氯化乳胶	748		kg	1	3	5.40
284	水玻璃	749	黏度40°Bel	kg	1	2	0.76
285	磷酸二氢钠	750		kg	1	2	15.76
286	早强剂	751		kg	1	2	2.50
287	黏稠剂	752		kg	1	2	2.81
288	缓凝剂	753		kg	1	2	6.80
289	气密剂	754		kg	1	2	3.50
290	抗剥落剂	755		kg	1	2	30.00
291	聚丙烯纤维	756		kg	1	2	35.00
292	聚丙烯腈纤维	757		kg	1	2	55.00
293	轻型井点总管	761		m	15.63	4	49.40
294	轻型井点管	762		m	3.84	4	21.00
295	土工布	770	4~5m宽	m^2	0.28	2	9.71
296	玻璃纤维布	771	宽为:1.0~1.37m,长为:100~200m	m^2	0.2	2	2.40
297	土工格栅	772	宽6m,聚乙烯单向、双向拉伸、聚丙烯双向、玻璃纤维	m^2	0.45	2	9.80
298	土工格室	773	5~50cm,网格尺寸根据客户需求制作	m^2		2	20.00
299	三维植被网	774	EM2、EM3、EM4、EM5	m^2		2	15.00

续上表

顺序号	名　称	代号	规　格	单位	单位质量（kg）	场内运输及操作损耗（%）	单价（元）
300	U 形锚钉	775		kg	1	2	4.67
301	塑料防水板	776	厚 1.2mm	m^2	2	6	26.00
302	橡胶防水板	777		m^2	2.6	6	35.00
303	塑料板盲沟	778		m		6	12.50
304	PVC 塑料管（ϕ50mm）	779		m	0.77	6	8.00
305	PVC 塑料管（ϕ100mm）	780		m	2.71	6	13.00
306	PVC 阻燃塑料管	781		m		2	11.70
307	塑料软管	782		kg	1	2	16.65
308	塑料弹簧软管（ϕ50mm）	783		m		6	11.30
309	塑料弹簧软管（ϕ80mm）	784		m		6	20.50
310	塑料弹簧软管（ϕ110mm）	785		m		6	33.50
311	塑料波纹管（ϕ100mm）	786	双壁	m		6	14.00
312	塑料波纹管（ϕ200mm）	787	双壁	m		6	55.00
313	塑料波纹管（ϕ400mm）	788	双壁	m		6	80.00
314	塑料打孔波纹管（ϕ100mm）	789		m		6	16.00
315	塑料打孔波纹管（ϕ200mm）	790		m		6	60.00
316	塑料打孔波纹管（ϕ400mm）	791		m		6	98.00
317	金属软管	792		m	0.71	3	5.84
318	橡胶止水带	794	15mm × 300mm	m	0.585	2.5	27.27
319	橡胶止水条	795		m		2.5	18.00
320	可挠金属管（LV－5/38 号）	798		m		6	4.50
321	可挠金属管（LV－5/50 号）	799		m		6	6.50
322	可挠金属管（LV－5/63 号）	800		m		6	8.00
323	可挠金属管（LV－5/76 号）	801		m		6	10.00
324	可挠金属管（LV－5/83 号）	802		m		6	12.00
325	可挠金属管（LV－5/101 号）	803		m		6	15.00
326	PVC 注浆管	807		m	2	6	1.30
327	塑料排水板	811	96g/m	m	0.18	2	1.75
328	塑料编织袋	812	袋装砂井用	m	0.01	5	1.12
329	塑料拉筋带	813	聚丙烯塑料带	t	1000	16.2	13420.00
330	钢拉带	814		t	1000	2	6600.00
331	麻袋	818		个	1.3	1	2.60
332	草袋	819		个	1.8	4	1.09
333	绿篱	820		m		5	36.00
334	草籽	821		kg	1	3	80.00

续上表

顺序号	名　　称	代号	规　格	单位	单位质量(kg)	场内运输及操作损耗(%)	单价(元)
335	树苗	822		株		5	5.00
336	乔木	823		株		5	15.00
337	灌木	824		株		5	10.00
338	油毛毡	825	400g,0.915m×21.95m	m^2	1.97	2	2.29
339	玻璃钢瓦	826	1300mm×7300mm×1.1mm	m^2	1.1	2	51.81
340	32.5 级水泥	832		t	1000	2	320.00
341	42.5 级水泥	833		t	1000	2	350.00
342	52.5 级水泥	834		t	1000	2	390.00
343	白水泥	837		t	1000	2	550.00
344	硝铵炸药	841	1 号、2 号岩石硝铵炸药	kg	1	1	6.00
345	导火线	842	120s/m	m	0.012	6	0.80
346	砂包线	843	ϕ1.2mm	m	0.012	4	0.45
347	母线	844	2.5mm^2	m	0.032	2	1.13
348	普通雷管	845	8 号铜管	个	0.004	3	0.70
349	电雷管	846	6 号瞬发电雷管,带脚线 1.5m	个	0.007	3	0.90
350	非电毫秒雷管	847	导爆管长 3~7m	个	0.007	3	1.52
351	导爆索	848	爆速 6000~7000m/s	m	0.04	2	1.10
352	石油沥青	851		t	1000	3	3800.00
353	改性沥青	852	SBS、SBR、SR 复合	t	1000	3	5400.00
354	乳化沥青	853	阳离子类乳化沥青、阳离子类乳化改性沥青、阴离子类乳化改性沥青	t	1000	3	4100.00
355	环氧沥青	854		t	1000	3	47500.00
356	纤维稳定剂	856	木质素纤维、矿物纤维等	t	1000	2	18000.00
357	重油	861		kg	1	2	2.80
358	汽油	862	93 号	kg	1	2	5.20
359	柴油	863	0 号, -10 号, -20 号	kg	1	2	4.90
360	煤	864		t	1000	7	265.00
361	电	865		kW·h		0	0.55
362	水	866		m^3	1000	0	0.50
363	木柴	867		kg	1	5	0.49
364	马赛克	871		m^2	12	2	26.33
365	瓷砖	872	150mm×150mm×8mm	m^2	14	2	30.86
366	石膏板	876	吸音板 600mm×600mm×9mm	m^2	12	5	10.78
367	青(红)砖	877	240mm×115mm×53mm	千块	2600	1	212.00

续上表

顺序号	名称	代号	规格	单位	单位质量(kg)	场内运输及操作损耗(%)	单价(元)
368	生石灰	891		t	1000	3	105.00
369	土	895	路面用堆方	m^3	1400	4	8.00
370	砂	897	路面用堆方	m^3	1500	4	50.00
371	中(粗)砂	899	混凝土、砂浆用堆方	m^3	1430	4	60.00
372	砂砾	902	堆方	m^3	1465	2	31.00
373	天然级配	908	堆方	m^3	1700	2	40.00
374	黏土	911	堆方	m^3	1800	4	8.21
375	膨润土	912		kg	1000	2	0.62
376	碎石土	915	天然堆方	m^3	1550	2	19.50
377	砂砾土	916`	天然堆方	m^3	1700	2	22.00
378	砾石(2cm)	921	最大粒径 2cm 堆方	m^3	1650	2	47.00
379	砾石(4cm)	922	最大粒径 4cm 堆方	m^3	1650	2	41.00
380	砾石(6cm)	923	最大粒径 6cm 堆方	m^3	1650	2	37.00
381	砾石(8cm)	924	最大粒径 8cm 堆方	m^3	1650	2	34.00
382	片石	931	码方	m^3	1600	2	34.00
383	大卵石	935	粒径 >8cm 码方	m^3	1750	2	31.00
384	煤矸石	936	堆方	m^3	1450	2	16.00
385	煤渣	937	过筛净渣堆方	m^3	800	2	16.00
386	矿渣	938	堆方	m^3	1050	2	16.00
387	石渣	939	堆方	m^3	1500	2	22.60
388	粉煤灰	945	堆方	m^3	930	3	20.97
389	风化石	948	堆方	m^3	1700	2	18.10
390	矿粉	949	粒径 <0.0074cm,质量比 >70%	t	1000	3	125.00
391	白石子	950	堆方	m^3	1500	2	240.00
392	碎石(2cm)	951	最大粒径 2cm 堆方	m^3	1500	2	55.00
393	碎石(4cm)	952	最大粒径 4cm 堆方	m^3	1500	2	55.00
394	碎石(6cm)	953	最大粒径 6cm 堆方	m^3	1500	2	52.00
395	碎石(8cm)	954	最大粒径 8cm 堆方	m^3	1500	2	49.00
396	碎石	958	未筛分碎石统料堆方	m^3	1500	2	27.50
397	石屑	961	粒径≤0.8cm 堆方	m^3	1500	2	65.00
398	路面用碎石(1.5cm)	965	最大粒径 1.5cm 堆方	m^3	1500	2	65.00
399	路面用碎石(2.5cm)	966	最大粒径 2.5cm 堆方	m^3	1500	2	65.00
400	路面用碎石(3.5cm)	967	最大粒径 3.5cm 堆方	m^3	1500	2	63.00
401	路面用碎石(5cm)	968	最大粒径 5cm 堆方	m^3	1500	2	56.00
402	路面用碎石(6cm)	969	最大粒径 6cm 堆方	m^3	1500	2	53.00

续上表

顺序号	名称	代号	规格	单位	单位质量（kg）	场内运输及操作损耗（%）	单价（元）
403	路面用碎石(7cm)	970	最大粒径7cm堆方	m^3	1500	2	50.00
404	路面用碎石(8cm)	971	最大粒径8cm堆方	m^3	1500	2	48.00
405	块石	981	码方	m^3	1850	1.5	85.00
406	盖板石	982	实方	m^3	2600	1	100.00
407	料石	983		m^3	2600		170.00
408	粗料石	984	实方	m^3	2600	1	123.14
409	细料石	985	实方	m^3	2600	1	170.00
410	草皮	995		m^2	100	10	1.80
(四)半成品							
411	石灰膏			m^3		1	
412	各种厂拌路面稳定土			m^3		2	
413	各种厂拌沥青混合料			m^3		2	
414	各种砂浆			m^3	2000		
	(1)砌筑			m^3		2	
	(2)勾缝			m^3		4	
	(3)抹面			m^3		3	
415	水泥浆			m^3		5	
416	水泥混凝土			m^3			
	(1)现浇无筋混凝土			m^3	2400	泵送:4 其他:2	
	(2)现浇有筋混凝土			m^3	2600	泵送:4 其他:2	
	(3)预制无筋混凝土			m^3	2400	泵送:3 其他:1	
	(4)预制有筋混凝土			m^3	2600	泵送:3 其他:1	
417	混凝土及钢筋混凝土构件			m^3			
	(1)小型构件			m^3	2400	拱波:4 其他:1	
	(2)桥涵上部构造			m^3	2600		
	(3)钢筋混凝土方桩、管桩			m^3	2600	Ⅰ组土:3 Ⅱ组土:4	

主要参考书目

[1] 交通部.公路工程基本建设项目概算预算编制办法(JTG/T B06—2007).北京:人民交通出版社,2008

[2] 交通部.公路工程预算定额(JTG/T B06—01—2007).北京:人民交通出版社,2008

[3] 交通部.公路工程概算定额(JTG/T B06—02—2007).北京:人民交通出版社,2008

[4] 交通部.公路工程机械台班费用定额(JTG/T B06—03—2007).北京:人民交通出版社,2008

[5] 叶国铮.道路与桥梁工程概论.北京:人民交通出版社,1999

[6] 姚玲森.桥梁工程.北京:人民交通出版社,1999

[7] 杨子敏.公路工程造价指南.北京:人民交通出版社,1999